Do Objeto ao Museu

Ficha Técnica

[Título]
Do Objeto ao Museu

[Autora]
Madalena Braz Teixeira

[Paginação]
Maria Helena Catarino Fonseca

[ISBN]
9798512017913

[Edição]
Edições Universitárias Lusófonas
Campo Grande 376, 1700-090 Lisboa
http://loja.ulusofona.pt/

[Capa]
Maria Helena Catarino Fonseca

[DOI]
http://doi.org/10.36572/csm.book_04

[Ano de edição]
2021

[Contactos]
Departamento de Museologia / Cátedra UNESCO "Educação, Cidadania e Diversidade Cultural"
Edifício A. sala A.1.1. - Leandro França, Tel: 217 515 500 ext: 714 E-mail: museologia@ulusofona.pt
Universidade Lusófona de Humanidades e Tecnologias. Campo Grande, 376, 1749 - 024 Lisboa

[Todos os direitos desta edição reservados por]
Universidade Lusófona de Humanidades e Tecnologias e Autora

[Nota]
Este livro reproduz, sem apêndices, a Dissertação de Mestrado em História de Arte apresentado à Faculdade de Ciências Sociais e Humanas, Universidade Nova de Lisboa, em 8 de abril de 1983, por Madalena Enes da Lage Raposo Braz Teixeira

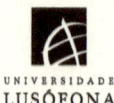 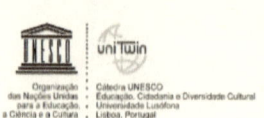 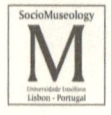 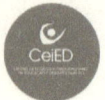 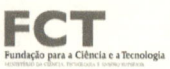

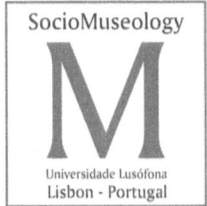

Do Objeto ao Museu

Madalena Braz Teixeira

Departamento de Museologia
Universidade Lusófona de Humanidades e Tecnologias

Lisboa 2021

DO OBJETO AO MUSEU
Departamento de Museologia-Universidade Lusófona de Humanidades e Tecnologias, Cátedra UNESCO "Educação Cidadania e Diversidade Cultural".
Centro de Estudos Interdisciplinares em Educação e Desenvolvimento (CeiED)
Autora: Madalena Braz Teixeira
ISBN: 9798512017913
1. Museologia 2. História da Museologia 3. Museu 4. Coleções
CDU - 069

Índice

Prefácio   11

Introdução   17

Capítulo I - Do Objeto ao Museu   23

- Objeto   25
- Exposição   30
- Coleção   34
- Museu   36

Capítulo II - Tesouros   39

- Origens   41
- Tesouros   43
- Tesouro da Igrejas   45
- Tesouros das Sés   46
- Tesouros dos Conventos e Mosteiros   50
- Outras Coleções sacras   53
- Relíquias   56
- Tesouros reais   60

Capítulo III - Coleções reais   65

- Coleções do renascimento   67
- Paços de D. Manuel na Ribeira   68
- Paços de Infantes   72
- Recolhas várias ao Paço manuelino   74
- Recolha Ameríndia   78
- Presentes a D. Manuel   79

- Coleções de D. João III   80
- Filipe I   84
- Filipe II   86
- D. João IV   87
- D. Pedro II   88
- D. João V   89
- Recolha de Etnografia e história natural   90
- Paços de D. João V na Ribeira   92
- Paços de madeira   94
- Paço de Belém   96
- Palácio de Mafra   97
- Palácio de Queluz   99
- Paço de Ajuda   100
- Palácio Vice-Real e Palácio de S. Cristóvão   101

Capítulo IV – Coleções da Igreja   105

Coleções dos paços episcopais   107

- Paço de Braga   107
- Paço de Évora   113
- Paço do Porto   114
- Paços de Lisboa   115
- Paços de Lamego   116
- Paços de Viseu e Guarda   119
- Paços de Castelo Branco e Leiria   119
- Paco de Coimbra   120
- Outros Paços   121

Conventos e mosteiros   121

- Mosteiro de Santa Cruz de Coimbra   122
- Colegiada de Nossa Senhora da Oliveira   123
- Real Abadia de Santa Maria de Alcobaça   123
- Mosteiro de Santa maria da Vitória   125

- Convento de Cristo — 127
- Convento do Carmo — 127
- Mosteiro de Santa Maria de Belém — 128
- Casas jesuítas — 128
- Outras coleções da Igreja — 129
- Convento de Nossa Senhora de Jesus — 131
- Mosteiro de Grijó — 134
- Igrejas de peregrinação — 134
- Conventos femininos — 135
- Convento da Madre de Deus — 135
- Convento de Jesus de Aveiro — 136
- Mosteiro do Lorvão — 137
- Outras coleções religiosas — 138
- Coleções judaicas — 139

Capítulo V – Coleções particulares — 141

- Casa de Bragança — 143
- Coleções Humanistas — 154
- Gabinetes e galerias — 175

Capítulo VI – Coleções das Academias e de outras instituições — 203

- Formação das Academias — 205
- Coleções da Academia Real de História — 206
- Coleções de académicos e outros — 209
- Coleções da Academia Real das Ciências — 213
- Coleções artísticas — 215
- Coleções das Academias de Belas Artes — 218
- Biblioteca Nacional — 220
- Erário Régio — 223
- Imprensa Régia — 225
- Colégio dos Nobres — 225
- Casa pia — 227

- Arsenal da Marinha 227
- Arsenal Militar 228

Capítulo VII – Museus 231

- Formação dos Museus 233
- Os museus e a nova pedagogia 234
- Real Museu da Ajuda 237
- Real Museu do Rio de Janeiro 240
- Museu Lisbonense 241
- Museu do Marquês de Anjeja 242
- Museu Maynense 246
- Museu da Academia das Ciências 247
- Museus Universitários 249
- Museus de História Natural 250
- Jardim Botânico 252
- Museu Sesinando Cenáculo Pacense 253
- Livraria Eclesiástica Pública 257
- Museu de Tibães 260
- Museu Allen 265
- Jardim Botânico do Porto 267
- Museu Portuense 267

Conclusão 275

Bibliografia citada 281

Prefácio

A exceção do, ainda hoje existente, Museu de História Natural da Universidade de Coimbra, criado pela Reforma Pombalina de 1772 que, talvez pelo facto de ser um Museu de Ciência, tem sido esquecido, como instituição cultural, a esmagadora maioria dos autores que se têm debruçado sobre a museologia em Portugal, são unânimes em declarar que o Museu Sesinando Cenáculo Pacense, criado por D. Frei Manuel do Cenáculo Vilas-Boas em Beja, em 1791, é o primeiro museu português.

Ao pretender esboçar uma visão histórica sobre a museologia em Portugal, e tendo tomado estas duas instituições como referências, fui-me apercebendo, com a ajuda do artigo de Vilhena Barbosa, "Museus criados em Portugal até ao fim do século XVIII", que simultaneamente e em contemporaneidade, se gerara um movimento museológico no país cujas raízes se poderiam encontrar aquém de setecentos.

Assim, surgiu o presente trabalho - Do Objeto ao Museu - que pretende não só ser um percurso histórico da formação dos museus em Portugal, como levantar uma questão "genética" do aparecimento do objeto museológico.

Procurei analisar a formação da cultura material do homem e atender à ancestralidade da sua origem, para melhor se compreender a gênese e a evolução histórica, do agrupamento dos objetos, em coleção - base primordial, para a criação da instituição museal.

Tal como, em relação à literatura, se aceita a existência da tradição oral de textos pré-escritos, tentei de igual modo, uma arqueologia museológica, consciente de que, embora glosados e variáveis no tempo, o homem mantém e repete gestos, atitudes e esquemas de comportamento.

Procurei detetar embriões e atividades pré-museológicas, tentando erguer um caminho evolutivo das origens até à formação da ideia de museu.

Não existindo bibliografia específica sobre o período que quis limitar à criação do primeiro museu do Estado liberal, em 1833, recorresse a fontes indiretas sobre o assunto versado, tendo de antemão conhecimento, não só das dificuldades, como das enormes lacunas que ficaram por preencher.

Leite de Vasconcelos, no domínio da Numismática e Rômulo de Carvalho, na História das Ciências, foram os importantes suportes deste trabalho, bem como as numerosas monografias sobre algumas personalidades tratadas, e os clássicos Sousa, Inocêncio, Silvestre e França.

Seguramente muitos autores ficaram por consultar, e não se atendeu suficientemente a uma escolha criteriosa das fontes utilizadas.

Na impossibilidade de realizar um exaustivo levantamento das coleções que se foram formando no país até ao período limite, que culminará, aliás, com a publicação de Les arts au Portugal de Raczinski, em 1846, apresento uma amostragem que tentei fosse alargada, das sucessivas épocas museológicas, que se dividem em três grandes áreas, correspondentes a formas museológicas distintas; os tesouros, as coleções e os museus.

À primeira dizem respeito as coleções sagradas eclesiásticas, e as coleções sacralizadas, personalistas das pessoas régias.

À segunda, distanciadas as coleções, dos seus possuidores por vínculos rituais, as que se constituíram em relações sumptuárias, ornamentais, e culturais, às pessoas e aos edifícios que as recolheram. Nesta área incluíram-se as coleções organizadas a partir do Século XV, por pessoas régias, instituições eclesiásticas e civis e por particulares.

Na terceira área, distinguiram-se finalmente os museus, como entidades públicas, de carácter muito semelhante ao atual.

Qualquer destas três áreas consideradas são constantes culturais que se mantêm ainda hoje, como formas museológicas. Ainda há tesouros, continuam a formar-se coleções e vão persistindo os museus.

A avassaladora presença, quer dos tesouros, quer das coleções de carácter cultural da Igreja, inibe qualquer tentativa de inventariação dos mesmos, ao longo do período tratado, que não fosse para além de uma abordagem. Não pretendi de forma nenhuma, esgotar a sua múltipla e complexa extensão, tendo à partida eliminado uma busca metódica e sistemática de todos os inventários das Sés, Conventos, Mosteiros, Igrejas, Capelas, Santuários, Ermidas e Paços Episcopais. Não tendo realizado, pela mesma razão, qualquer tentativa de investigação arquivística, que seria inesgotável.

Assim, atendi sobretudo, a uma pesquisa de fontes impressas, procurando coligir e ordenar, na medida do possível, o que dispersa, e a maior parte das vezes, indiretamente, era referido, em relação ao tema, a que tentei dar forma.

Ao dar por incompleta e lacunarmente concluído este trabalho, não posso deixar de agradecer ao Prof. Doutor José-Augusto França, a disponibilidade, e sobretudo a capacidade de aceitação das sucessivas reestruturações que o presente trabalho foi sofrendo até à forma final, através de uma constante procura de entendimento das raízes da museologia em Portugal.

Ao Exmo. Sr. Diretor da Biblioteca Pública de Évora, o meu agradecimento pelo modo afável e familiar, extensivo a todo o pessoal daquela instituição, que apoiaram e colaboraram na pesquiza de documentação da Casa Forte.

Ao Exmo. Sr. Secretário de Estado da Cultura, Dr. Gomes de Pinho que permitiu, através da concessão de equiparação a bolseira de 1 de janeiro a 15 de abril, a disponibilidade de tempo necessário à conclusão do presente trabalho.

Aos amigos e colegas uma última palavra de agradecimento pelas sugestões, e palavras de ânimo, apoio e estímulo e pela compreensão pelas minhas últimas obsessivas conversas museológicas.

Lisboa, 21 de março de 1983

Introdução

A partir de 1927, com o aparecimento da revista Museion, surge um movimento internacional de revalorização dos museus, tendo em vista um novo olhar, depurador, atento à individualidade de cada obra de arte, que levou a uma consequente revisão dos critérios museológicos, e a dar primordial atenção ao objeto museológico, com a consequente especial concentração na tarefa conservadora, e um novo interesse pela atuação junto do público.

Este critério se, por um lado, determinou uma melhor leitura da obra de arte, por outro, trouxe como consequência o estatismo e a mitificação da Arte. Critério este, que virá a ser posto em causa, com o pós-guerra 45, e as suas novas preocupações museológicas que procuraram a reformulação das tarefas e funções dos museus, atendendo primordialmente, às atividades educativas e culturais destas instituições, e as suas responsabilidades junto do público utente.

E assim que surge uma nova revista, o Museum desde 1948, e o International Council of Museums, ICOM, dependente da Unesco, que agremiará os profissionais dos museus de todo o mundo e criará um corpo de bases teóricas, da nascente Museologia.

Define o ICOM museu como "uma instituição permanente que conserva e expõe, para fins de estudo, educação e prazer, coleções de significado cultural e científico" e cujas funções são a conservação, a investigação, a museografia ou exposição, e a ação cultural.

As diferentes categorias de museus, abrangendo todas as áreas do conhecimento, podem classificar-se quanto à natureza das suas coleções (Arte, Arqueologia, História, Etnologia, Ciência e Técnica), ao âmbito das suas coleções (universais, especializados e mistos) e ao âmbito territorial (locais, regionais e nacionais). Estas duas últimas categorias interpenetram-se, podendo qualquer delas ter, pela sua atuação, ou pela representatividade das suas coleções, carater internacional.

A criação dos museus em Portugal decorre hoje dos critérios acima apontados e ainda de: significado de escavação arqueológica; vontade expressa da população (município, associação ou outros); recuperação de monumento nacional, edifício de interesse público ou concelhio; valorização de património natural, do património cultural recolhido por alguma individualidade, coletividade ou entidade ou ainda da valorização de coleção ou coleções oferecidas ou adquiridas pelo Estado.

Entre nós, existe uma disposição legal, a lei orgânica dos museus, que no Decreto-Lei 45/80, de 20 de Março, define os museus dependentes do Instituto Português do Património Cultural (entidade estatal que coordena a ação museológica do país), como "instituições permanentes, ao serviço da sociedade e do seu desenvolvimento, sem fins lucrativos e abertos ao público, que fazem investigação sobre os testemunhos do homem e do seu meio ambiente, ao mesmo tempo que os expõe, conservam e muito especialmente os expõem para fins de estudo, educação e recreio".

Por outro lado, a Associação Portuguesa de Museologia aprovou, no Colóquio APOM/79, a seguinte definição de museu, que subscrevo:

"Instituição ao serviço da comunidade, que incorpora, inventaria, expõe e divulga bens representativos do homem, com os objetivos de aumentar o saber, de salvaguardar e defender o património e de educar, no verdadeiro sentido dinâmico de criatividade e cultura".

Além dos museus propriamente ditos, incluem-se internacionalmente na categoria de museu, as galerias permanentes de bibliotecas e arquivos, monumentos históricos, e partes ou dependências destes, como os tesouros de catedrais, estações arqueológicas e históricas, abertas ao público, os jardins botânicos e zoológicos, aquários e outras instituições que expõe espécies vivas, e as reservas naturais, centros de ciência e planetários.

Não existe definição de objeto museológico, mas do que ficou dito anteriormente decorre que qualquer bem cultural do domínio de todas as áreas do conhecimento, e de todas as manifestações culturais, realizadas no espaço e no tempo, são museológicas, ou têm a potencialidade de vir a sê-lo.

A Unesco, no Projeto para a Proteção dos Bens Culturais Móveis apresentado em Abril de 1978, incluiu uma definição que é adequada ao objeto museológico: "todos os bens móveis que são a expressão ou o testemunho da criação humana e que tenham um valor arqueológico, artístico, cientifico, técnico, nomeadamente pertencentes às seguintes categorias: o produto das explorações e escavações terrestre e subaquáticas; os objetos de antiguidade, como ferramentas, cerâmica, inscrições, moedas, selos, joias, armas e restos funerários, nomeadamente as múmias; os elementos provenientes do desmembramento de monumentos históricos; o material antropológico e etnológico; os bens relativos à história, incluindo a história das ciências e das técnicas, a história militar e social, e a vida dos povos e dos dirigentes, pensadores, cientistas e artistas nacionais e dos acontecimentos de importância internacional; os bens de interesse artístico, tais como pinturas e desenhos, feitos integralmente à mão sobre qualquer base e em qualquer material, (à exceção dos desenhos industriais e artigos manufaturados decorados à mão), estampas originais, cartazes e fotografias, enquanto meios de criação original, assemblagens e montagens artísticas originais, em qualquer material, produções de estatuária e de escultura, em qualquer material, obras de arte aplicada em matérias como o vidro, cerâmica, metal madeira, etc.; os manuscritos de interesse numismático (medalhas e moedas), ou filatélico; os documentos de arquivo, incluindo gravações de textos, mapas e demais material cartográfico, fotografias, películas cinematográficas, gravações sonoras e documentos legíveis ã máquina; os objetos dê mobiliário, as tapeçarias, tapetes e trajes e instrumentos musicais; e as espécies de zoologia, botânica e geologia".

Tendo em conta que qualquer objeto é suscetível de ser exposto ao público num museu, por qualidade intrínseca, ou como testemunho documental arqueológico, histórico, artístico, etnológico, científico ou técnico;

Tendo em conta que qualquer objeto é suscetível de uma análise estética, da sua construção e técnica, dos materiais, da iconografia, do estilo, da dimensão expressiva, da personalidade do autor, do seu enquadramento social, das formas de consumo do objeto no seu tempo, da tipologia própria de cada objeto, dos valores figurativos ou ornamentais, dos elementos representados, e das formas de representação, como o espaço, a luz, o movimento, ritmo, a tensão, a harmonia, a proporção e a composição;

Tendo em conta que, tanto o museu, como a estética, têm hoje uma vocação pluri e interdisciplinar e são referenciáveis a todos os condicionalismos económicos, políticos, sociais, ideológicos, religiosos, geográficos e étnicos; procurou-se no presente trabalho, analisar o aparecimento do objeto museológico e da instituição museu, em Portugal, desde as suas origens até 1833, data da criação do primeiro museu da Estado liberal.

Uma leitura contemporânea do objeto obriga a uma pesquisa integrada de todas as possíveis referências ao mesmo. Facto que não se teve em conta ao procurar os objetos que foram considerados museológicos, ou com potencialidades museológicas, no período tratado.

Não se realizou o estudo dos objetos museológicos, mas antes um levantamento e um percurso dos diferentes objetos que foram sendo recolhidos e colecionados, tendo em conta, sobretudo as grandes áreas da Arqueologia, da Arte, da Etnografia e da Ciência.

Assim, atendeu-se à formação e ao aparecimento de sucessivas fases de recolha, e de coleção dos mesmos, não tendo sido privilegiada qualquer das disciplinas acima mencionadas, tendo-se procurado apenas dar a dimensão que, em cada época, foi relevante, para cada tipo ou categoria de objeto colecionado.

Por outro lado, sendo atualmente os museus uma das instituições que podem e devem responder a uma sociedade em que crescem os ócios, e que se encontra em crise de valores, melhor entender o que foi esta entidade procurando-lhe as raízes, afigura-se uma das formas de contribuir para a necessária reformulação dos museus portugueses.

Capítulo I

Do Objeto ao Museu

O Museu é a instituição por excelência do objeto, reunido em coleção, para ser exposto ao público.

É na relação

OBJETO-COLEÇÃO

e

EXPOSIÇÃO-PÚBLICO

- elementos fundamentais e decisivos - que se constitui a situação museal. Atendendo a que antes de haver uma coleção, houve objetos, é necessário, antes de mais, explicitar a génese e a formação do objeto.

1. OBJETO

É ao Homo faber que devemos a criação do primeiro objeto - o utensílio extensão do gesto e do corpo, e projeção material do sujeito.

Ao Homo sapiens devemos e criação dos objetos cultuais, ligados às atividades coletivas do sacrifício, da caça, da festa, e da morte, situações fortemente emocionais para a coletividade.

O objeto-valor é adicionado ao utensílio, criando-se, a partir de então, diferenças qualitativas entre os objetos, pela sua nova função que destacava de entre os objetos, os que relevavam de um significado que ai para além da sua utilização concreta. Expressão simbólica e mítica entram na diferenciação dos objetos, pela via da criação de uma outra real idade, da ordem do imaginário. O próprio homem assumia-se como participante e auto-construtor da mesma, adornando-se e hierarquizando personagens, de entre a comunidade, e pintando-se, com sinais-símbolos da outra realidade-ficção. Mito e magia entravam como componentes na formação e na elaboração dos novos objetos.

A veneração de que determinados objetos são alvo encontra a sua explicação ou a sua razão de ser na relação religiosa do homem com o objeto, e do homem com a imagem projetada de si próprio e do animal.

A atitude religiosa implica, por um lado, um cerimonial, - um rito - e, na maioria das situações, uma atitude conservadora, existindo, no entanto, ritos de destruição dos objetos, num simbolismo de sacrifício.

O objeto que se venera, protege-se. O objeto que se admira, guarda-se. O objeto que contém outra vida para além da real idade quotidiana, defende-se. Inversamente, o objeto que não tem valor, ou que o perde, soçobra, esquece-se, cai na indiferença.

Se os utensílios, inicialmente, possuíam a capacidade de ser manuseados para um máximo de funções, a capacidade técnica da repetição, da multiplicação e da seriação, criou os agrupamentos e os conjuntos. Agrupar e seriar são modos de entendimento e organização dos objetos, ações repetidas e permanentes na relação do homem com os mesmos. Fabricam-se setas como raspadores, machados ou lâminas. Tijelas, vasos ou ânforas. Brincos, colares e anéis. Recolhem-se conchas ou fibras. Trabalham-se ossos, dentes ou chifres. Pedra, madeira ou ferro.

As variações sequenciais dos diversos objetos padronizam modelos, módulos que vão dando origem às formas base que ainda hoje se mantêm. Submeter-se à plasticidade da matéria, a expressão que ela inculca, ao gesto que ela impõe, ou esforçá-la, violentando a sua forma, densidade ou textura, são os polos da manipulação-moldagem-agressão, e da atitude contida ou explosiva do homem na realização dos objetos.

A diferenciação e a inovação, produzidas por capacidades técnicas acrescidas, ou pela intenção, geram novas formas, mas igualmente o único, o raro, o excêntrico, o insólito. Do- caos dos objetos-utensílios surgem os eleitos, ou o eleito. Qualquer das situações -perfeita- ou -especial-, em relação ao conjunto, tem o fascínio e a magia por motivação, no momento da recolha ou do fabrico, em que o acaso tem ainda uma dose de participação. A carga valorativa, de que alguns e determinados objetos vão beneficiar, privilegiadamente, torná-los-á preciosos e poderosos.

Assim poder-se-ão desde já distinguir duas categorias de objetos: os úteis e os mágicos. Qualquer destas categorias, distintas segundo a função e o significado, pode apresentar-se através do objeto único ou seriado ou, em conjuntos, tendo sempre o utensílio a potencialidade da repetição e da multiplicação, contrariamente aos objetos mágicos que tendem para o único e o original.

Uma terceira categoria apresenta-se como antítese das duas primeiras, ou como, não objeto, ou seja, o lixo.

O lixo caracteriza-se por uma forma caótica, indistinta e inútil, contendo, todavia, em potencial, a capacidade de uma recuperação. Esta última categoria, exclusão e desperdício das duas anteriores, mantém a sua função no espaço e no tempo, enquanto nas outras duas se irão suceder, encadeadamente, novos elos, vinculadores de situações diferenciadas, cuja complexidade crescente vai dando origem a distintas formas de comunicação.

Enquanto nos objetos úteis se vai criando uma margem de inutilidade que permite o adorno e a decoração, e facilita o aparecimento do supérfluo, nos objetos mágicos, dado o seu carácter exclusivamente simbólico, o ornamental é acrescido à sua função como fazendo parte da mesma.

Assim, os objetos mágicos estão diretamente ligados ao sagrado e à simbologia, como os objetos úteis têm uma função técnica e se prendem as atividades comuns do homem, o que não exclui a possibilidade de neles se integrar o adorno.

O adorno não é, portanto, uma qual idade intrínseca dos objetos, mas um atributo, que tanto está, ou pode estar presente, nos objetos mágicos, como nos úteis.

Se o aparecimento do objeto estritamente sagrado distinguiu nos objetos mágicos uma nova categoria, a simbólica do poder e do saber, criou ainda distinções entre objetos que representam estas categorias. Enquanto nas sociedades primitivas, o chefe-guerreiro- feiticeiro correspondia a uma união de poderes, com o evoluir de transformações sacio-culturais, assiste-se a um desmembramento destas funções e à equivalente diferenciação de novas categorias de objetos que os representam: os heróicos e os pré-científicos. A distinção entre objetos sagrados e científicos, ou entre as funções religiosas e as ligadas ao conhecimenta é mui to mais tardia, que a distinção entre as funções sacras e as guerreiras. Assim, também os objetos artísticos, desligados da sua função mítica e da representação simbólica, aparecem muito tardiamente, se é que alguma vez deixam de ter esta componente.

O objeto heróico era ainda de representação simbólica, mas estava ligado à personalidade, ao indivíduo, e posteriormente a instituição. Os objetos científicos, sendo de raiz mágica, continham também uma característica pragmática, que os ligava aos objetos úteis. Enquanto os objetos heroicos ganharam uma feição sumptuária, os objetos científicos tendem a perdê-la.

Como se referiu anteriormente, os utensílios deram origem a uma criação excedentária, com a criação dos objetos supérfluos. Este carácter de pouca utilidade em relação às necessidades primeiras, foi ganhando, no tempo, foros de objeto artístico, com a autonomia da decoração, sendo hoje impossível ou extremamente difícil marcar distinções rígidas e perfeitas na grande maioria das chamadas artes decorativas.

Pretendeu-se assim apresentar uma classificação dos objetos, tendo em conta a sua gênese e formação, e atendendo à diversidade, função e significado dos objetos.

Em síntese, É possível distinguir no universo dos objetos criados pelo homem, na sua atividade cultural, as seguintes espécies: objetos religiosos (nos quais se incluem, ou podem incluir, os objetos puramente mágicos, não integráveis ou dependentes de uma qualquer religião formalizada ou de uma ortodoxia definida), objetos heroicos (que, por vezes, participam da natureza do sagrado ou do religioso), objetos artísticos (definidos pela predominância que neles assume o elemento simbólico-estético), objetos científicos (inicialmente confundidos com os sagrados ou religiosos e depois plenamente autonomizados, quando a ciência se tornou atividade e independente da crença ou do saber esotérico, convertendo-se em realidade laica), objetos técnicos (que, em grande medida, são a projeção pragmática do saber científico), objetos Úteis (distinguindo nestes os que ainda possuem um carácter ornamental), objetos supérfluos, objetos fúteis (com um mínimo de utilidade), e finalmente, o lixo.

Qualquer destas categorias é suscetível de uma apreciação estética e qualquer delas tem potencial idades para ser objeto museológico.

A definição de objeto museológico decorre da apreciação da classificação anterior e todo o tipo de objetos, incluindo o lixo, é suscetível de ser recuperado e, consequentemente reintroduzido no esquema classificativo, numa nova dimensão.

O lixo pode ser recuperado como documento, como fonte de inspiração artística, como rebotalho econômico, reprodutivo de novos objetos úteis, supérfluos, fúteis, técnicos, científicos, heroicos, artísticos e até religiosos. Basta referir, como exemplo, o papel, para se entender que, proveniente do lixo, aquele material pode vir a ser suporte de qualquer dos tipos de objetos indicados.

Os objetos são convertidos e reconvertidos como modelos-imagens-representações, num registo progressivo de sinais e significados.

Atualmente, as diversas categorias de objetos são, a maior parte das vezes, de difícil e imprecisa distinção, e apresentam-se fluidas entre si, pelo que parece, mais fácil atender, em primeira instância, a categoria geradora ou matriz, e ir procurando encontrar os progressivos registos que os objetos hoje contêm.

Por exemplo, o televisor, é um objeto técnico, de origem científica, que contêm, portanto, utilidade e magia, sendo suscetível de ser objeto museológico, através de uma apreciação estética das suas formas, de considerações críticas, ou históricas, econômicas, ideológicas, religiosas, científicas, tecnológicas, psicológicas e psicanalíticas. Uma geografia da televisão é uma forma da sua apresentação museológica, como a da sua construção, materiais, estrutura, ou do seu enquadramento logístico na sala, na cozinha, no quarto, no café, no hospital, na prisão, no salão de jogos ou no cinema.

2. EXPOSIÇÃO

A linguagem é a expressão privilegiada da comunicação humana, existindo, no entanto, outras formas de comunicação não-verbal como as chamadas artes visuais, a música, a dança, a mímica, a expressão gestual

Enquanto a instituição da linguagem escrita é a biblioteca, a do objeto é a do museu. E pela mesma ordem de ideias se as formas de comunicação social da palavra, são os jornais e a rádio, a do objeto é a exposição, quer ela seja museológica, ou não: a feira, o supermercado, a loja, tanto a do antiquário, como a galeria de arte, ou a vitrine ou montra da sapataria, ou a da loja de modas, ou de discos.

A exposição é, a um tempo, forma de comunicação social, e forma cultural.

Do primeiro ponto de vista, apresenta-se como uma fonte emissora de uma mensagem transmitindo um conteúdo, através de um canal, a visão, por um determinado código, para ser recebida por um recetor, capaz de descodificar a mensagem e a entender. Do segundo, a exposição apresenta-se como uma forma de comunicação não-verbal, que pressupõe a existência preferencial de objetos que se mostram ou evidenciam a comunidade, num determinado local, com uma intenção, através de um processo que visa uma participação integradora do indivíduo ou da comunidade.

A exposição implica cinco elementos fundamentais: os objetos, a intenção, o modo ou o processo, o local e o público.

1. Os objetos, como elementos da exposição, derivam da classificação indicada no número anterior. Ergue-se um menhir, como se leva um corpo aos ombros. Exibem-se troféus de caça, como se imola um animal em sacrifício. Dispõem-se vasos ou potes, como o próprio lixo acaba por involuntariamente, ser exposto. Os concheiros de Muge ou os cemitérios de automóveis são disso exemplo.

2. A intenção da exposição começou por ter a mesma significação do objeto exposto, contendo uma coincidência com a Índole e a categoria do próprio objeto, privilegiando-se na exibição os objetos religiosos, e os de representação simbólica. Se os vasos de oferendas se guardavam, não era enquanto vasos, mas por terem sido um meio de comunicação com a divindade.

A partir da habitação construída inicia-se um grau de exposição de objetos domésticos, já bem definido por exemplo, na cozinha romana, e que se manterá até às chamadas cozinhas americanas que encerram todos os utensílios domésticos. Embora mostra de carácter privado, a intenção desta exibição era utilitária, para facilitar o seu manuseamento e, portanto, coincidente com o próprio objeto.

A não exposição é guardar, esconder ou entesourar. Realiza-se esta ação com os objetos mais preciosos, como medida de segurança podendo neste gesto, encontrar-se ainda uma noção de privilégio de um tipo especial de exposição. O torque lusitano não seria provavelmente um objeto de quotidiano, como não o era, a coroa de louros, ou não o e, a borla e o capelo. Existem objetos que se guardam para o Dia, outros como as moedas, para o Momento em que são necessários. O pote, o pé-de-meia, o colchão, o cofre, o banco foram sendo os locais em que os indivíduos guardaram o que de mais precioso consideravam.

Enquanto na exposição a intenção e mostrar, no entesouramento, a intenção é ocultar. Este ocultamento pode ser organizado ainda com ordem e arte, como referirá Damião de Góis, em relação aos tesouros da Casa da Índia, ou como deveriam estar dispostas as oferendas dos *thesaurus* romanos, ou como estão ainda hoje colocados os *ex-votos* nas igrejas.

A exposição de objetos, do ponto de vista da intenção, sofreu alterações correspondentes a variações socioculturais realizadas no espaço e no tempo. Enquanto a intenção utilitária se acresceu da definição de um estatuto de prestígio social, a intenção heroica e religiosa será reformulada com a introdução da relevância política e socioeconómica, nos cerimoniais de exibição das pessoas-instituições régias, ou eclesiásticas, marcando outras equivalentes gradações hierárquicas nas diferentes classes sociais.

Entre uma e outra situação encontra-se a simples intenção utilitária da pequena exibição de objetos domésticos ou de alfaias, e a arrecadação ou armazenamento de objetos que pelas suas proporções, dimensão, segurança ou fragilidade se guardam.

Até à industrialização a conservação de qualquer objeto era uma ação comum pois o seu fabrico manual implicava tempo e dinheiro. A fácil noção de desperdício é fruto da recente sociedade de consumo. O aparecimento da coleção e do museu surge também com a consciência de que existem objetos que não se repetem e que consequentemente têm uma valia por si próprios.

3. O modo ou o processo da exposição é o rito ou o cerimonial, a encenação da apresentação num determinado percurso físico ou interior. O percurso supõe um determinado tratamento. No cerimonial, a solenidade da ação era acompanhada de certa ornamentação do espaço, e das próprias pessoas.

Enquanto a exposição no seu todo e o suporte do imaginário, o rito é o código da ação de expor e, consequentemente um meio de comunicação. A hierarquia estabelecida no ato de exibir supõe igualmente uma diferença de ritual para as diversas categorias de objetos.

Escolher o objeto. Implantá-lo no solo, elevar-lhe um pedestal, criar-lhe uma área, realizar-lhe uma câmara, preparar-lhe uma antecâmara, apor-lhe uma legenda, foram e são manifestações que, glosadas através de várias imaginárias têm perseguido o homem, inquieto na busca da sua identidade. Representam constantes culturais que estão igualmente presentes na linguagem museológica.

O conjunto de necrópoles da região de Ourique é testemunho da relevância ritual do objeto ligado ao culto da morte e, ainda, da importância e organização de um conjunto de objetos cuja função agrupada prevalecia para além da morte.

Ainda, na Moita do Sebastião, em Muge, as sepulturas referem idêntica intenção, como, pela posição variada e litúrgica dos corpos pintados, indicam a existência de um cerimonial na ação de enterrar e de esconder, que irá dar origem ã conceção de tesouro, abrigado aqui, no seio da terra.

O tratamento do espaço pode ser camuflado, esquecendo-se a partida o local da exposição, ou integrado no edifício da mesma, o que é uma aquisição recente, pois a decoração de interiores desligada do exterior arquitetónico ou natural, não participante na harmonia e unidade do conjunto, só aconteceu na tenda nómada e nas improvisações, adaptações e refuncionalizações dos edifícios públicos e privados.

O modo da exposição é ainda uma técnica, em que, se explora, por meios gráficos e visuais a intencionalidade e a relevância dada aos próprios objetos.

4. o local da exposição museológica, não é sagrado, como o foi nas sepulturas ou cistas, em que se depositaram privilegiadamente certos objetos, ou no território, sacramentalmente, delimitado em Almendres. A área do museu supõe, no entanto, a existência de um espaço especial, diferente e diverso da realidade que, reconstituído, sofisticado ou elaborado com algumas alusões à realidade, surpreende o visitante, para uma outra vida, dada aos e objetos. Podendo ou não ter rituais de acesso, mais ou menos facilitados, situa-se entre a exposição utilitária de hoje e a do tempo ou palácio. Nem sempre o edifício-museu foi ou e exteriormente correspondente às coleções que alberga.

Ao adaptarem-se ou converterem-se os conventos e paços episcopais em museus, o visitante destas instituições portuguesas, está, desde a porta, sujeito à monumentalidade do edifício que se lhe apresenta, o que, de algum modo, lhe dá uma sugestão de veneração e distanciamento e o coloca numa certa posição de admirativa inferioridade, quando não mesmo de uma relativa inibição.

5. A exposição museológica, interior, ou integrada na natureza é um lugar de "passagem", onde se supõe que qualquer coisa aconteça nem que seja só o cansaço e a desilusão.

A perpetuidade das crenças e da ordem social, existentes nos ritos cósmicos, de passagem ou de iniciação era assegurada pela comunhão ou participação ativa do público.

Do mesmo modo, no cerimonial, através da palavra, do gesto e do objeto era pedida a adesão da comunidade. Sucedeu-se a esta identificação e integração global do indivíduo aos atos solenes da comunidade uma atitude participativa, de espectador e de assistente passivo. Do mesmo modo a exposição museológica e realizada para um publico de quem se deseja ou espera participação, facto que terá de se ter em conta na organização da mesma e na delimitação sociológica dos públicos a que a mostra se destina.

3. COLEÇÃO

A coleção é, em primeira análise, o resultado da capacidade técnica da repetição, da multiplicação e da seriação. Podem, no entanto, colecionar-se objetos da mesma família ou de famílias diferentes.

A coleção, quanto ao objeto, pode, portanto, ser, múltipla e vária ou especializada. A coleção, do ponto de vista psicológico, supõe sempre uma adesão ao objeto ou objetos colecionados, de ordem afetiva, quando não de identificação com a tipologia dos objetos colecionados ou com o que eles representam.

Além da carga afetiva que o colecionador imprime na relação com os seus objetos, de ordem exclusiva e passiva, existe nesta relação uma apropriação simbólica do imaginário, fazendo-se o colecionador participante do mundo dos objetos ou do que neles ou por eles é representado.

Assim, entra na atitude do colecionador, a emoção, uma adesão estética, que tem por motivação o "gosto", e ainda, todos os registos dos próprios objetos, que foram analisados anteriormente, acrescidos da intencional idade que o colecionador lhes empresta e ainda do significado cultural e social que a própria coleção representa.

O colecionador de arte não está determinado pela mesma motivação que um colecionador de caixas de fósforos, como um colecionador de vidros não é o mesmo que um colecionador de Stos. Antónios.

Existe, pois, em primeiro lugar, uma relação com o próprio material - pedra, madeira, cerâmica - que pode ser especializado ou misto. A coleção tende sempre para a realização de um completo. A habilidade do colecionador está na sua procura constante e obsessiva de um filão para aumentar a coleção.

Existem coleções que monologam com o próprio colecionador, isto é, em que o colecionador estabelece uma relação umbilical com a sua coleção e colecionadores ou coleções, que permitem a sua utilização ou manuseamento por outrem.

A coleção em princípio, é um fenómeno privado que frequentemente, quando a coleção é importante, se torna pública, por herança ou legado, a fim de perpetuar para além da morte a relação do seu possuidor com os seus objetos. O caso Gulbenkian é por demais conhecido, como o caso Anastácio Gonçalves, bem como as numerosas "salas de", existentes, por obrigações testamentárias, em muitos museus portugueses.

O museu é a instituição pública que perpetua e prolonga as coleções e expõe peças que correspondem à ideia de uma coleção de um determinado tipo de objetos e que tende a ser completa na sua área própria.

A ideia de coleção como hoje se encara sugere um todo reunido com o espírito de formar uma unidade, tanto quanto possível completa de um determinado grupo de objetos, ou de uma área restrita de objetos afins. Todavia, uma noção lata de coleção leva a estender-se esta designação a qualquer grupo de objetos, relacionados entre si, que, pelo seu número, representatividade ou exclusividade, sejam suscetíveis de uma apreciação global integrada. Assim se entenderam os recheios dos palácios, das casas religiosas e de algumas casas particulares e instituições civis.

4. MUSEU

O museu e a instituição do objeto, contendo a coleção, para ser exposta, ao público.

A propriedade do Museu, - regional, municipal, universitário, associativo ou particular e indiferente, pois todos têm as mesmas funções desde que se encontrem abertos ao público.

O público é o elemento novo, a quem é dirigido o objeto, a coleção e a exposição, o seu destinatário, e utente natural.

Enquanto a coleção existe apenas para o seu proprietário, o museu existe para o seu público, ou para os seus públicos.

O público do museu é constituído pelas diferentes camadas etárias, sociais e culturais: a criança, o jovem. o adulto, o idoso, o homem, a mulher, o deficiente, o marginal, o especialista, o intelectual, o culto, o ignorante, o trabalhador, o estudante, o artista, o artífice.

Cada um destes elementos da população vai ou pode ir ao museu buscar o que lhe é afim ou o que lhe pode ser supletivo. Este é o grande repto que se faz hoje aos museus.

Os objetos terão de ser reconhecidos, pois a sua integração no museu altera-lhe a função quotidiana, artística ou simbólica.

Raros são os objetos que foram produzidos para se integrarem nos museus. A exceção de algumas encomendas feitas a artistas, o objeto museológico entra no museu representando uma realidade diferente daquela para que foi criado.

Parafraseando Baudrillard, no Museu a função é obscurecida pela teatralidade do espaço museológico. Liberta-se o objeto da sua presença simbólica, dando-lhe outro, ou outros significados.

Cores, materiais, volume, espaço, iluminação congregam-se para criar uma nova leitura das coleções que são o pretexto do encontro do público consigo próprio e com a realidade. A exposição é, no museu, o estímulo da comunicação, o agente ativo de uma exploração interior, de fruição e de cultura. A exposição é afinal a linguagem própria do museu, já que é através da sequente organização de uma série de objetos que o museu se exprime perante o público.

A sua unidade e lógica interna dependem da perfeita e clara delimitação do objetivo ideológico da exposição, do que se conta ou se aponta, com a margem de liberdade necessária para o público poder fazer a sua própria leitura. A unidade visual e tão importante como a clareza da temática escolhida, dentro de coordenadas de espaço e tempo.

No museu, o objeto não é manuseável, o que o distingue ainda da realidade da vida: nele ocorre o que Bourdieu chama "apropriação simbólica", que nos Palácios e nas Casas-Museus é mais forte, por ser mais próxima e direta a relação do público com os objetos expostos, criando-se um fascínio ou encantamento, um como que imaginário regresso a um passado impossível de reviver.

Enquanto o colecionador investe no objeto o que não pode ou não consegue ser, no museu a apropriação é permitida como num espaço onde imaginariamente tudo pode acontecer. O museu cria um "tempo" e um "espaço" próprios, que estão para além da realidade, uma travessia à margem do real, em que a autenticidade dos objetos confere novo sentido à realidade do quotidiano. Daí que os museus sejam um dos mais importantes meios de reencontro identificador com as origens históricas e culturais de um povo e ou de perceção da cultura contemporânea. O que se expõe, é. Evita-se que o objeto pereça ou se converta em lixo. O objeto permanece como o que é ou representa. Assume, na sua permanência, uma continuidade e uma evolução de vida, e consequentemente, infunde um sentimento de segurança, tranquilidade e paz.

No museu estão contidas duas ideias fundamentais, o ocultamento e a mostra, ou seja, o guardar e o expor coleções de objetos, destinados a serem usufruídos pelo público.

Assim, entendeu-se iniciar a história dos museus em Portugal, pela constituição dos tesouros, seguindo um percurso cronológico da formação das diversas coleções reunidas nos paços reais, pela Igreja, por particulares e pelas instituições civis, até à criação dos primeiros museus portugueses.

Termina-se com a criação do Museu Portuense, criado em 1833 e aberto liberalmente a todos os públicos, atingindo-se nesta data a totalidade dos elementos e funções necessárias da instituição museal.

Capítulo II

Tesouros

1 - ORIGENS

O *Museion*, de origem grega, era o espaço sagrado dedicado ao culto das musas, divindades presididas por Apolo, e propícias à inspiração e à criação nos domínios das artes liberais, das letras e das ciências. Foi em Atenas, junto da Academia, onde os mestres pensadores especulavam, que se ergueu o templo, onde o próprio Platão mereceu a imortalidade, numa representação escultórica.

Em Alexandria, o mecenato dos Ptoloteus transformou o Museion em colégio, proporcionando, sob o teto palaciano, condições de criação e estudo, onde não faltava um jardim botânico, um parque zoológico, um observatório astronómico, salas anatómicas e a célebre biblioteca.

Esta instituição helenística, pretendendo recriar o espírito fecundo do século V a.C., através da benevolente, estimulante mas forçada autoridade, continha já, na intenção, a característica revivalista, saudosista e sentimental de que os museus modernos se pretendem libertar. A principal atividade deste *Museion* era a investigação, muito embora o conjunto sumptuário do palácio e seus anexos, fosse ornado de peças valiosas.

As musas ascenderam igualmente ao Panteão de Roma, mas o *Museion* latino foi também usado para indicar, na villa romana, o espaço da conservação, o local da comunicação espiritual[1].

O termo museu não foi, portanto, inicialmente utilizado para designar o local da exposição de objetos com carácter público, mas o culto à divindade inspiradora.

As obras de arte admiradas e prestigiadas como tal, tiveram também, no mundo antigo, locais próprios de exposição como na Pinacoteca da

---
[1] Germain Bazin, Le Temps des Musées, Liège, Desoer, s.d, pg. 16.

Acrópole, em Atenas, ou no museu de escultura ao ar livre, de Adriano, em Tivoli, perto, de Roma.

É ainda legado grego, o *Thesaurós* como forma organizada de coleções sagradas, constituídas pela aglomeração continuada de ex-votos e oferendas; estatuetas, vasos, bronzes e *pynakés* que os fiéis ali depositavam. Nos santuários de carácter nacional construíram-se pequenos templos correspondentes às diversas cidades gregas, onde eram guardados esses óbulos, de que é exemplo o tesouro dos atenienses, em Delfos[2].

Do mesmo modo, em Roma, junto dos templos, reuniram-se idênticas coleções a que vieram juntar-se espólios das guerras no vasto império e sobretudo da Grécia e do Oriente.

É japonês o mais antigo museu do mundo, o Shôsôin, com semelhantes características. Construído no Mosteiro de Tôdai-ji de Nava, perto de Quioto, onde em 756, a viúva do Imperador Shômu depositou o tesouro deste príncipe que, juntamente com as numerosas dávidas oferecidas ao Buda, veio a constituir o núcleo inicial deste museu[3].

Em Portugal, conhecem-se vários templos romanos, de que o correntemente designado de Diana, em Évora, é o de mais vastas proporções[4].

Outros houve em Milreu, junto de Estoi, em S. Cucufate, perto de Beja, em Santana do Campo, perto de Arraiolos, em Almofala[5], o Casarão da Torre, em Conímbriga, de culto imperial e na Acrópole de Miróbriga onde existiu um, dedicado a Esculápio e outro a Vénus. Sabe-se ainda da existência de templos em Beja, Faro, Frende, no concelho de Baião e ainda em Braga. Todos eles tiveram certamente os seus *thesaurus* que, muito provavelmente, foram saqueados e pilhados, durante as invasões suevas e a conquista árabe.

Em Garvão, encontrou-se um "depósito de oferendas votivas a uma ignorada deusa, de que se sabe, que era advogada das doenças dos olhos,

---

[2] Ob.cit., pg. 12.
[3] Ob.cit., pg. 29.
[4] Jorge Alarcão, Portugal Romano, in Historia Mundi, Lisboa, Verbo, 1974.
[5] Manuel Maria da Fonseca Andrade Maia, Arqueologia Romana no Ribacoa, o Templo Romano de Almofala in Actas do II Congresso Nacional de Arqueologia, Coimbra, 1970, pg., 471 e sgts.

e ter imperado entre os sécs. IV e II a.c. ... " "O depósito está a meia encosta de uma pequena necrópole, onde se encontrou já, o que se supõe ser a base, de um grande templo romano, do qual duas colunas foram recuperadas mais abaixo, junto da Ribeira de S. Sebastião"[6].

Peças votivas romanas, isoladas e não como coleção, encontram-se nalguns museus portugueses bem como estatuária com que os Romanos aformoseavam Palácios, Termas e Templos.

2. TESOUROS

Tesouro é ainda a palavra usada para designar um conjunto de moedas ou de peças de metal precioso. Encontram-se destes tesouros um pouco por todo o país, como os de Troia, e que se expõem no Museu Arqueológico de Setúbal e no Museu Nacional de Arqueologia, de Milreu, no Museu Regional da Guarda, ou do Algarve, no Museu Regional de Lagos.

O Tesouro do Gaio, perto de Sines, é constituído por peças de ourivesaria de provável origem fenícia. Achou-se junto de cistas, datáveis do século VII a.c. e está hoje no Museu Arqueológico Municipal de Sines.

O Museu de Martins Sarmento, em Guimarães, tem uma importante coleção de ourivesaria pré e proto-histórica, igualmente provenientes de tesouros encontrados. A recente exposição *Tesouros da Arqueologia* veio apresentar importantes peças de ourivesaria lusitana como, pelo tratamento do espaço e através da iluminação sabiamente doseada, recriar o espírito de entesouramento e de ritual heróico a que estas peças estavam ligadas.

Do mesmo modo, o Museu de Carlos Machado, de Ponta Delgada, através de idêntica linguagem museográfica, apresenta a sua coleção de telas quinhentistas, em espaço inteiramente forrado de preto, pontuando, através de focos iluminados, o que é, na verdade, um pequeno tesouro de pintura.

---

[6] História, nº 50, dezembro de 1982, pg. 88.

Tesouro é ainda a palavra mágica para a busca sonhadora, aventureira e feticista de preciosidades. Certamente, por ser relativamente frequente este tipo de achados, passaram a ser objeto de legislação própria.

Assim, nas Ordenações Afonsinas, a lei de 22 de abril de 1345 sobre como se fazia aglomeração dos bens reais, o número 30 se refere que "A metade de todo o thesouro que for achado em alguã Herdade d'El Rey, ou maninha, ou do Concelho, ou lugar Religioso, quando for achado per acontecimento, sem obra, e indústria da pessoa; e se for achado per obra, e industria da pessoa, será todo o thesouro d'El Rey: e no caso que o Senhor da Herdade per arte mágica, ou feitiçaria achar na sua Herdade thesouro, seja d'El Rey, ca em tal caso he Direito Real".

Esta lei geral veio a sofrer alterações através de lei especial de 23 de Julho de 1433 sobre o que se devia fazer quando se encontrava um tesouro[7].

A feitiçaria, ou o que se pensava serem atividades desta natureza, é proibida nas Ordenações Filipinas, e sujeita a multas e penas, nelas se incluindo a procura de tesouro.

"Outrossi nao seja alguma pessoa ousada, que para adivinhar lance sortes, nem varas para achar thesouro, nem veja em agua, crystal, spelho spada, ou em outra qualquer cousa luzente, nem em spadoa de carneiro, nem trabalhe para adivinhar em cabeça de homem morto, ou de qualquer

---

[7] O Quinto artigo he tal. Item Que affaca a, alguas pessoas Ecleciasticas., e as molheres Religiosas, e Abadessas, que acharom thesouro, e per este cajom faze-as prender, e aduzer prosas em tal maneira, que nom perdoa aa Religiom, nem a dignidade, constrangendo contra direito que todo o thesouro a el dem, ainda que seja achado em sua propria casa, possisom Villa, couto, ou seu celeiro.
Respondem os davanditos Procuradores, que praz a ElRey que se guarde em esto a Ley, que seu Padre estabeleceo, e os Prelados consentem com esto, e a Ley he tal.
Porque costume antigo era, que hu quer que fosse achado thesouro em nosso Regno, todo era nosso: pero querendo fazer graça espicial aos nossos sobgeitos, estabelecemos, que se algun thesouro achar em seu agro, ou em sa herdade ascondido dos Senhores, que se nom possa saber, aquel, que o achar, aja as duas partes, e Nos a terça e se em nossa herdade, ou em lugar pruvico d) algua Cidade, ou Villa, ou ressio delles thesouro for achado per qualquer, Nos ajamos as duas partes, e o achador a terça.
ITEM. Se em herdade doutrem for achado, a terça parte seja nossa, e a terça do Senhor da Herdade, e a terça do achador em esta maneira; pero que o achador nom demande, nem procure contra a voontade do Senhor da herdade na herdade alhea per algua arte d' enquantamento, ou per outras obras desaguisadas; ca em este caso o achador nom deve levar he migalha: mais se assy for achado em nossa herdade, deve todo seer nosso; e se em herdade alhea he achado, averá as duas partes o Senhor da herdade, e Nos a terça parte: e se per ventura o que achar thesouro o negar, e o nom menfestar soomente, que perca quanto achar, e mais que perca todo o que ouver d'haver.

alimaria, nem traga consigo dente, nem baraço de enforcado, nem membro de homem morto, nem faça com cada huma das ditas cousas, nem com outra (postoque aqui não seja nomeada) specie alguma de feitiçaria, ou para adivinhar, ou para fazer dano a alguma pessoa, ou fazenda, nem faça cousa, per que huma pessoa queira bem, ou mal a outra, nem para legar homem, nem mulher para não poderem haver ajuntamento carnal. E qualquer que as ditas cousas, ou cada huma dellas fizer, seja publicamente açoutado com baraço e pregão pela Villa, ou lugar, onde tal crime acontecer, e mais seja degradado para sempre para o Brasil, a pagará três mil reis para quem o accusar" ... Porém isto não haverá lugar nas pessoas, que per Astronomia, vendo primeiro as nascenças das pessoas, disserem alguma cousa segundo seu juízo e regra da dita sciencia. (s. m.)[8]

Só na legislação setecentista e, por pressão da Academia Real da História Portuguesa, os achados vão ser considerados sob o seu valor estético e arqueológico,[9] tendo-se mantido todavia, a busca aventureira de tesouros como uma constante do comportamento coletivo.

3 - TESOUROS DAS IGREJAS

Na esteira dos tesouros greco-romanos reuniram-se coleções preciosas junto das Catedrais, Conventos e Mosteiros, de Igrejas Paroquiais, Ermidas e Capelas.

A palavra tesouro é ainda hoje usada para designar os objetos mais preciosos da Igreja, ao serviço da Liturgia.

Muitas destas peças só se expõem em dias de solenidades, acontecendo frequentemente que o povo exija que cruzes processionais românicas ou imagens medievais saiam, em procissão, no dia da festa da Freguesia.

---

[8] Ordenações Filipinas de 1580 a 1598 sobre os Feiticeiros, 39 vol. cap. XXII § 2 e 3, pg. 38.
[9] Pascoal de Melo Freire, Inst. Dir. Civ. et Crim. Port. Livro III, tit III § VI.

O recato, a defesa da igreja e a veneração e apego afetivo da população a estas espécies, consideradas comunitárias, explica que, muitas destas espécies tenham subsistido até hoje.

Os tesouros eram constituídos pelos cálices, picsides, custódias, cruzes, galhetas e por rica paramentaria que, hoje, recheiam importantes secções dos museus portugueses, bem como por relíquias considerados verdadeiros talismãs.

Os tecidos que as envolviam, os sudários, continham o mesmo potencial a que hoje chamaríamos terapêutico.

Os objetos de devoção incluíam ainda imagens, mantos, executados muitas vezes, a partir de trajes da aristocracia, de abadessas, de noivas, e até de rainhas. Todas as Igrejas tinham e têm os seus tesouros, os quais foram enriquecidos com dádivas de particulares, como o do Senhor Santo Cristo, de Ponta Delgada, nos Açores.

Foram também objeto de veneração, cátedras de Bispos e de Eclesiásticos, que morriam com fama de santidade, como a cadeira de S. Gens, no alpendre da ermida de N. S. do Monte, em Lisboa[10].

Na sacristia, ou junto dela, guardavam-se as preciosas alfaias litúrgicas, usadas em dias de maior cerimonial, bem como os relicários, que eram expostos em dias determinados, conforme era celebrada a festa do santo ou santos venerados.

4 - TESOUROS DAS SÉS

O Tesouro da Sé de Braga, hoje constituído em Museu tem valiosas peças desde o copo de marfim hispano-árabe que pertenceu ao filho de Almançor, ao cálice de S. Geraldo, do século XII e que pertenceu a um neto de D. Mumadona, a cabula oferecida por D. Manuel a D. Diogo de Sousa, Arcebispo de Braga, às importantes coleções de cruzes votivas e processionais, turíbulos, navetas, cálices, tecidos bordados chineses, e

---

[10] Luiz Marinho de Azevedo, Primeira Parte da Fundação Antiguidades e Grandezas de mui insigne cidadde de Lisboa, Lisboa, na 0fficina Crasbeckiana, 1652, pg. 2.

diversas imagens, conjunto este, acumulado ao longo de muitos séculos de existência, do mais antigo bispado português[11].

O Doutor João de Barros, no século XVI descreve assim "no tesouro da sé estão muitos atavios que esta Rainha (D. Mafalda, mulher de D. Afonso Henriques) ahi deixou de sua peçoa assi como toucados, lenços, camisas, que não são assi sumtuosos como os de agora"[12].

O tesouro da Sé Velha de Coimbra bem como de outros provenientes de igrejas e mosteiros do centro do país encontram-se hoje no Museu Nacional de Machado de Castro, constituindo importante secção de ourivesaria e paramentaria, destacando-se o cálice de Gueda Mendes, datado de 1152, e proveniente do Mosteiro de S. Miguel de Refoios.

Muitos destes tesouros episcopais foram sendo refundidos para fazer de novo, para cunhar moedas e "tomadas pratas das igrejas, nomeadamente no tempo das guerras funestas de D. Fernando, Das pretensões afonsinas a Castela"[13], "no governo do Mestre de Avis e na invasão de Junot."[14]

O tesouro da Sé de Évora, atualmente organizado em Museu de Arte Sacra, contém peças preciosas como a Virgem do Paraíso, pequena imagem articulada de marfim representando passagens da vida de Maria, executada no século XIV e de proveniência francesa.

No Funchal e no antigo Paço Episcopal está hoje instalado o Museu de Arte Sacra, com o antigo tesouro. Este era guardado na sacristia "em amplos vestiários" e composto pelos principais paramentas e alfaias destinados ao serviço do culto.[15]

---

[11] Cónego Manuel de Aguiar Barreiros, Catálogo e Guia do Tesouro da Sé do Primaz de Braga, Porto, Edição de Marques de Abreu, 1954.
[12] Doutor João de Barros, Geographia d'entre Douro e Minho e Trás-os-Montes. Porto, Tipographia Progresso, 1919. pg. 29.
[13] "D. Afonso V ordenou que os seus agentes fiscais fossem as igrejas e mosteiros e exigissem a entrega da prata da qual se apoderariam, no caso da recusa, à força, arrombando as portas das igrejas para tirarem cálices, patenas e relicários. Nas igrejas principais deveriam deixar uma cruz, umas galhetas e um turíbulo" Fortunato de Almeida, História da Igreja em Portugal, Porto, Portucalense Editora, 1930, volume III, pg. 441, nota 3.
[14] António Nogueira Gonçalves, As pratas da Se de Coimbra no século XVII, subsídio para o estudo da secção de ourivesaria do Museu Machado de Castro, Coimbra, Coimbra Editora, 1944, pg. 13.
[15] Fernando Augusto da Silva, Sé Catedral do Funchal. Funchal, edição do autor, 1936, pg. 26. Separata do livro "Diocese do Funchal".

Em Lamego, e no Museu, encontra-se o principal núcleo do Tesouro da Sé, embora ainda se encontrem, na Catedral e em uso, peças como o fascitol do século XVI.

"No inventário do Ouro, Prata, Ornamentos/ Tapeçaria, E de todas as mais cousas, que/ ao presente foram achadas nesta See/ do Porto conforme inventário que/ dantes fez o senhor bispo Aires da Syl/va", E cousas que de novo acresceram, publicado por Florido Vasconcelos, há a notícia das peças pertencentes ao tesouro da Sé do Porto, composto por "Cruzes, cálices, castiçais, bagos e çeptuos, capas mantas, almaticas e seus capelos, frontaes, dos seis, gremiães, panos de estantes e outras avolsas, paleos, panos de pulpito e outras couzas, vestidos de nossa Senhora da Sylva e outras couzas da See e bolsas, huã pontefical em papel, panos de armar, galhetas, caldeiras, castições e outras couzas da- 40 samcrestia"[16]. Por este Inventário, elaborado a 25 de junho de 1579 pode fazer-se uma ideia da variedade e da composição de um tesouro episcopal, em que figuram muitas peças oferecidas por D. Pedro da Costa (1485 - 1563), sobrinho do Cardeal Alpedrinha e que foi bispo do Porto de 1507 a 1539.

Deve-se a D. Diogo de Sousa, enquanto bispo do Porto a primeira lei impressa de salvaguarda dos tesouros das Sés, dada à estampa no burgo duriense em 1497, por Rodrigo Álvares.[17]

D. Diogo reuniu Sínodo com todo o clero do bispado, em 1496 donde saíram as "constituições publicadas no ano seguinte e nos alvores da imprensa em Portugal. Estas leis canónicas visavam a regulamentação dos atos litúrgicos, da vida eclesiástica e na constituição nº 38 proibia "que fossem tomadas em penhor livros, cálices, cruzes e outras alfaias litúrgicas das igrejas, sob pena de excomunhão, multas petuniárias e anulação dos respetivos contratos"[18].

---

[16] Flórido de Vasconcelos, D. Pedro da Costa, Subsídios para a biografia de um Bispo do Porto do século XVI, Porto 1979, separata da "Revista de História, vol. II - Centro de História da Universidade do Porto, 1979, pg. 9 e sgts.
[17] Artur, Anselmo, Origens da Imprensa em Portugal, Lisboa, Imprensa Nacional-Casa da Moeda, 1981, pg. 101.
[18] Ob.cit., pg. 285.

Outras constituições se foram publicando no mesmo sentido, como as da Guarda, logo no ano seguinte. As de Braga de 1639 determinavam entre outras normas que "quando alguém por devoção desse ou deixasse em testamento alguma coisa, declarando que era para gastar na fábrica, ou para fazer ornamento ou peça nenhuma aplicação diferente se lhe poderia dar. Se às Igrejas ou ermidas fossem oferecidos ornamentos, cálices, cruzes, lâmpadas, castiçais, imagens, coroas, vestidos para imagens, alcatifas, esteiras, toalhas, corporais, e outras coisas semelhantes, que nesses templos podiam e deviam servir, ninguém poderia desviá-las para outro fim, a não ser que fosse conveniente aliená-las, para adquirir outras mais necessárias; e para este efeito alcançariam licença escrita do provisor, vigários ou visitadores.[19] "Em geral as constituições diocesanas determinaram que em cada igreja houvesse inventário de todas as pratas, com indicação de peso e sinais particulares de cada peça. As Constituições de Lisboa de 1536 ordenavam que o pároco e os beneficiados podiam eleger tesoureiro pessoa abonada e capaz para lhe confiarem o depósito das pratas; mas era ao pároco e aos beneficiados, ou só ao primeiro por falta de beneficiados que ficava a principal responsabilidade da guarda. Igualmente se determinava que em cada igreja houvesse um tombo no qual fossem descritas todas as propriedades"[20].

Alguns destes inventários chegaram até nos, corno os publicados por António Nogueira Gonçalves, sobre o Tesouro da Sé de Coimbra, em que inclusivamente há notícia de peças refundidas e transformadas[21].

Das obras de remodelação da Sé do Porto, entre 1726 e 1741, existe um relatório do restauro da "Casa do Tisouro" junto da sacristia, que era muita humida, não tendo mais ar, que de huma pequena fresta, que também a fazia muito escura e por cauza da humidade se hia arruinando foi precizo o fazerem de novo e se lhe deu mais alguã largueza, e se fichou de abobeda pondo-lhe traz janellas com grades de ferro por dentro, e por

---
[19] Fortunato de Almeida, História da Igreja em Portugal, Porto Portucalense Editora, 1930, vol. II, pg. 94.
[20] Ob.cit., pg. 105.
[21] António Nogueira Gonçalves, ob.cit. No mesmo sentido A. A. Gonçalves, Noticia Histórica do thesoiro da Sé de Coimbra.

fora e portas com boas ferragens para segurança do seu menisterio ... Mais se fizeram peças de prata, e paramentos de seda, e de ouro, e muitas roupas brancas, e varias couzas com que se angmentou a fabrica. Também se fizeram bancos com capas de veludo para as procissões e funções da sé, e muitos brancos para a mesma, taburnos, e cey e alcatifas, e livros e outras muitas couzas que não se individuam"[22].

Em Lisboa, Porto, Portalegre, Viseu e Angra idênticos museus se constituíram a partir dos respetivos tesouros. Os de Aveiro, Beja, Bragança, Leiria e Setúbal encontram-se nos respetivos museus locais como secção de arte sacra.

Dos da Guarda, Silves, Elvas, Miranda e Faro apenas se conhecem peças isoladas tendo-se perdido o núcleo inicial.

5 - TESOUROS DOS CONVENTOS E MOSTEIROS

O monaquismo, se bem que de origem copta, corresponde à necessidade de associação de pessoas, sentida em toda a Idade Média pelo mundo de incertezas e insegurança, derivado da fome, da peste e da guerra e da impossibilidade de uma liberdade individual.

Este espírito comunitário estava igualmente presente no mundo senhorial, nas sociedades de mercadores, nas corporações de ofícios e no movimento comunal.

Da regra de S. Bento nasceram duas reformas, a de Cluny, em 909, e, a de Cister, em 1112, de que vão derivar duas estéticas ao Serviço de Deus.[23]

A primeira, ditada pelo desejo de luxo e qualidade para Deus. Os monges negros não se poupavam à magnificência na decoração no interior do edifício, recheado de pinturas murais, ilustrando temas bíblicos e alegóricos, destinados a um povo iletrado e inculto.

---

[22] A. de Magalhães Basto, A sé do Porto, Documentos inéditos relativos à sua Igreja, Porto, Edições Maranus, 1940, pg. 52 e 53.
[23] Leopoldo Torres Balbas, Monasteiros Cistercienses de Galicia, Santiago, Bibliofilos Gallegos, 1954, pg. 7.

A estatuária, presente desde o pórtico onde figurava Cristo na mandorla, rodeado de anjos e dos quatro evangelistas até aos capitéis, que foram pretexto para a imaginação criadora, sobre temas, já de si herméticos como Apocalipse, numa profusão de pássaros, grifos, centauros, leões, cantores, músicos e ainda numa complementar decoração floral e vegetalista.

Esta decoração provinha dos preciosos tecidos e tapeçarias, vindos do Oriente, a envolver as Relíquias, e que eram repetidos na ourivesaria, na iluminura, na madeira e posteriormente, passados à pedra.

As relíquias eram o determinante, não só da arquitetura, visto que a cabeceira tinha a forma de charola, com deambulatório, para os fiéis passarem durante as peregrinações, como o polo dinamizador para a grandeza, o esplendor e o espetacular, do que vieram a ser os tesouros destas casas.

No nosso país, embora em muito menor escala, entroncam nesta linha programática, as Sés, os primeiros mosteiros românicos e as ordens militares.

A reforma de Cister, veemente expressa por S. Bernardo de Claraval, na Apologia dirigida a Guilherme, abade de Saint Thierry, condenava a riqueza e o luxo desnecessários nas abadias de Cluny, as suas dimensões, sumptuosas decorações, em prejuízo da decoração e contemplação interiores, e a presença de "monstros ridículos", cuja simbólica não aceitava ou compreendia. Esta tomada de posição levou-o a ditar preceitos de carácter negativo, em relação à expressão plástica, proibindo a representação figurativa, a pintura, a escultura, assim como a edificação de torres, e o emprego da seda e do ouro na ornamentação. As cruzes seriam de madeira, os candelabros e incensários de ferro e as letras dos manuscritos simplesmente monocromas.[24]

Com este rigor moral nasce um tipo de arquitetura nua, despojada, onde no adossamento das colunas em mísulas, aparecia por vezes

---

[24] Artur Nobre de Gusmão, A Real Abadia de Alcobaça, estudo histórico-arqueológico, Lisboa, Ulisseia, 1948, pg. 58 e sgts, A expansão da arquitectura borgonhesa e os mosteiros de Cister em Portugal, Lisboa, 1956.

pequena decoração vegetalista, esquemática e geometrizada, como a da Real Abadia de Alcobaça.[25]

A regra única, a interdependência e o controle dos conventos sujeitos à inspeção de um visitador, proporcionaria que esta austeridade fosse mantida. O facto é que os monges brancos, a partir do séc. XIII acabaram por igualmente, constituir os seus tesouros, organizar as suas coleções de relíquias, como ainda hoje é visível, no pequeno museu de Arte Sacra de Tarouca, e na sala-relicário de Alcobaça.

Estas duas estéticas ao serviço de Deus chegaram-nos também por via real através de D. Teresa e de D. Henrique.

Tanto Leão, como Santiago de Compostela são igrejas de peregrinação, no espírito clunianense, como o Tesouro de Leão, ainda hoje patente na Real Colegiata de San Isidoro, é disso testemunho.

Através de D. Henrique, e da Borgonha, vêm os recém-criados monges de Cister que tanta influência irão ter, durante longos séculos, na cultura e na arte portuguesas.

O cálix de Alcobaça, que faz parte das coleções do Museu Nacional de Arte Antiga é exemplo da forma adaptada à sua função, cuja beleza reside na proporção e harmonia do seu todo e na mestria com que foi executada.

As ordens mendicantes absorveram até ao século XVI este espírito de austeridade decorativa, bem como esta estética condicionará de certo modo a sobriedade dos paços medievais portugueses.

"Os mosteiros foram o refúgio das artes e o viveiro dos artistas da Idade Média, conquanto o clero secular também prestasse bons serviços à sociedade, foram os monges que mais se distinguiram"[26].

A vulgarização dos estudos nas casas religiosas e a fundação da universidade, destinada à inteligência eclesial, muito contribuíram para que a tradição da cultura portuguesa estivesse ligada à vida monacal, que foi propícia à constituição de verdadeiros centros de investigação.

---

[25] Artur Nobre de Gusmão, A expansão da arquitectura borgonhesa e os mosteiros de Cister em Portugal, Lisboa, 1956, (passim) in Fortunato de Almeida, ob.cit., Vol. III, pg. 243.
[26] Fortunato de Almeida, ob.cit., Vol. III, pg. 243.

"Os monges eram engenheiros, os arquitetos, os escultores e os pintores. Da ourivesaria como de outras artes, se pode dizer que nasceu nos conventos e exclusivamente aí se conservou por muito tempo, unicamente aplicada ao fabrico de vasos sagrados e outros objetos destinados ao serviço do culto"[27].

O Mosteiro de Santa Cruz de Coimbra, dos Cónegos Regrantes de Sto. Agostinho, ainda hoje conserva o seu tesouro, em local apropriado junto da sacristia, onde estão guardadas as melhores alfaias do Mosteiro.

6 - OUTRAS COLEÇÕES SACRAS

O tesouro dos jesuítas de S. Roque, está hoje transformado em Museu de Arte Sacra, sob a égide da Misericórdia de Lisboa, para quem foram transferidos estes bens dos jesuítas, após a sua expulsão ordenada pelo Marquês de Pombal. As Misericórdias, fundadas por D. Leonor, mulher de D. João II, em 1498, eram de imediata proteção real, o que significa que, nem as autoridades civis, nem as eclesiásticas lá exerciam qualquer poder ordinário[28].

Constituíram também os seus tesouros, muitos deles provenientes de doação de particulares. As bandeiras processionais que saíam em 5ª Feira Santa, e no dia de Todos os Santos, são uma das características formas das suas coleções de pintura, além de retratos de doadores e beneméritos. Destas coleções existe no Museu da Cidade, em Setúbal, importante espólio, estando, na Ericeira, um pequeno museu da Misericórdia, em formação.

A extinção das ordens religiosas de 1834, poupando as misericórdias, viria resultar um "memorável assalto aos conventos que privaram certamente a nação de grande soma de riquezas, talvez mais importantes pela documentação artística, do que pelo valor intrínseco"[29].

---

[27] Ob.cit., pg. 243.
[28] Artur Magalhães Basto, IV Congresso das Misericórdias, tese apresentada pela Misericórdia do Porto, em Braga, maio 1936, pg. 4.
[29] Fortunato de Almeida, ob.cit., vol. III, pg. 227.

No entanto algumas peças destes tesouros foram salvas, encontrando- se hoje nos principais museus do país, em importantes secções de ourivesaria, como a Custódia de Belém, realizada por Gil Vicente e doada por D. Manuel aos frades Jerónimos, e que se encontra no Museu Nacional de Arte Antiga, ou o altar de prata de D. João I e a cruz processional da Colegiada de N. Sra. da Oliveira, em Guimarães, que se encontram no Museu de Alberto Sampaio, daquela cidade.

Ainda no âmbito das coleções religiosas, de que se tem vindo a tratar, e na senda do costume pagão, o povo manteve e mantém o costume de oferta nas igrejas, ex-votos, em testemunho da sua gratidão e devoção pelas graças recebidas da Virgem ou dos Santos, em caso de aflição.

Havia-os em madeira pintada, também chamados milagres, ou em cera, dependendo o formato do local; pé, braço, olhos, de que o doente tinha sido livre do seu padecimento.

Estas coleções foram objeto de legislação canónica: "porem as ofertas de pés, braços e olhos de ouro, prata ou cera, mortalhas e outras coisas deste género, oferecidas pelos fiéis, em memória dos milagres que Deus fez, por intercessão dos seus santos, podem os párocos aplicá-las a si, ou distribuí-las em usos prós, declarados pelos oferentes; e nem estas tirariam todas dos templos, antes deviam lá deixar algumas para "memória dos milagres e afervoar mais a devoção dos fiéis"[30].

Este costume tem perdurado, pelo que sobretudo nas Igrejas de Peregrinação, como no Sameiro, na Sra. da Lapa, ou no Santuário de N. Sra. D'Aires, em Viana do Alentejo, ainda hoje se conservam coleções de ex-votos, nos mais diferentes materiais, a que se veio juntar recentemente, a fotografia do mancebo militar, da guerra 1961-1974.

As tabuinhas pintadas têm vindo a ser objeto de estudo, pela representação iconográfica, que embora ingénua, documenta os usos e costumes dos seus ofertantes[31].

---

[30] Ob.cit., vol. II, pg. 95 Constituições do Porto 1687, 1, II, tit. IV, Const. X e Constituição de Viseu, 1681, 1, tit. IV, const. XI.
[31] Alberto Correia e alia, Ex-votos do distrito de Viseu, Catálogo de Exposição, s.d., pg. 4. No mesmo sentido, Luís Chaves, A Arte Popular dos ex-votos - Os milagres - Guimarães, 1970, Separata do vol. LXXX da Revista de Guimarães.

Como coleção de arte religiosa e extensão dos tesouros poderão ainda considerar-se os presépios de feitura erudita ou popular, as maquinetas, os calvários, as grutas, os registos e posteriormente as estampas.

A pintura mural de igrejas e conventos, a pintura de tábuas, realizada por encomenda para locais determinados, a escultura sacra, representando imagens de veneração constituem também, coleção de arte religiosa, bem como a azulejaria e a talha cujos conjuntos tanto enriquecem as igrejas portuguesas.

No entanto, este tema levaria longe de mais o que se propôs realizar, e apenas se irá referir ao modo de constituição das coleções e não à inventariação das mesmas.

A pintura mural, não poderá considerar-se objeto museológico senão a partir do momento em que é retirada do seu suporte, a parede, e entra nas coleções de museu, como as de Bravães.

Esta Igreja Matriz, construída no espírito clunianense, encontrava-se revestida de pintura mural, que foi retirada e, por razões de conservação e segurança se encontra hoje no Museu Nacional Soares dos Reis. Do mesmo modo, os frescos da Igreja de N. Sra. da Azinheira do Outeiro foram incorporados no referido Museu.

Em Abrantes, os frescos do antigo retábulo da Igreja de Santa Maria do Castelo, sobre o altar revestido de azulejos hispano-árabes, bem como as figuras laterais no arco triunfal, da mesma igreja, fazem parte das coleções do Museu D. Lopo de Almeida, pelo facto deste aí estar instalado.

A temática da pintura mural continua a ser religiosa, sendo os de Monsaraz, os únicos frescos conhecidos de iconografia civil.

A quase iconoclastia da estética primitiva cisterciense e provavelmente uma das causas da quase inexistência coleções de imagens sacras medievais, todavia um notável núcleo de escultura está patente no Museu Nacional de Machado de Castro, como o mal denominado Cristo Negro ou a Sra. do Ó, de Mestre Pero, proveniente da Sé Velha em Coimbra.

A estatuária tumular e, pelo contrário, bastante rica e no Mosteiro de Tarouca encontra-se o belo túmulo de D. Pedro, Conde de Barcelos fazendo par com o de sua mulher, que está exposto no Museu de Lamego.

Do mesmo modo, no Mosteiro de Santa Cruz de Coimbra e, na Capela-mor, notável escultura tumular de D. Afonso Henriques e de D. Sancho I.

Os túmulos de Chanterene realizados por encomenda, no seculo XVI, vieram a ser objeto museológico, como o de D. Álvaro da Costa patente no Museu de Évora.

Dois anjos atlantes, suporte do túmulo da Rainha Santa do Mosteiro de Santa Clara-a Velha fazem também ainda parte das coleções do Museu Nacional de Machado de Castro.

Muito embora os vitrais tenham sido no período medieval, importante realização artística, não se conhecem no nosso país, coleções museológicas de vitrais. Os da Batalha encontram-se no seu lugar de origem e são objeto museológico pelo facto do monumento ser no seu conjunto, o Museu do Mosteiro de Santa Maria da Vitória. Os de Alcobaça, esquecidas as proibições a partir do sec. XIII, foram encomendados por Frei Pedro Serrano para a Sala do Capítulo. Representavam Cristo preso à coluna, S. Bento e a Virgem e episódios da fundação do Mosteiro, vitrais estes que se perderam[32].

7 - RELÍQUIAS

Dos tesouros, fazendo parte integrante deles ou núcleos separados são, sem dúvida, as relíquias, as grandes coleções de características museológicas, já bem definidas.

O Padre João Baptista de Castro no Mapa de Portugal, tomo segundo, de 1763, inventaria todas as relíquias existentes no rei no, por ordem alfabética das localidades distinguindo 128 coleções e "de outras relíquias

---

[32] Artur Nobre de Gusmão, Vitrais de Santa Maria de Alcobaça, Lisboa, 1960. Comunicação na Academia Nacional de Belas Artes, em sessão extraordinária, de 26 de fevereiro de 1960.

puderemos fazer memória, se escreveramos unicamente dellas, donde não estranhará o Leitor, se vir que passamos algumas em silêncio"[33].

Neste levantamento, em que há casas religiosas com 2 e 3 relíquias e a Casa de Bragança, em Lisboa, com cerca de 600, são descritos Santuários como o de S. Bento da Vitória, no Porto com "várias relíquias em trinta e dous meyos corpos, quartoze braços, dous pés, e quatro pyramites"[34].

Em Lisboa; "no Convento dos Religiosos Carmelitas Calçados (Convento do Carmo) se conserva hum grande thesouro de muito notáveis Relíquias. Em todo o vão do Altar, que estava no Coro alto, estavão as seguintes: Huma Cruz formada de taboa, em que o Senhor ceou; dentro desta Cruz estava outra do Santo Lenho, e nos lados partes de ferro da lança, e da esponja; mais cinco relíquias do Santo Lenho juntas com particulas do berço do Menino Jesus; de aspa de Santo André; da lança do Apóstolo S. Thomé; do leito em que S. Joseph faleceo; cabellos do Menino Jesus, e de Nossa Senhora, e da Santa Isabel Rainha de Portugal, e de S. João Evangelista, e de Santa Joanna Infanta Portuguesa, e de Santa Catharina, e de Santa Iria, e de Santa Agueda, e de Santa Rosa de Viterbo, e de Santa Maria Magdalena; hum espinho de coroa do Senhor com sinaes de sangue; parte da corda, com que o Senhor foy prezo; huma ponta de varas, com que açoutarão ao Senhor; parte da cinta, ou toalha, com que cubrirão a desnudez de Christo na Cruz com sinaes de sangue; parte da camizinha do Menino Jesus; parte da beatilha de Nos sa Senhora; parte da taboa, em que se entalharão as letras do titulo da Cruz de Christo; parte da haste da lança, com que abrirão o lado do Senhor, parte da tunica de Christo; parte da beatilha da Senhora Santa Anna; parte da roupa de S. João Evangelista; parte do habito de S. Pedro de Alcantara; parte da pedra da coluna, onde foy prezo Christo bem nosso; pedra do horto de Gethsemani; pedra do lugar onde crucificarão ao Senhor; pedra do lugar onde assentarao a Christo para o coroarem; pedra do sepulchro, do presepio, do Monte Olivete, e do sepulchro de Nossa Senhora; parte da

---

[33] João Baptista de Castro, Mappa de Portugal, tomo segundo, Lisboa, Na Officina Patriarcal de Francisco Luiz Ameno, 1743, pg. 224.
[34] Ob.cit., pg. 217.

purpura, que por zombaria pozerao a Christo, parte da toalha, com que a mulher pia alimpou o rosto ao Senhor; parte da veste inconsutil; parte da tunica da Virgem Nossa Senhora; parte da cuberta da cama de Maria Santissima; parte do lençol, em que foy envolto o corpo de Christo para o sepultarem; parte das faixas, em que a Senhora envolveo seu bento Filho no Presepio; parte do véo do Templo, que se rasgou na morte de Christo; parte dos habitas de Santo Antonio, e de S. Francisco de Paula, e de Santa Teresa de Jesus, e de S. Francisco Xavier; e relíquias de outros muitos santos Doutores, e Martyres insignes; finalmente continha letras escritas pelas mãos dos quatro Evangelistas, e por S. Paulo Apostolo, e do quatro Doutores da Igreja., Epistolas inteiras assinadas de seus nomes, e outra de Santa Monica".

"No Coro da Igreja se veneravao muitas relíquias de vários Santos collocadas em meyos corpos, e em custodias com toda a deceneia, que por serem innumeraveis, e incomprehensíveis, na pequenhez do nosso Mappa, contentamo-nos com as inculcar ao Leitor, que se quizer ter dellas indivídual notícia pode ler o tomo I da Chronica dos Carmelitas part. 4 num. 1 300 do Padre Fr. Joseph Pereira, e as Memórias Históricas do Padre Fr. Manoel de Sá part. I liv. 2 cap. 12".

"Mas todavia não deixaremos de fazer especial memória do Breviario, por onde rezava Santa Teresa de Jesus, e hum livro de Poesias varias, e humas disciplinas de ferro, tudo da mesma Santa, que se conservavao neste Santuário"[35].

Na coleção do Oratório de S. Filipe Neri, publicou-se catálogo, em 1723, na oficina de Francisco Xavier de Andrade[36].

"Em Portugal são veneradas as preciosas Relíquias com o verdadeiro fim, que he de agradar a Deos, e honrar a seus Santos, cujos ossos, e cruzes, a maneira de fontes saudaveis, estão continuamente derramando beneficias de muitos modos; porque elles curão as enfermidades tirão as tentações affugentão as tristezas e communicão mil bens, porque Christo Senhor

---
[35] ob.cit., pg. 201 e sgts.
[36] ob.cit., pg. 205.

nosso assiste nelles, infundindo-lhes ainda no pó, a que estão reduzidos, a virtude da Glória, que seus espíritos participão na Cea.[37] "Estas relíquias nos dias de maior festividade se expunhão à pública veneração"[38].

Os Santuários, construídos para albergar estas coleções, de que se dá exemplo a sala-relicário de Alcobaça e o Santuário do Mosteiro de Santa Cruz de Coimbra, continham já, as áreas culturais, que caracterizam o museu moderno: a investigação, a conservação, a museografia e a ação cultural.

A investigação correspondia ao estudo das peças expostas, não como objetos, mas como representação da História Sagrada e da vida dos Santos.

A conservação, realizada não só pela elaboração de catálogos, e inventariação de cada peça, como na organização de suportes próprios. Os relicários eram feitos de diversos materiais e utilizava-se o vidro, que permitia, simultaneamente, a visão da relíquia e a sua proteção.

O espaço era tratado museograficamente de modo a organizar-se um conjunto homogéneo. No Santuário de Coimbra não faltam as respetivas legendas.

O público acudia para ver, venerar e ouvir da oratória sacra, (o que se supõe, pela descrição das relíquias), histórias fantasiosas e rocambolescas, ternas dramáticas, de reconstituição de cenas bíblicas ou angiológicas. Em suma, criava-se uma encenação museográfica como forma de, simultaneamente, mostrar a relíquia e ensinar a doutrina da Igreja.

Resumidamente pode dizer-se que, pela sua profusa e inquietante decoração maneirista, a Sala-Relicário de Alcobaça é tratada como um "Gabinete" de arte religiosa enquanto o Santuário de Santa Cruz de Coimbra, como uma didática sala de exposição iluminista, bem ordenada e organizada, - como se fora um Museu de Relíquias.

---

[37] ob.cit., pg. 184.
[38] ob.cit., pg. 199.

A moda das relíquias (36) atinge também nos finais do seculo XVIII, o iluminado Dom Frei Manuel do Cenáculo[39] e ainda no século XIX esta devoção necessita da sátira de Eça de Queiroz.

8 - TESOUROS REAIS

Os tesouros reais eram constituídos pelos objetos da capela e pelos pessoais, em igualmente se incluía a Garda-Roupa.

Como durante o período medieval a corte foi sempre itinerante, o tesouro real acompanhava o rei nas suas viagens pelo país.

Estavam, portanto, ligadas à pessoa do rei e não propriamente ao local, paço ou castelo onde o rei se detinha[40].

Aliás o tesouro e guarda-roupa dos episcopais não diferiam uns dos outros, paços reais, senhoriais até ao século XVI. Não eram tesouros sagrados, como os que se trataram anteriormente, mas personalistas, num ritual de prestígio pessoal, condizente com a supremacia social da condição hierárquica do rei, do senhor ou do bispo.

---

[39] Armando Nobre de Gusmão, Catálogo da Correspondência dirigida a Fr. Manuel do Cenáculo Vilas-Boas, Évora, Biblioteca Pública e Arquivo Distrital de Évora, 1944. Carta n9 1138 do Conde do Redondo datada de Lisboa, 20 de março de ... em que pede a Cenáculo que "encarregue um criado seu de lhe obter um retrato de Mariana da Purificação ou cópia feita pelo pintor mais hábil da terra Carta nº 1139 do mesmo, de Lisboa 27 de Outubro de ... em que pede "informação acerca da beatificação de M. Mariana da Purificação. Carta nº 1140, do mesmo, de Lisboa 15 de Novembro de ... em que "agradece o retrato de M. Mariana da Purificação".
Carta nº 1141, do mesmo, de Lisboa, 20 de Fevereiro de 1798 "em que lhe pede mande passar-lhe relação dos prodígios de M. Mariana da Purificação, desde que se abriu a sua sepultura.
A abertura da sepultura deu azo à constituição de numerosas relíquias de que é testemunho a carta nº 3557 de Soror Madalena Caetano do Livramento do Mosteiro de Flamengas, 20 de Janeiro de 1775 "em que se refere as melhoras de uma sua irmã, por interferência de uma relíquia de Soror Mariana. ob.cit., Carta nº 4287 de Nicolau Pagliarini de Roma, 4 de Dezembro de 1783 dizendo "que lhe é muito difícil, nesse momento, conseguir relíquias, por não conhecer o nosso Sacristão Pontifício; no entanto, já conseguiu algumas, que lhe remeterá com a encomenda dos livros que lhe pediu.
Carta nº 4298 do mesmo de Roma, 1 de Abril de 1784 dizendo que "tem já preparados alguns livros e relíquias que Cenáculo lhe pediu". Carta nº 4291, do mesmo, de Roma, 11 de Março de 1784 dizendo que lhe "remete os jornais do costume e diz que em breve enviará um cai xote com relíquias".
E anexo da Carta nº 4294 do mesmo, de Roma, 22 de Abril de 1784 em que consta a "relação do que se contém num caixote remetido de Roma para Lisboa, a Joaquim Carneiro da Silva, Mestre de Desenho na Impressão Régia, para que este mande entregar ao Bispo de Beja.
[40] Fernão Lopes, Crónica de D. Pedro I, Porto, Livraria Civilização, 1965, pg. 185.
D. Pedro em viagem levava consigo todo o tesouro que "eram trimte e seis mil dobras em ouro amoelhado, porque todo outro thesouro deixara na galee que Martinhanes avia de levar a Tavira, e levava muytas jóias douro e daljofar e de pedras de gram vallor. (s.m.).

O tesouro palaciano passava frequentemente para a posse da Igreja, por doação ou testamento, como o da igreja voltava para o Paço sempre que a situação económica do país era grave.

D. Sancho I no seu testamento deixou ao Mosteiro de Santa Cruz, onde será sepultado; "meam Capellam, & copam meam auri, ut faciant ex ea unam crucem, & unum Calicem, & c. march argenti quod est in turribus Colimbriae de quo facient unum frontale ante altare Sancti Pedri & aliud ante altare Sancti Augustini & mando mando, & de meo vasi auri con suo coapertorio ut faciant inde duos Calices, & dent inde unum Bracharensi Ecclesiae & alium Sedi Ulixbonensi"[41].

Simultaneamente D. Afonso II "mando adhuc, quod quicunque neum thesaurum, vel meos thesauros in die mortis meae, quod dent illos Abbati Alcupatiae"[42] e D. Dinis "outro si mando a ese Mosteiro Dodivellas todalas capas, mantos e vestimentas e almâticas, que nqquel tempo forem achados na minha Capella, ea mínha Cruz grande de prata dourada com seu pee que tem botoens dourados, pera ser no Altar Mayor ese Mosteiro, e pera a trazerem na precissom, quando cumprie, ..."[43]

D. Isabel legou "as joias, as pedras, as coroas, a cadeia de ouro com relíquias e as "cruzes de ouro e de prata com cálices turíbulos e vestimentas"[44].

Destes bens subsiste, de entre outros, chamados de "tesouro da Rainha Santa", um fragmento de colar e um relicário doados ao Mosteiro de Santa Clara-a-Velha e que estão hoje no Museu Nacional de Machado de Castro.

No entanto há bens que D. Dinis legou ao filho como "a minha Cruz grande boa de douro com o camafeo, e com as pedras preciosas, que em si tem, e os barris de cristal e as rreligas e item manmando que toda a minha

---

[41] D. António Caetano de Sousa, Provas da História Genealógica da Casa Real Portuguesa, Tomo I, Coimbra, 1946, pg. 23 e sgts.
[42] ob.cit., pg. 46.
[43] ob.cit., pg. 69.
[44] ob.cit., pg. 150.

baixela douro e de prata, assim copas, como vasos e escudelas e talhadores e bacios ..."⁴⁵ seriam para D. Afonso IV.

Pelo Inventário e contas da casa de D. Dinis 1278-1282 pode deduzir-se da composição das coleções reais, subdivididas em 4 títulos: reposte, escançaria, copa e vestiaria.

Duas interessantes referências são "hum barril de cobre em que soem caentar aágua pera dóor da jlharga" e "duas pedras de vidro e so elas leteras mouriscas em castõ de prata"⁴⁶.

A primeira diz respeito à alquimia médica, e a segunda refere objeto árabe de que, apesar da sua permanência de muitos séculos no nosso país, nada subsistiu como coleção ou tesouro⁴⁷.

Dos Paços Reais, não nos restam nenhumas peças, a não ser as que foram doadas, por testamento, ou em vida, a igrejas e mosteiros⁴⁸.

A cadeira gótica de D. Afonso V não é proveniente do Paço Real, mas do Convento do Varatojo, onde o mesmo rei se costumava albergar, estando hoje na coleção de mobiliário do Museu Nacional de Arte Antiga. Das coleções deste museu, fazem ainda hoje, importante núcleo de tapetes, colchas e tapeçarias. No entanto, das peças referidas no inventário de D. Dinis como "In primo peça de Array, Peça de Brugia, Peça de Sargia, nada resta"⁴⁹.

Pelo costume muçulmano de levantar tenda, para que as peças comummente chamadas de Arras e os tapetes orientais serviam, nada ficou do período medieval.

A itinerância da corte e "as frequentes deslocações tornaram imprescindível a construção de móveis onde se guardassem e transportassem documentos, joias ou outros objetos de pequenas dimensões, indispensáveis no dia-a-dia"⁵⁰. As arcas e "suas irmãs maiores,

---

⁴⁵ ob.cit., pg. 128.
⁴⁶ Arquivo Histórico Português, vol. X, pg. 41 e sgts.
⁴⁷ Fragmentos de arquitetura muçulmana são objeto museológico no Museu Arqueológico do Carmo ou no Museu de Évora.
⁴⁸ Maria Helena Mendes Pinto, Artes Decorativas sécs. XV-XVIII, Lisboa, Museu Nacional de Arte Antiga, 1979, pg. 23.
⁴⁹ Arquivo Histórico Português, vol. X, Lisboa, 1916, pg. 41.
⁵⁰ Maria Helena Mendes Pinto, ob.cit., pg. 28.

os cofres" eram as peças de mobiliário onde se guardavam os tesouros reais,[51] constituídos pelos objetos sagrados da Capela Real e ainda as joias, pedras, coroas, argolas, cintos, colares, firmais, objetos de toucador, como alfinetes, pentes, espelhos, perfumes e a Copa que se compunha de escudelas, pratos, tijelas, colheres, vasos, facas. O Guarda-Roupa pelas vestes, propriamente ditas, e o bragal com adereços de cama, em que se incluam as tapeçarias, as alcatifas e os tapetes bem como os couros, lisos, lacados ou pintados com que se cobriam as paredes.

Embora haja nos inventários dos primeiros reis distinção entre estes objetos, o facto é que eles eram arrumados no Guarda- Roupa que poderia ter um ou mais compartimentos - a trescamara e o oratório[52].

A copa expunha-se nas cremalheiras[53] que, ainda hoje, no Alentejo se denominam por estanheiras.

Os próprios reis possuíam também as suas relíquias inseridas em caixas, arcas, medalhões, montadas em ouro, prata e encastoados de pedras preciosas.

D. Dinis deixa em testamento à "Infanta Dona Maria minha neta as minhas Cruzes pequenas de ouro, que sam para trazer ao colo, em que andam religas, que em si tem"[54] "Nos testamentos medievais fala-se ainda de amuletes como no de D. Sancho I", "anulos e sortílias". No da Infanta D. Mafalda em 1256, diz ela deixar ao mosteiro de Arouca "duas Sortellias e três lapides saphieos et reservatur in thesauro", ao irmão D. Pedro deixa a mesma Infanta: "monum (moeda em desuso) et lapidem sapi et alliam sortellam magnum" ...[55]

---

[51] A. H. de Oliveira Marques, A Sociedade Medieval Portuguesa, Lisboa, Sá da Costa, 1971, pg. 75 Fernão Lopes, crónica de D. Fernando, Porto, Livraria Civilização, pg. 131. Chegando el Rei a Barcelona "descarregaron todalhas arcas em que ho ouro hia, e foi levado aos paaços delRei, e posto em huma camara bem çarrada, e guardado do tesoureiro que o levava".
[52] Ob.cit., pg. 75.
[53] Ob.cit., pg. 82.
[54] D, António Caetano de Sousa, Provas ... , ob.cit., pg. 126.
[55] José Leite de Vasconcelos, Da numismática em Portugal, Arquivo da Universidade de Lisboa, vol. IX, Lisboa, 1923, pg. 9.

"A Rainha D. Beatriz, em 1354, testa em favor de seu neto D. Fernando, um camafeo, figura de leom, achado em hum moimento [túmulo antigo, talvez romano]"[56]

Assim, e até ao século XV as moedas e os vestígios arqueológicos, sobretudo romanos, foram tratados como amuletos ou talismãs.

A partir de quatrocentos as coleções reais, muito embora mantenham a designação de tesouro, perdem a característica de entesouramento e redimensionam-se em diversidade e novidade de objetos. A recolha proveniente das descobertas, os presentes vindos de novos contactos comerciais e culturais e ainda a valorização das obras de arte e da arqueologia, motivada pelo renascimento, transformam os paços, em locais, onde se guardam, apreciam e reúnem variedade e diversidade de objetos que correspondem a génese da formação da coleção.

Enquanto no âmbito da Igreja os tesouros persistem, como forma organizada de coleções sagradas, os tesouros reais, vão sendo despojados da totalidade das coleções, para se irem resumindo aos núcleos mais preciosos e, em Última análise, às moedas e as jóias.

Razão por que se autonomiza, no capítulo seguinte, o percurso que, no tempo, as coleções reais seguem, até à formação dos seus museus.

---

[56] ob, cit. pg. 10.

Capítulo III

Coleções Reais

1 - COLEÇÕES DO RENASCIMENTO

É tradicionalmente aceite iniciar a história dos museus pela história das coleções, insistindo na importância dos núcleos museológicos dos príncipes do Renascimento, e dos Medicis em particular.

De facto, o humanismo contribui em larga medida em toda a Europa e, por corolário, também em Portugal, para um renovado interesse pelos textos clássicos e pela epigrafia.

É em Roma, onde os monumentos perduram, que Cola de Rienzo, amigo de Petrarca, inicia a decifração e a leitura de inscrições, numa perspetiva revivalista e heroica do passado romano[1].

A medalha e a moeda vão contribuir igualmente, através da análise das suas legendas, para se referenciarem cronologias. Por outro lado, as moedas romanas vão estimular o aparecimento do retrato e o tratamento em perfil do mesmo.

Squarcione, pintor medíocre, mas bom pedagogo, forma em Pádua, com a sua pequena coleção, uma escola de arte. Mantegna, em Mântua e Ghibertí em Florença, entre outros, reúnem também núcleos de escultura e numismática[2].

Renasce o objeto grego e romano. Moedas e deuses, bustos, cavalos ou bronzes, colunas e cipos vão contribuir para a renovação da temática artística e da gramática decorativa. O objeto clássico autonomiza-se, como objeto de arte, e fonte documental, desligado do seu enquadramento inicial. Os tesouros artísticos vão substituir os tesouros sagrados. As coleções de arte e de arqueologia ganham foros de cidadania.

---

[1] Germain Bazin, ob.cit., pg. 41.
[2] Ob.cit., pg. 43 e 44.

2 - PAÇOS D. MANUEL NA RIBEIRA

Em Portugal, algo de semelhante vai acontecer. No entanto, o filtro institucional da igreja não vai permitir que a arte portuguesa se dessacralize. A temática religiosa vai continuar ainda a ser o móbil da encomenda régia. O retrato, integrado na arte sacra ou individualizado, dá também importante contribuição para a renovação da temática artística. Assim se vão continuar a encher os vazios dos Paços e os altares das Igrejas, Sés e Mosteiros.

Os Paços manuelinos da Ribeira, de Évora ou de Sintra comportam câmaras de Guarda-Roupa. A corte continua itinerante, mas mais se detém em Évora, até D. João III. D. Sebastião, sempre em viagem, passa largas temporadas em Almeirim, que é, igualmente, local de recolha de objetos de coleção.

No "Lyvro da recepta das jóias e vestidos e cousas outras asy das que estavam na Guarda-Roupa como no Tisouro que ficarão del Rey dom Manoell"... aparece, para além da copa, da escançaria e da vestearia, uma secçao importante de armaria, com espadas, adagas e punhais.

Este importante núcleo de peças entre as quais vinte espadas "mouriscas com suas guarnições de prata mais quarenta cyntas mouriscas", dá um cariz heroico às coleções reais que até aqui estas não tinham[3].

Por outro lado, aparecem peças como "outra estampa que tem huua nymfa que pessa seis oytavas e dous graãos douro" ... "item mais outra estampa das tres deozes que mandou madama de Xebes" [Cleves] ... "Hua estampa de cobre dourada que tem hua carro com huus cavalos treumfal e da outra hu velho de barba", que representam a introdução da linguagem renascentista nas coleções reais[4].

Huu anell da Índia douro com huu roby comprido grande que pesou sete oytavas e trinta dous graãos e huu escudo da Índiaque deu Crisna a el Rey cuberto de huua folha dourada com muytos pogtos vermelhos

---

[3] Arquivo Histórico Português, vol. V, Lisboa, 1904, pg. 381 e sgts.
[4] Ob.cit., pg. 386.

e verdes ... Huua cymitarra da índia, huu sombreiro da Índia e "alcatifa de seda de cores que foy del Rey de Bombaça velha com dous buracos"[5]. Estas peças, resultando da expansão portuguesa, representam o novo tipo de objetos que se guardam no paço. Ainda um curioso núcleo de numismática com "momos" [moedas em desusei] de ouro, prata e cobre, entre as quais "cynquoenta e hua moedas de cobre pequenynas velhas e ferrugentas antigas"[6].

Braamcamp Freire, a quem se deve esta transcrição, refere que desapareceram duzentas e muitas folhas do inventário entre as quais as listas de "alfaias" e de "reposte", com descrição dos trastes e adornos de casa.

Sabe-se, todavia, que era vultosa a coleção de tapetes e tapeçarias do Paço da Ribeira, bem como as porcelanas, trazidas dos Orientes, que vieram substituir, em parte, os estanhes e as pratas da baixela comummente usada.

Os Paços da Alcáçova do Castelo, onde D. Sebastião ainda prefere viver, tinham em 1571 o seguinte aspeto: a "grande sala pintada de brutescos e forrada de belas razes de Flandres e de llama douro" e aparadores com baixela de ouro e prata[7].

No testamento do Cardeal D. Henrique, para além das coleções habituais, armas e chaireis, telizes e arreios, lega "assim doceis e tapeçaria rica e o areyo da Índia, e outras muito semelhantes que sam muito necessarias para o serviço do Rey, que vier[8].

Este arreio é descrito por João Baptista Venturino, escrivão do Cardeal Alexandrino, quando da sua visita como legado papal, a Portugal, em 1571 "levaram para ver uma sella de diversas peças, com os de mais arreios, feita na índia. O corpo dela, ou assento, é de ouro e as orlas lavradas subtilissimamente. Está toda semeada de rubis, diamantes, pérolas e

---

[5] Ibidem.
[6] Ob.cit., pg. 387.
[7] Alexandre Herculano Opúsculos, VI, Lisboa, Tavares Cardoso & Irmão, 2ª. edição, 1897, pags. 89 e 90.
[8] D. António Caetano de Sousa, Provas da História Genealógica dos Reis de Portugal, Tomo III, pg. 544 e sgts.

outras jóias semelhantes. Dizem que vale novecentos mil escudos e é peça digna de um rei"[9].

Nos paços da Ribeira houve ainda um embrião de jardim zoológico, considerado o 2º da Europa, depois do de Veneza. Além dos papagaios e outros animais domésticos, D. Manuel tinha no "pavimento térreo, um rhinoceronte, gazelas, antílopes, e da India, um elefante domesticado"[10].

No entanto, Damião de Goes diz que "Elephantes da India, dos quais teve cinco juntos, quatro machos, e huma femea, que quando cavalgava pela cidade, ou caminhava hiam diante della, a estes precedia (taro afastada que se nam viam) ha ganga, ou Rhinocerota, e atras dos Elephantes hia diante del Rei hum cavallo acobertado persio, nas ancas do qual hum caçador persio levava uma onça de caça, que lhe mandava el Rei Dormuz"[11].

Alexandre Herculano transcreve também a referência aos cavalos de D. Sebastião "Fomos também ver as cavalariças reais que estão junto a S. Domingos. Havia nelas duzentos ginetes todos excelentes e tratados com grande estimação"[12].

A fama do ginete português é igualmente descrita por Shascket, na viagem do Cavaleiro húngaro Leon de Rosmithal, por Espanha e Portugal, de 1465 a 1467: "Quando nos separamos del rey, este dió al Senõr dos hermosos caballos que lhaman jinetes, que quizá no se críem de igual ligereza y gallardia en ninguna provincia de la cristandad[13].

Estes "museus" vivos não eram novidade, visto que já D. Dinis, em Frielas, tinha um urso e um lobo[14], e D. João. I uma leoneira. Sousa Viterbo declara: "Não me atrevo a afiançar se foi criada pelo conquistador de Ceuta, que trouxesse d'alli, como naturaes troféus, aquelas alimarias,

---

[9] Alexandre Herculano, ob.cit., pg. 96.
[10] Ignácio de Vilhena Barbosa, Apontamentos para a História das Colecções e dos Estudos de Zoologia em Portugal, Lisboa, Typ. de Christovão Augusto Rodrigues, 1885. Edição da Sociedade do Jardim Zoológico e de Acclimatização em Portugal, pg. V.
[11] Damião de Goes, Chronica d'El-Rei D. Manuel. vol. XI, Lislboa, Biblioteca de Clásslcos Portugueses, 1911, pg. 91.
[12] Alexandre Herculano, ob.cit., pg. 97.
[13] J. Garcia Mercadal, Viajes de estrangeiros por Espanã e Portugal, Madrid, Aguilar, S.A., 1952, pg. 274 e 275.
[14] Ignácio de Vilhena Barbosa, ob.cit., pg. IV.

ou se já teria existência muito mais antiga. O que sei, é que era a comuna dos judeus de Lisboa, que pagava as despesas que se faziam com o sustento d'esse pátio dos bichos"[15].

Estas espécies vão ganhando uma nova dimensão, diversificando-se, continuando a vir de África e do Brasil, especialmente para os Duques de Bragança e de Coimbra, D. Jorge Lencastre[16]. Damião de Goes refere ainda, ao falar da cidade de Lisboa, a Casa da India: "Ali estão patentes para quem os quizer admirar, inúmeros compartimentos distribuídos com ordem e arte, (s.m.) tão recheados com aquelas preciosidades" ouro, prata em barra e trabalhados, joias, pedras preciosas, marfins e aromas "que mal se poderia acreditar"[17].

Fala também do Arsenal de Guerra ou Armaria do Rei com "as suas máquinas bélicas, morteiros" e "40.000 armaduras de infantaria e 3.000 armaduras de cavaleiros"[18].

A descrição do escrivão do Cardeal Alexandrino fala de 30.000 armaduras para cavaleiros e acrescenta "em baixo estão cem peças de artilharia grossa e cento e cinquenta de artilharia miuda, bem que muitas destas se podiam contar entre as de grande calibre. As munições serão abuntantíssimas, assim como os materiais para a fabricação, nem nesta parte ha mais que desejar"[19]. Coleção. que foi quase totalmente destruída no desastre de Alcácer Quibir.

Os casamentos políticos e os dotes das princesas são outra das fontes para se reconstituirem núcleos de objetos. As trocas de presentes, e as embaixadas muito contribuíram para uma certa itinerância das coleções. Assim, aparece entre os objetos pessoais de Carlos V, uma copa de marfim, trabalho afro-português de Benim[20].

---

[15] Sousa Viterbo, Occorências da Vida Judaica, Lisboa, off. Typ. Calçada do Cabra, 1904, pg. 7, Separata, do Archivo Histórico Português, vol. II.
[16] Ignácio de Vilhena Barbosa, ob.cit., pg. VIII.
[17] Damião de Goes, Lisboa de Quinhentos, Tradução de Raul Machado, Lisboa, 1937, pg. 51.
[18] Ob.cit., pg. 53.
[19] Alexandre Herculano, ob.cit., pg. 97.
[20] Robert Klein, in Colóquio n9 11, Dez. 1970.

O meio salsário esculpido em marfim, da mesma proveniência, além dos polvorinhos, e do hostiário do Tesouro da sé de Viseu são as únicas peças conhecidas em Portugal, dessa época. Já os "bronzes" de Benim da Sociedade de Geografia de Lisboa, foram oferecidos por um alemão, no séc. XIX[21].

Das coleções de tecidos e tapeçarias hoje existentes no Museu Nacional de Arte Antiga, a esmagadora maioria são provenientes dos extintos conventos, pois que o terramoto de 1755 destruiu todas as coleções do paço real, entre as quais a da "capela da Alcáçova, forrada de tapeçarias, representando uma delas, el-rei D. Manuel, rodeado do conselho dos grandes, quando resolveu mandar conquistar as praças da India que hoje chamam de Portugal"[22].

3 - PAÇOS DE INFANTES

Se os Paços de D. Maria, em Xabregas, tinham semelhante fausto e a mesma senhora estava coberta de riquíssimas joias, a sua baixela de ouro e prata, e os finíssimos panos de Flandres de seda e ouro, emprestados ao alcaide do Barreiro, que recebera o Cardeal Alexandrino, foram igualmente objeto do espanto do seu secretário[23], que se referiu ao "desadornado" Paço de D. Catarina[24].

Os bergantins reais e os inúmeros barcos que atravessavam o Tejo com a sua comitiva foram ainda exaltados pelo mesmo João Baptista Venturino[25].

As pessoas da família real, como as infantas D. Catarina e D. Joana, irmãs de D. Afonso V, vivem do mesmo modo, e os seus hábitos e casas não diferem dos paços realengos.

---

[21] Luis Chaves, Bronzes de Benim - A escultura afro-portuguesa de Benim, in Congresso comemorativo do Quinto Centenário do Descobrimento da Guiné, Lisboa, Sociedade de Geografia de Lisboa, 1946, pg. 362.
[22] Alexandre Herculano, ob.cit., pg. 96.
[23] Ob.cit., pg. 78 e 79.
[24] Ob.cit., pg. 94.
[25] Ob.cit., pg. 79.

Gonçalo Annes encarregado de gerir esta casa, e nomeado tesoureiro da mesma em 1449, vai apontando minuciosamente os gastos e a relação de trastes e vestimentas que recebe do Regente D. Pedro: 10 arcas encouradas e forradas, 1 cama, 1 bacia de latão, 1 sela com estribo, 2 bridas para facaneas, para a cozinha e mesa, 1 caldeirão, 2 tachos de cobre, 1 certã, umas grelhas, 3 cutelos, 1 de cozinha, 2 de mesa, algumas facas; 2 panos de raz, 2 tapetes de lã coloridade; trajes., adornos e atavios para as damas, mas um so espelho para ambas, jóias, paramentos e alfaia litúrgica para a capela[26].

No inventário das casas lisboeta e algarvia de D. Henrique entre os apetrechos navais e as armas de que eram providas as "Terecenas de Lagos" incluem-se entre os pertences do Infante: onze escravos e, entre os móveis: um espelho fendil, uma escrivaninha de cedro, uma estante de ferro, um sinete de ouro e dois de prata. Entre o vestuário, um gibanete, um saio escarlate, uma cota de seda e um hábito de Jarreteira, com todos os pertences. Muitos ricos paramentos e alfaias liturgicas e ainda uma coleção de pintura em tábua, outras com moldura, livros e missais"[27].

Aliás "as. tauoas com ymageens, outras em caxa", também poderá querer dizer altares portáteis, que eram bastante comuns[28].

---

[26] A. de Sousa e Silva Costa Lobo História da Sociedade em Portugal no século XV, Lisboa, Imprensa Nacional, 1904, pg. 433 e sgts.
[27] Ob.cit., pg. 450.
[28] Monumenta Henricina, Espólio do Infante D. Henrique 1exis tente na vila de Lagos, vol. XIV, pg. 301. Datado de 14 de Julho de 1464. "Hornamentos de capella, de pano de brocado e de seda: sobreçeeos daltar, frontaaes, mantos, almategas, capas, cortinas do estado e doutras maneyras. Liuros, a saber: missall e oficiall salteyro. Tauoas com ymageens pimtadas, outras em caxa. Açuquar, treus latinos, rredes de tresmalhas, dentes daliffamtes, troons e canõoes de ferro, sarjas, almafreixes, almafadas de pano de seda e de godemeçill, braços de balamça, caldeyrõoes e outras feyçõoes de cobre e assy de ferro, de seruiço de cozinha, toalhas framçeses, pillas de marcos de pesar prata e marçaria, alcatifas, arcas emcoyradas, copas de marfim, amzollos, pexotreyros e lixares, madey ras, de ferro, de fio de Frandes, bigornas e martellos, licates de tirar esterpes, tanazes de voltar amzollo, estantes de ferro da capella, castiçaaes de paao ferrado e casas terreas, carauellas, vrzella, aduellas e fumdos, pedaços de damasquym bramco e arcos de teixo, baçinetes, barretas e outras feyçõoes darmadura da cabeça, elmetos, escudos de justa, beestas daaço e de torno e torno dellas, sallitre, martellos darmas, tripollas de polees de beestas, laurados e por laurar, e coronhas, corpos de solhas, gibonetes, peytos traseyras, espaldaços, arneses, cayados, ferros de lamças darmas.
Malha, a saber, faldrõoes, camaaes, polees de beestas, testeyras de cauallos, portas de justa, çapatos, gamtes de ferro, beestas de Turquya, exufre. Almazem, a saber, ferros, lamças darmas, peso rromãao, elmos de iustas, serra braçall, picapetes, escouperos, maçetas, escodas, alferços, camartees, picões, marras, cunhas de ferro, martellos, lauamcas, exadas, etc., e folles de ferreyro, çafras, malhos,

4 - RECOLHAS VÁRIAS AO PAÇO MANUELINO

Porque foi ao Infante e, posteriormente, a D. Manuel que chegaram objetos que, sem valor comercial, eram, no entanto, testemunho das gentes, com quem se comerciava., aqui se integram as primeiras recolhas etnográficas.

Embora as peças recolhidas por D. Afonso, primeiro Duque de Bragança, em Ceuta, em 1415, não se possam considerar de carater etnográfico, o certo é que, a expansão portuguesa iniciou o aparecimento de novo tipo de objetos desconhecidos da Europa.

1. Damião de Goes refere a descoberta de uma antiqualha, nos Açores que causou espanto na corte. A eventual estátua equestre, de dedo apontado para o Ocidente, encontrada na ilha do Corvo, hoje considerada formação geológica, de expressão figurativa, motivada pelos caprichos da erosão, e da ação dos ventos, revelam uma atitude interessada na procura de documentação local, bem patente no entusiasmo com que Damião de Goes descreve este acontecimento.

"No cume desta serra, da parte do noroeste, se achou hüa statua de pedra posta sobre hüa lagea, que era hu home encima de hum cauallo e osso, & ho home vestido de hüa capa quomo bedem, sem barrete, com hüa mao na coma do cauallo & ho braço direito stendido, & hos dedos da mão encolhidos saluo ho dedo segundo, a que os Latins chamam index, com que apontaua contra ho ponete. Esta image que toda saia maçica da mesma lagea mãdou el Rei dom Emanuel tirar polo natural per hum seu criado debuxador, que se chamaua Duarte darmas, & depois que vio o debuxo mãdou hum home engenhoso, natural da cidade do Porto, q andaua muito em França, & na Itália, que fosse a esta illa pera cõ aparelhos que leuou, tirar aquella antiqualha, ho qual quãdo della

---

martellos, tanazes, craueyras, tustos, ferro velho dobras, cascos de pipas, tauoas, telha, bombardas, mesas de pinho e de çedro, traues, pomtõoes, aguieyros, caybros, call, azeyte quelbe. E aparelhos durca, a saber: cordas, cabres, amcoras, azcotas, bollinas, costaneyras, estay, pollees gramdes e pequenas, cadernaees, montõoes, oollhõoes, gata de botar amcora, ' coetes, cosoyros e outras desta sorte de desuayradas maneyras.

tornou dixe a elRei que ha achara desfeita de hua tormeta que fezera ho inuerno passado. Mas ha verdade foi que ha quebrarã per mao azo, & trouxeram pedaços della f. ha cabeça do hóme, & ho braço direi to cõ ha mão, & hũa perna, & ha cabeça do cauallo, & hũa mão que stava dobrada, & aleuantada, & hum pedaço de hũa perna, ho que tudo steue na guarda roupa delRei algũs dias, mas ho que se depois fez destas cousas, ou onde se poseram eu ham ho pude saber".

"Pero dafonseca no anno de 1529 has foi ver, & soube dos moradores que na rocha, abaxo onde steuera ha statua, stauã talhadas na mesma pedra da rocha huas letras, & por ho lugar ser perigoso para se poder ir onde ho letreiro stá, fez abaxar algũus homes per cordas bem atadas, hos quaes imprimiram has letras, que ainda ha antiguidade de todo nam tinha cegas, em çera, que pera isso leuaram com tudo has que trouxeram impressas na çera erã já mui gastadas, & gusai sem forma, assi que por serem taes, ou por vetura por na companhia hã haver pessoa que tevesse conhecimento mais que de letras Latinas, & este imperfecto, nenhũ dos que se alli acharam presentes soube dar rezã, hem do que has letras diziã, ne ainda poderã conhecer que letras fosse. Espãtanos tãto esta ãtiguissima antigualha por se achar no lugar em que se achou, que se pode com rezam dizer ho q diz Salamão nã hauer cousa que já nã fosse, & que houue outros que já fezeram ho que nos agora fazemos"[29] (s. m.). Depois de tecer considerações sobre a vastidão. do tempo histórico, Goes dá "ha openiã que disso tenho, ha qual he q esta gete q veo ter a esta illa, & nella deixou esta memoria poderia ser de Noruega, Golthia, Suecia ou Islanda"[30].

Falando "desdes cosairos viesse ter esganados da fortuna do mar a estas illas, & polas achare desertas, & desabitadas, quisesse deixar de sim aquella memoria, ho que se poderia facilmente tirar a limpo, se a esta ilha fosse ter algũa pessoa, ou ha mandasse, que soubesse nas linguages destas terras, hei que se faria com pouca dificuldade, se hos Principes, & senhores,

---

[29] Damião de Goes, Chronica do Príncipe Dom Ioam, Coimbra, Imprensa da Universidade, 1905, pg. 25, 26, e 27.
[30] Ob.cit., pg. 27 e 28.

que possuem has prouincias, fossem tão. curiosos de saber, quomo ho são de hauer, & lograr hos bes, & redas que lhes dellas resultam[31].

Damião de Goes estava aqui referir-se à Casa de Bragança, ou mais diretamente, ao 1º Duque, D. Afonso a quem foi doada, talvez pelo descobrimento acima referido, a ilha do Corvo.

2. Ao que suponho deve-se a Afonso Gonçalves Baldaia a primeira recolha de objetos etnográficos, vinda da Ponta da Galé: "E alli sayro em Terra onde acharõ redes que trouxerõ ao navjo. Estas redes forõ feitas de casco de hum pao sem outras mesturas de linho, do qual faze redes e outra cordoalha. E daqui se tornou Affonso Gonçalves pera Portugal no anno de Christo de 1436[32].

A causa da vinda das redes foi a impossibilidade de se terem conseguido apanhar gentes naquelas paragens. No entanto, doutros locais se trouxeram, como da expedição chefiada por Lançarote, escudeiro da casa do Infante que no dia 7 de Agosto de 1444, em Lagos, assiste à partilha de 240 cativos de desvairadas cores: "o iffante era ally, em cima de huu poderoso cauallo, acompanhado de suas gentes, repartindo suas merces come homem que de sua parte querya fazer pequeno thesouro. ca de RVI almas que aconterom no seu quinto muy breve fez delles sua partilha"[33].

3. Paralelamente, na Guiné: "E hindo no batel huus oyto homês dos nossos chegarõ a terra a hua choça que virõ dhy sayr huu moço negro todo nuu cõ hua azagaya na mão ho qual logo filharõ, e na choça acharõ hua moça sua irmã que seria de 8 anos. A este moço fez posteriormente o Iffãte leer e escreuer e todallas cousas que cõpria saber christão. pera fazer delle sacerdote para ho mãdar la a pregar a ffe de Jhesu Christo. E acharõ na choça hua darga preta toda redonda pouco mayor das nossas

---

[31] Ob.cit., pg. 28.
[32] António Baião, o Manuscrito de Valentim Fernandes, Lisboa, Academia Portuguesa de História, 1940, pg. 140.
[33] Monumenta Henricina, vol. VIII (1443-1445) Coimbra, Corais são Executiva das Comemorações do V Centenário da Morte do Infante D. Henrique, 1967, pg. 213 e 214.

a qual tinha no meo hua copa enlevada do coyro mesmo. E era de orelha dal iffante segudo despois foy conhecida por alguus guyneus[34].

4. Valentim Fernandes, e/ou quem lhe ditou estes relatos, foi verdadeiro precursor da etnografia. Espraia-se em pormenores e descrições sobre o modo de vida, as casas, os costumes, as plantas e os animais. No reino de Giloffa "são maometanos e têm seus padres que fazê nomeas em mourisco amuletos com inscrições árabes e os lança aos negros no pescoço, e assy aos seus cauallos"[35].

Sobre a Serra Leoa diz "os homês desta terra som muy sotijs negros de arte manual S. de saleyros de marfim e collares. E as si qualquer obras que lhes debuxã ho cortã em marfim[36]. Em Serra Lyoa som os homês muyto sotijs e muy êgeniosos fazem obras de marffim muy maravilhosas de vez de todallas cousas que lhe mandã fazer. S. huus fazê colheyras outros saleyros outros punhos pera dagas. e qualquer outra sotileza"[37].

5. Do Congo trouxera também Diogo cão, em 1486, marfins. Posteriormente, à chegada dos portugueses, belas peças de marfim se realizaram-se gramática afro-portuguesa.

O que virão a ser os chamados "bronzes de Benim", dá ainda Valentim Fernandes notícia, da qualidade do material: Ham nesta terra Serra Leoa muyto ferro e boõ. E se: elles soubessem fazer engenhos averiã. mais ferro que em Bizcaya"[38].

---

[34] Ob.cit., pg. 159 e 160.
[35] Th. Monod, A. Teixeira da Mota et R. Mauny, Description de la côte Occitentale d'Afrique (Senegal au Cap de Monte, Archipels, par Valentim Fernandes (1506 - 1510) Bissau, Centro de Estudos da Guiné Portuguesa, 1951 pg. 7.
[36] Ob.cit., pg. 104.
[37] Ob.cit., pg. 97.
[38] Ob.cit., pg. 94.

5 - RECOLHA AMERÍNDIA

A sequente chegada ao Brasil em 1500 e a Carta de Pero Vaz de Caminha, enviada a D. Manuel, são o início para o conhecimento dos costumes dos ameríndios e dos seus objetos.

l. A carta de Pero Vaz de Caminha é o documento fundamental da observação e recolha dos primeiros objetos etnográficos destes povos. "Um deles deu-lhe um sombreiro de/penas de ave, compridas, com uma copazinha pequena de penas vermelhas e pardas como de papagaio; e outro deu-lhe um ramal grande de continhas brancas, miudas, que quase parece de aljaveira, as quais peças creio que o capitão manda a Vossa Alteza, e com isto volveu às naus por ser tarde e não poder haver deles mais fala por causa do mar"[39].

... "Um deles trazia um arco e seis ou sete setas; e na praia andavam muitos com seus arcos e setas; mas nada lhes serviram. Trouxe-os logo, já de noite, ao capitão, em cuja nau foram recebidos com muito prazer e festa"[40].

... "Davam-se daqueles arcos e setas por sombreias e carapuças de linho ou por qualquer coisa que homens lhes queria dar "[41].

"E trouxeram de lá muitos arcos e barretes de penas de aves, deles verdes e deles amarelos, dos quais, segundo creio, o Capitão há de mandar amostra a Vossa Alteza"[42].

... "Resgataram lá por cascaveis e por coisinhas de pouco valor, que levavam, papagaios vermelhos, muito grandes e formosos, e dois verdes pequeninos e carapuças de penas verdes, e um pano de penas.de muitas cores, maneira de tecido assaz formoso, segundo Vossa Alteza todas estas coisas verá, porque o Capitão vô-las há de mandar, segundo ele disse"[43].

Destes objetos nada resta hoje, a não ser a sua documentação iconográfica, como numa das tábuas de Grão Vasco, do antigo retábulo

---

[39] Jaime cortesão, Carta de Pero Vaz de Caminha, Rio de Janeiro, Livros de Portugal, 1943, pg. 202
[40] Ob.cit., pg. 204.
[41] Ob.cit., pg. 210.
[42] Ob.cit., pg. 224.
[43] Ob.cit., pg. 226 e 227.

da sé de Viseu, em que na Adoração dos Reis Magos, um deles é um ameríndio, enfeitado com as suas penas policromas. No entanto e apesar da fragilidade deste material subsistente no Museu do Homem, em Paris, uma capa de penas dos Tupinamba, a mais antiga peça ali existente recolhida, in loco, pelo cosmografo Thevet, no Brasil e oferecida, pelo mesmo, a Francisco I que a deposita no seu "Cabinet"[44].

2. A permuta de objetos espontaneamente, deu-se todavia noutros locais, como Damião de Goes descreve em relação ao reino do Congo: "no ano de 1504 mandou D. Manuel homens letrados na Sacra Theologia ao reino do Congo, com os quaes mandou mestres de ler, a escrever, e outros pera la ensinarem o canto cham da egreja, e musica de canto dorgão, e aos principaes a que encarregou dos negocios mandou entregar muitos livros de doctrina Christã, vestimentas de brocado e seda, cruzes e prata, calix, turibulhos e outras cousas necessárias, para o serviço divino[45].

No Monomopata, o Padre D. Gonçalvo da Silveira possuía para dizer missa, um retábulo de Nossa Senhora da Graça. Esta imagem muito agradou ao rei local, pelo que o jesuíta a oferece, envolta em panos ricos, causa próxima do batismo do Rei, com o nome D. Sebastião e, sua mulher, com o de D. Maria[46]. Da maior importância é ainda o Roteiro de Vasco da Gama (1497-1498) e as descrições de João de Barros, Damião de Goes, Gaspar Correia, Afonso de Albuquerque, e Azurara.

6 - PRESENTES A D. MANUEL

Os presentes recebidos por D. Manuel dariam azo a uma extensa monografia. Já Leite de Vasconcelos considerava os Paços da Ribeira, o primeiro museu etnográfico português. Muitos outros objectos além dos já citados, vieram para Lisboa, de todo o mundo, como a baixela de

---

[44] Veiga de Oliveira, Apontamentos de Museologia, ob.cit., pg. 21.
[45] Damião de Goes, ob.cit., pg. 119.
[46] A. P. de Paiva de Ponã, SS.G.L., Dos Primeiros trabalhos dos Portugueses no Monomopata, o Padre D. Gonçalo da Sil veira, 1560, Lisboa, Imprensa Nacional, 1892, pg. 61. Memória apresentada à 10ª. Sessão do Congresso Internacional de Orientalistas.

cristal de Veneza, oferecida em 1521 por Alexandre Pesara[47] Os presentes de Vasco da Gama, entre os quais "dois barceletes douro com muita, e mui rica pedraria, e huma pedra do tamanho de huma avellaã, que se acha na cabeça de huma alimaria ... a qual pedra tem gram virtude contra todo o género de peçonha, mandado pelo rei de Cochim[48].

Outras dávidas como as de Afonso de Albuquerque, do Xeque Ismael, do Rei de Ormuz, do rei de Calecut, ou do rei Sião, formariam, segundo Sousa Viterbo "uma bela secção de museu oriental"[49].

D. Afonso de Noronha vice-rei da Índia intervindo, abusivamente em internas questões do reino de Ceilão, apropria-se do fabuloso tesouro do rei, que envia para Portugal. Facto que Filipe II acabará por solver em favor do respetivo rei, mandando restituir, em prestações o que lhe era devido. Por estar inventariado e por representar um exemplo das excecionais peças chegadas no nosso país, nessa data, reproduziu-se em apêndice a discriminação dos dinheiros, joias e outros objetos daquele rejá[50]. As viagens dos portugueses e a consequente peregrinação dos objetos, influíram na criação de novas linguagens decorativas, como a arte afro-portuguesa, a indo-portuguesa e a arte nambam.

7 - COLEÇÕES DE D. JOÃO III

É sem dúvida, sob o reinado de D. João III que a renascença italiana atinge a grande divulgação através dos artistas que vieram trabalhar no país, dos bolseiros formados em Itália, e da importação de livros e de obras de arte. A cópia, também estava em moda, quando não era possível ter à mão, as esculturas, ou grandes monumentos de Roma. Assim, o Infante D. Luís, encomendara em Itália uma série de gessos que Francisco de Hollanda foi buscar a Sto. Tirso, onde era abade, o futuro Cardeal e Papa, Farnese.

---
[47] Sousa Viterbo, Estudos sobre Damião de Goes, Coimbra \ Imprensa da Universidade, 1900, pg. 77.
[48] Damião de Goes, Chronica del Rey D. Manuel, pg. 98.
[49] Sousa Viterbo, o Thesouro do Rei de Ceylão, Lisboa, Typographia da Academia, 1904, pg. 14. Memória apresentada à Academia Real das Ciências de Lisboa.
[50] Ob.cit., 14 a 44, apêndicie nº 1.

Francisco de Hollanda regressava de uma viagem a Santiago de Compostela, quando o Infante lhe manda levantar a encomendo: "unas cabeças de yeso antiguas que habierem venido de Roma para envialas por água a Lisboa, fuéme forzado tornar outra vez a posar en casa de Blas Perea"[51].

No mesmo espírito humanista o Infante D. Afonso, recolhe dois monumentos epigraficos, nos arredores de Évora:

"Acharamse duas outras pedras escriptas de muy boas letras na antiga muralha de Sertorio junto a Igreja de s. Vicente, as quaes fez levar para a Quinta, chamada de Valverde, o Cardeal D. Affonso filho del Rey D. Manoel, sendo Governador do Bispado de Évora, e querendo por todas as vias enfeitar aquelle muy viçoso retiro, onde ora se vem no pateo dos Paços, assentadas sobre bazes de mezurada fabrica"[52].

Esta notícia dá conta, do que Sylvie Deswarte considera uma moda: a colocação à entrada das casas nobres, neste caso residência do Cardeal D. Afonso, e posteriormente do Cardeal D. Henrique, de inscrições epigráficas. Quando não se recorria, por impossibilidade, àquele vestígio romano, plantava-se um cipreste, para atestar a antiguidade do local e, consequentemente, da família e do seu passado ancestral. Este facto é ainda hoje observável, à beira dos portões de casas senhoriais e solares portugueses[53].

A Infanta D. Maria, a quem André de Resende tece os maiores elogios como latinista[54] (54), vivia ora em Xabregas, ora no Paço manuelino da Sempre-Noiva. Aqui organizava os seus seroes, em que participavam Joana Vaz, Paula Vicente (tangedora e filha de Gil Vicente), Luísa e Ângela Sigea e eventualmente Públia Hortensia de Castro.

---

[51] Francisco de Holanda, De la Pintura Antigua, edição de Manuel Denis de Real Academia de Belas Artes de San Fernando, Madrid, 1921, pg. 252.
[52] Bento de Jesus Farinha, Colleçam de Antiguidades de Évora, Lisboa na off. de Simão Thaddeo Ferreira, Anno 1783, s.p.
[53] Luis Marinho de Azevedo, Primeira Parte da Fundação, Antiguidades e Grandezas da mui insigna cidade de Lisboa. Lisboa, na officina Craesbeckiana, 1652, pg. 227.
[54] André de Resende, A Sempre - Noiva, Lisboa, 1976, passim.

Carolina Michaelis de Vasconcellos menciona o Museu ou Estudo onde as "doutas senhoras mereceram o epigrama de Andrade Caminha:

Neste real Museu a ociosidade
Nunca tem tempo; cabe aqui somente
Onra e preço, e saber e autoridade
Letras, continuo estudo e diligente
Santíssimos costumes, gram bondade
Maravilhas d'ingenho alto e prudente[55]

Tudo em dous reais espíritos dous estremos
E em graça e fermosura dous estremas

Esta Infanta possuía também as suas coleções sumptuárias, cujas joias fizeram o espanto do escrivão do Cardeal Alexandrino, quando da sua visita a Portugal.

D. João III é um amador de arte da Renascença, sobretudo da arquitetura clássica. Gostava de fazer o seu "risco", quando não corrigia os desenhos das obras que ia encomendando "ao romano". É, por sua iniciativa que muitos dos artistas do tempo, vão como bolseiros, a Itália. Encomenda-lhes desenhos, pinturas e maquetes. Para D. João III, faz Francisco de Hollanda, As antiguidades de Itália que constitui uma coleção das ruinas romanas daquele país.

Gonçalo Bayão faz paralela viagem, para realizar as maquetes dos monumentos antigos de Roma, o que representa idêntico desejo de possuir, a três dimensões e, em miniatura, As Antiguidades de Itália: "Quando as cousas que eu disse a V. A. que vyra em Itália e em outras partes nomeandolhe alguas que eu entendy podellas fazer em sua perfeição dellas, dey huu apontamento a V. A. em Almeyrim e que dise que folgaria de as ver; que lhe fezes se o Culuseu de Roma em huu modello pequeno,

---

[55] Carolina Michaelis de Vasconcellos, A Infanta D. Maria e Suas Damas, Lisboa, 1902, pg. 46 e nota 214.

o qual eu faço, em grandura de trinta palmos de roda e tenho muita parte delle feito e vay em sua perfeição e asy as outras que jaa todas acabadas, se a obra do Culuseu não fora em sy tamanha, feita de cousas muy pequenas que são necessarias para se bem ver e entender"[56].

Desta presumível pequena coleção de arquitetura comparada, não há notícia posterior e, certamente, se perdeu como tantas outras. O interesse de D. João III pelas obras "ao romano" está também patente nos presentes que recebe, como o do embaixador D. Pedro de Mascarenhas que lhe envia de Roma "hua medalha em que o Papa Paulo está tirado pollo natural"[57].

Desde D. Afonso V se vinham a encomendar tapeçarias, como as de "Pastrana" para comemorar os feitos heroicos de Arzila, como respetivamente fizeram, Carlos V, Henrique III de França, Isabel de Inglaterra[58].

Além destas representações vieram de Arras outras peças e séries de iconografia clássica, de que só no século XVII há discriminação, muito embora seja uma das mais comuns peças sumptuários dos paços que, pelo seu fácil transporte, depressa seguiram a realeza e os príncipes entre Lisboa, Évora e Almeirim ou Xabregas, Alcântara e Santos. Da Flandres vinham igualmente livros, gravuras e estampas, tal como francesas, italianas e nórdicas cuja influência na Leitura Nova, e na pintura documenta a muito provável existência destas espécies nas coleções reais, para além das obras de Durer, oferecidas por Damião de Goes, a D. Catarina[59].

---

[56] Sousa Viterbo, Diccionário Histórico e Documental dos architectos, engenheiros e construtores portugueses, Lisboa, 1899, vol. I, pg. 92.
[57] Alexandre Herculano, História da Inquisição, vol. II, 18 pg. 211.
[58] As tapeçarias de D. Afonso V foram para Castela por oferta deste Rei, conforme Afonso de Dornelas tenta demonstrar neste folheto, Lisboa, Centro Tipográfico, Colonial, 1924, pg. 18.
[59] Silvie Deswarte, Les enluminures de la Leitura Nova 1504-1552, Preface de André Chastel, Paris, Fundação Calouste Gulbenkian, Centro Cultural Português, 1977, pg. 147.

8 - FILIPE I

A vinda a Portugal de Filipe I, em 1518, veio alterar os Paços da Ribeira, que não eram habitados desde D. João III. D. Sebastião preferira o Paço de Alcácova e, ao preparar a sua expedição, desbaratara e perdera as riquezas acumuladas pelos seus antecessores. Demais partiu para a morte, em marcha triunfal, pois segundo testemunha ocular: "foi espanto ver a muita pedraria que n'este dia sahiu ... "nas pessoas, nos cavalos, e nos aparelhos das cousas de guerra"[60].

Filipe I encomenda o risco de remodelação da Ribeira, a Filipe Terzio, que acrescenta o grande Torreão, o que veio engrandecer e sobrelevar o Paço, ao vizinho palácio Corte-Real que era a mais faustosa residência, junto ao rio[61]. Interiormente não existindo descrições, é difícil supor quais, e de que se compunham as suas coleções. Júlio de Castilho indica um manuscrito intitulado "Livro de recâmara dos reis D. João III e D. Catarina em que vem indicados os retratos dos referidos reis[62].

Além das personagens reais, a galeria era composta ainda por retratos de: D. Fernando V, de Aragão; 13 de diferentes príncipes estrangeiros; D. Filipe I, pai de D. Catarina; Imperador Carlos V; Infante D. Carlos, filho de Filipe I; Isabel A Católica; Joana, a Louca; D. Maria, regente de Flandres; Rainha da Dinamarca; de Filipe I, ainda príncipe ... e "um retrato de uma dama, que por engenho, lhe bolem as meninas dos olhos"...[63]. "Os retratos eram quadros de pintura a óleo e deviam ser obras de arte de grande primor."[64] pois na corte de Espanha, donde muitos deles provinham, por presentes e casamentos, trabalharam alguns célebres. pintores daquele tempo, como Ticiano, Afonso Sanches Coelho, e seu primo Cláudio Coelho ... "valiosa galeria de retratos, dos quais uns seriam

---

[60] Alexandre Herculano, Opúsculos VI, Aspecto de Lisboa ao ajuntar- se e partir a armada d'Alcácer-Quibir, - 1758, pg. 99 e sgts.
[61] José-Augusto França, Lisboa Pombalina e o Iluminismo, Lisboa, Livraria Bertrand 1977, pg. 30.
[62] Júlio de Castilho, A Ribeira de Lisboa, vol. I, Lisboa, Câmara Municipal de Lisboa, 1941, pg. 200.
[63] Júlio de Castilho, A Ribeira de Lisboa, 2ª edição, com anotações de Luís Pastor de Macedo, vol. II, Lisboa, Câmara Municipal de Lisboa, 1941, pg. 201.
[64] Ob.cit, pg. 201.

de corpo inteiro, outros em busto" ...⁶⁵ compondo ao todo 26 figuras. Os inventários e os testamentos não dão qualquer informação suplementar.

Poderá apenas conjecturar-se que Filipe I tenha alfaiado a sua residência com o que havia, valendo-se dos panos de armar que tivessem sobejado, visto que muitos deles teriam partido para Alcácer-Quibir, como ornamentação das naus e das necessárias tendas.

Filipe I leva para Espanha alguma peça a seu gosto e do Arsenal, o que conseguiu para a Invencível Armada e para a "celebérrima Real Armaria de Madrid", que um incêndio destruiu completamente em 1884.

"De tudo isto nos privou Castela" - diz com lástima, Luis Marinho de Azevedo⁶⁶. Filipe I fora recebido em Lisboa, solenemente, tendo toda as corporações de artes e ofícios, realizado magníficos arcos triunfais, alusivos a cada uma delas. Os jesuítas conceberam para as festas um espetáculo, em que representaram, alegoricamente, o Oceano e as Províncias. do vasto Império, com seus. característicos produtos, trajes, artefactos e danças: "Na da China ha um abaninho, & na mão, huã caixa de charão, chea de Almiscar ... ; a divisa de Maluco era o passaro do Paraiso, sua fruta o cravo, em hum cofre de tartaruga, a de Ethiopia ouro, em hum vaso de Unicornio, ... o do Ceilão ... em hum vaso de madre perola, canella ... Vinha o Brasil sobre hu Lagarto, vestido com penas, arcos, & frechas como seus companheiros, trazia consigo bugios [macacos] & papagaios, que entrarão bailando ... "⁶⁷.

Muito embora nos autos e nos entremeses já aparecessem referências episódicas, quer a novos hábitos que as descobertas trouxeram à vida quotidiana, quer os "espantosos" animais que íam aparecendo (Gil Vicente e descrições de Garcia de Resende), a representação, acima transcrita, tem uma dimensão, de mostra etnográfica, provavelmente a primeira, que virá a ser glosada, com variações ideológicas e culturais até aos nossos dias.

---

⁶⁵ Ob.cit., pg. 201 e 202.
⁶⁶ Júlio de Castilho, ob.cit., pg. 157.
⁶⁷ Viagem da Catholica Real Magestade del Rey D. Filipe III N. S. Ao Reino de Portugal E rellação do solene recebimento que nelle se lhe fez. S. Magestade a mandou escrever por João Baptista Lavanha seu coronista mayor, Madrid, Por Thomas Iusti Impressor del Rei N. s. 1622, pg. 69 e sgts.

9 - FILIPE II

Descrita em verso, por Francisco Rodrigues Lobo, a receção de Filipe II foi igualmente ocasião para grandes festejos:

> Calles; casas, edifícios
> Templos, Conventos, Parochias,
> Muros, Torres y Castilhos
> Y hastas las humildes choças
> De noche con luminarias
> Hazem enibida a la Aurora
> Competencia a las estrellas
> Y claro espejo a las olas[68].

Semelhantes arcos triunfais se ergueram, realizados pelos diplomatas acreditados em Lisboa, pelo Santo Ofício e pelas corporações de artes e ofícios, entre as quais:

> Pintores, y Escultores
> De sus artes senaladas
> Quizieron hazer presente
> A nuestro insigne Monarcha[69]

Enquanto na visita de Filipe II os escultores organizaram o seu arco triunfal com os ourives, aparecem aqui juntos aos pintores, depois de longas reivindicações da Confraria de S. Lucas, para conseguirem alcançar novo regimento. Nicolau de Oliveira, em 1620, mostra-se pouco entusiasmam com o Paço: "tem elRey (Filipe II) em Lisboa, dous Paços, hum no Castello, & outro junto ao Rio, & neste que não he muy

---

[68] La Iornada que la Magestade Catholica del Rey Don Phelippe III de las Hespãnas al Reyno de Portugal; el Triumpho, y la pompa con que le recebió la insigne ciudad de Lisboa, el ano de 1619. Compuesta en varios romances por Francisco Rodriguez Lobo, Em Lisboa, Por Pedro Crasbeeck, Impressor del Rey, An. 1623. pg. 6.
[69] Ob.cit., pg. 73.

somptuoso, nem grande, custuma a morar, quando vem a esta cidade, pella vizinhança do Rio, cuja vista he muy deleitosa[70].

10 - D. JOÃO IV

D. João. IV traz de Vila Viçosa, em 1640, diversas peças para ornar os Paços da Ribeira, entre as quais, numerosa coleção de tapeçaria. Inicia as obras de reforma e restauro: "Lavrou de pedra o que era de madeira, e mandou vir quadros de Flandres para ornato das paredes em lugar dos panos, que não tornaõ as vozes tam bem articuladas"[71].

É sabido da especial sensibilidade de D. João IV para a música que se revelam aqui, uma vez mais, na exigência com a qualidade sonora e a acústica da Capela Real. Estava no tom fazer-se música vocal, pelo que os instrumentos do tempo, trombetas, atambores, charamelas e sacabuxas eram usadas para cerimónias e festas de rua, não havendo, portanto ainda, instrumentos no Paço que se possam considerar coleção.

Além dos quadros da Flandres, acima citados, Wolkmar Machado indica a autoria de duas pinturas. da Capela; Marcos da Cruz e João Gresbante, inglês que realiza o "Concílio de S. Dâmaso"[72], o que acrescenta, à existência de pintura religiosa, a história.

D. João IV encomenda ainda, a José. de Avelar Rebelo, os frescos do salão de música, situado no torreão, junto da qual havia também uma livraria especializada, com bibliotecário, o Pe. João Álvares. Frowo ou Froco, e de que se publica catálogo[73].

As tapeçarias vindas do Alentejo distribuem-se pelos paços e as restantes vão para o vazio Palácio dos Braganças, em Lisboa, que passará a ter as funções de tesouro real[74]. Sabe-se que as Cortes de 1641 se realizam na Sala dos Tudescos da Ribeira, que deveria ser de grandes dimensões

---
[70] Padre Nicolao D'Oliveira, Livro das Grandezas de Lisboa, Lisboa, por Jorge Rodriguez, 1920, pg. 74.
[71] Sousa Viterbo, Artes e Artistas em Portugal, Lisboa, Livraria Ferreira, 1892, pg. 6 e nota 1.
[72] Júlio de Castilho, ob.cit., vol. III, 1942, pg. 79.
[73] Ob.cit., pg. 19 e pg. 76, nota 2.
[74] J. de Vilhena Barbosa, Estudos Históricos e archeologicos, Tomo II, Lisboa, Typogarphia Castro Irmão, 1875, pg. 268.

para albergar todos os representantes[75]. Quanto à sua ornamentação pouco mais se sabe que nada. O francês Monconys refere que as salas do paço são "lambrisseés"[76], o que provavelmente querrá dizer com lambrins de azulejos ...

11 - D. PEDRO II

Diego Enriquez de Villegas, na Pyramide Natalicio y Baptismal, descreve, com pormenores, o baptizado da Infanta D. Isabel, filha de D.Pedro II e faz uma relação da importante coleção de tapeçarias, com 16 séries: história de Julio Cesar, história de Bersabé, os Planetas, história de Helena, os triunfos das Virtudes, história de Anibal, Rainha Artemisa, história de Alexandre, história de Tobias, história do Condestável, história de José, trabalhos de Hércules, Conquista de Tunis, história de Eneas e as Verduras (assim se denominavam as tapeçarias com paisagens)[77].

Grande parte destes panos pertenciam ao Paço Ducal, pois eram o complemento, de idêntica iconografia, representada nos frescos dos tectos, que muito embora mal restaurados, ainda hoje se podem ver, em Vila Viçosa.

Pelas salas e cameras, rico mobiliário, cadeiras, bufetes, aparadores com suas baixelas, bandejas e gomis, e um precioso berço de ébano, marfim e prata[78].

"Toda la capilla está cubierta de azulejos: los dos techos son a fresco pintados con flores. de oro a trechos, y la nave de en medio, de Brutesco de oro, y con quadros de pinturas valiêtes, como tambiem los triangulos, que ocupam los espacios, entre cada dos arcos, con molduras de talha doradas, y del Altar mayor la Pintura, y Retablo, es una de las más perfectas que hay en Europa ... con que toda la Capilla se halla de Retabolos, lienços (telas), molduras e frizos dorados, y de azulejos adornados; assi no necessitava de

---

[75] Fernando Castelo Branco, Lisboa Seiscentista, Lisboa, Câmara Municipal de Lisboa, 1956, pg. 86.
[76] Monconys, Journal de Voyages, Lyon 1665-1666, III, pg. 15.
[77] Sousa Viterbo, Artes e Artistas ... , pg. 103.
[78] Júlio de Castilho, A Ribeira de Lisboa, Pastor de Macedo, pg. 226.

outro adorno", ... "mas as ornamentçoes continuam: os panos de armar, as franjas e os galões, de ouro e prata, por .toda a capela real, incluindo as colunas, tudo completamente recoberto[79].

12 - D. JOÃO V

D. João V, cujo sentido estético. é louvado por Merveilleux, "é indiscutível que o Rei tem muito mais gosto que todos os seus subditos"[80], mantinha nos Paços da Ribeira uma aglomeração sumptuária de objetos pela descrição do citado naturalista: "os aposentos íntimos do Rei, assim como. os da Rainha estão empilhados de móveis de toda a espécie. Pode dizer-se que estes aposentos são verdadeiros armazéns. Sua Majestade tem mais mercadoria no seu Guarda-Roupa que todos os mercadores juntos, de Lisboa. É sem dúvida, o mais rico Guarda-Roupa do mundo"[81].

D. João V encomenda a Duprá, "contratado em Roma, pelo mentor artístico do rei, o marquês de Abrantes"[82], a galeria de retratos para a Sala dos Tudescos dos Duques de Bragança, em Vila Viçosa. Terá o referido pintor efetuado série semelhante para a Sala dos Tudescos da Ribeira?

Sabe-se que Quillard pintou frescos para a Sala da Rainha[83] e Vieira Lusitano aumentara a galeria com, pelo menos, os retratos dos príncipes, de que se lamenta terem perecido no incêndio que se seguiu ao terramoto:

...e tanto dos retratos
do mesmo pincel já feitos
da régia prole, que todos
no Paço real arderam ... [84]

---

[79] Ob.cit., pg. 230 e sgts.
[80] Ayres de Carvalho, D. João V e a Arte do seu Tempo, pg. 98.
[81] Ob.cit., pg. 153.
[82] José-Augusto França, o Retrato na Arte Portuguesa, Lisboa, Livros Horizonte, 1981, pgs. 40 e 41.
[83] Júlio de Castilho, ob.cit., vol. III, pg. 111.
[84] Ob.cit., pg. 115.

No Torreão, ou Forte, havia, em 1741 e descritos por D. António Caetano de Sousa, preciosa livraria e "gabinetes com instrumentos matemáticos, admiráveis relógios e muitas coisas raras que ocupam casas e gabinetes"[85].

Este é o primeiro embrião. de museu real conhecido, reunido junto da biblioteca e como anexo da mesma, como aliás era de uso, entre eruditos. As coleções, de várias especialidades, agrupadas, segundo os critérios museológicos do tempo, abrangiam o que a ciência, a arqueologia e eventualmente, a etnografia de então, consagravam.

13 - RECOLHA DE ETNOGRAFIA E HISTÓRIA NATURAL

Do domínio da etnografia, vários trabalhos se vinham publicando, e na continuação das descrições referidas anteriormente, como o de Fr. João dos Santos, Ethiopia Oriental[86]. Na rica literatura de viagens do séc. XVII e na história trágico-maritíma recolhem-se muitos costumes, "cerimónias gentilicas"[87], e usos: "vasos de barro secos ao sol, e madeira lavrados com umas machadinhas de ferro, as quais são como uma cunha metida em pau, e com as mesmas, cortam o mato[88].

Os objetos de carácter sumptuário trazidos nas caravelas serviam de resgate de pessoas, de água e até de vacas; "quatro, por um caldeirão, três, por um castiçal de latão"[89]. Do mesmo modo, continhas de cristal enfiadas em seda foram parar ao pescoço das filhas de um rígulo[90], como ricos tecidos de seda e ouro, trazidos para paramentos, acabaram em trajes de "negros e negras, com grandes demonstrações de alegria por se verem

---

[85] D. António Caetano de Sousa, História Genealógica ..., Tomo VIII, pg. 273.
[86] Luís de Pina, História de Portugal, vol. VI, Barcelos, Portugal, vol. VI, Barcelos, Portucalense editora, 1934, pg. 514.
[87] Viagens e Naufrágios Célebres dos Séculos XVI, XVII e XVIII, Porto Tipografia Alberto de Oliveira, 1937, pg. 46.
[88] Bernardo Gomes de Brito, História Trágico-Marítima, Lisboa Occidental officina da Congregação do Oratório, 1736, por Fernando Ribeiro de Melo, História Trágico-Maríma, vol. II, Lisboa, Afrodite, 1972, pg. 572.
[89] Ob.cit., pg. 575 e sgts.
[90] Ob.cit., pg. 581 e 582.

tam enfeitados, de cuja indecência resultou aos padres um inconsolável desprezar"[91].

Apesar destas "peregrinações" desfuncionalizadas dos objetos, só se reconhece como recolha etnográfica a que é realizada pelos naturalistas, sobretudo no Brazil e, como coleções, as dos finais do século XVIII. Muito embora estas "curiosidades" estivessem ao gosto da época, não se conhecem nos gabinetes do Forte, coleções etnográficas. D. João V, à semelhança do que fizera Luís XIV[92] contrata Merveilleux para vir fazer ao nosso país, a recolha e a História Natural Portuguesa. Já D. João IV encarregara Gabriel Grisley e João Vigier, de realizar idêntico trabalho, tendo o primeiro organizado um herbário e um Jardim Botânico, em Xabregas. Tournefort, iminente naturalista francês, nos finais do século XVII colhera em Portugal os elementos suficientes para organizar um catálogo importante de plantas indígenas[93]. Para o Jardim de Xabregas trouxera D. Francisco Mascaranhas, "no anno de 1636, huma larangeira que mandou vir da China a Goa. Se então soubera a produção desta nobre planta e a riqueza que della trazia à sua Pátria, tivera razao de cuidar que fazia hum grande serviço ao Reino..."[94].

"A propaganda científica de Tournefort a respeito da flora do nosso país teve a sua consequência em dois jovens naturalistas, os irmãos Jussier e Bernard que estiveram no nosso país em 1716 ... onde encontraram acolhimento na corte literária e científica do conde da Ericeira"[95].

Merveilleux entrega a D. João V "várias memórias sobre a História Natural que incluíam desenhos, de plantas, árvores e raizes, por Quillard, que o acompanhou neste trabalho, ao nosso país e por cá ficou como pintor régio[96].

---

[91] Viagens e Naufrágios célebres, ob.cit., pg. 46.
[92] Ayres de Carvalho, D. João V ... pg. 99.
[93] Luis de Pina ob.cit., pg. 515. O catálogo citado existe no Instituto Botânico de Coimbra
[94] António Lourenço Coimbra, Obras Inéditos de Duarte Ribeiro de Macedo, Lisboa, na Impressão Regia anno de 1817, pg. 118, Ainda hoje em Itália, na Roménia, na Jugoslávia e na Pérsia que eu tenha conhecimento, as laranjas doces são conhecidas por "Portugalia".
[95] Ayres de Carvalho, ob.cit., pg. 99.
[96] Ob.cit., pg. 34 e sgts.

Além da obra publicada por Ayres de Carvalho e das estampas hoje pertencentes à Casa Cadaval, teria este naturalista constituido colecção que D. João V reunira em gabinete em Lisboa ou em Mafra, pois Murphy testemunha, em 1798, ao dar à estampa a "General View o of the State of Portugal", ter visto cabinets of natural history of the same city (Lisboa), and of Mafra", (s.m.)[97]. Ainda de D. João V, e existente no Forte, houve uma coleção de mineralogia[98].

14 - PAÇOS DE D. JOÃO V NA RIBEIRA

Já Saussure, que visita o nosso país em 1729, tece outro tipo de considerações, em relação às magnificiências da capela real: "toute brillante de richesses, d'excellents tableaux et de Marbres les plus fins et les plus rares. Les colonnes qui forment la Nef sont partout revetues de lames d'argent il semble qui elles sont d'argent massif. Le Tabernacle ou l'ont tient le St. Sacrement est d'or enrichi de Diamants et d'autres pierres precieuses. On ne peut se lasser d'admirer la magnificence et la richesse de cette chapelle"[99].

Saussure, mal impressionado .com a sujidade que se juntava nas escadarias do Paço, descreve ainda uma banheira de prata massiça, encomendada por D. João V, em Londres, aos ourives Frères Crespin: "Trois dauphins la soutiennent et lui servent de piés. Leurs queues dont les deux flancs sont chargés de bas-reliefs en dehors. L 'un représente les bains de Diane, et Acteon, et l'autre Persée et Andromede. Sur le dernière ou à la tête de la baignoir s'éleve Neptune tenant son Trident. On voit vis a vis des Trois Dauphins qui forment les piés trois sirénes qui sont en dedans, et qui s'élevent em dessus.

---

[97] James Murphy, A General View of the State of Portugal, London T. Cadell Jun. W. Davies, 1798, pg. 137.
[98] Luís de Pina, ob.cit., pg. 514.
[99] Vicomte de Faria, Voyage de Mons. César de Saussure en Portugal, Lettres de Lisbonne, Milan, Typographie Nationale de Ramberti, 1909, pg. 17.

Tout le reste est parsemé d'ornements et de cizelures. Cette pièce admirable par la delicatesse, par le bon gout et par la perfection de l'ouvrage, est doublement dorée en dedans et pese 3580 onces»[100].

Causou tanta sensação naquela cidade que «les premiers Seigneurs et Dames de la cour de Londres alloient en foule chez l'orfevre, pour l'admirer»[101].

Esta peça veio para Portugal e tinha sido encomendada para uma Religiosa, que decidiu, depois de uma tempestade, que fez cair o convento, não mais ver o Rei, e desfazer-se da banheira que voltou para o Paço Real. Se se acrescentar a este "móvel", a baixela Germain, encomendada pelo mesmo rei, e também por D. José, mas que só foi usada na coroação. de D. Maria I[102], e o rico mobiliário da época, deque se conhecem espécies em muitos museus portugueses, e em casas particulares, poderá imaginar-se o que seriam as coleções luxuosas do Paço da Ribeira e da perda irreparável que constituiu o terramoto[103].

Muito embora D. João V tenha tido o mesmo desejo de Pedro, o Grande de visitar a Europa Central, não o pode realizar, por razões de Estado, ao contrário do que sucedeu ao Csar de todas as Rússias.

De Paris vinham-lhe trajes e as modas. Para o casamento da Princesa D. Maria Bárbara encomenda à "famosa marchande de modes de Marie Antoinette, Rose Bertin", o enxoval[104]. A relação do vestuário, composto de trajes de cerimónia, de uso, acessórios e bragal, era acompanhada do preço de cada uma das preciosidades, que D. Maria Bárbara levou para o Caia, na cerimónia da troca das princesas[105].

Outra dos luxos de D. João V eram os coches, alguns deles expostos, no Museu Nacional dos Coches. Com o ouro do Brasil que comprava tudo, encomendara em Roma, para adornar a Capela Real, dignificada

---

[100] Ob.cit., pg. 24.
[101] Ibidem.
[102] Luís Xavier da Costa, Notas sobre a Baixela Germain na Antiga corte portuguesa, Lisboa, 1928, pg. 9.
[103] Maria Helena Mendes Pinto, ob.cit., pg. 64 e sgts.
[104] Ernesto Soares, o enxoval de uma princesa portuguesa no seculo XVIII, in Antiqualhas, História e Arte, Lisboa, Edição dos autores, 1952, pg. 40.
[105] Ob.cit., pg. 43 e sgts, (inventário completo).

a Patriarcal, nove riquíssimos castiçais e uma Cruz de pé, cravejada de pedras que compunham com o sacrário a maior preciosidade, usada em dias de grande solenidade. Foram sublinhadas por Murphy[106], descritas por João Baptista de Castro[107] e D. António Caetano de Sousa[108].

Este último autor diz haver no Paço da Ribeira "excelentes debuxas, com que aumentou o grande número dos antigos de Rafael, Ticiano, Rubens e outros insignes inventores e debuxadores ... "preciosos móveis e das porcelanas exquisitas da China ... às pinturas dos mais famosos mestres"[109].

D. João V encomenda em Paris, ao embaixador, Conde de Tarouca "106 grandes volumes com estampas dos melhores artistas, Rubens (8 volumes) Callot (2) Berain, Baroca, Alberti, Skade etc. ... Dois destes preciosos folios existem e figuraram na Exposição de Obras de Arte Francesas existentes em Portugal (1934), os restantes desapareceram com o terramoto. "É o célebre gravador e livreiro Jean Mariette que forma estas colectânias e as envia para Portugal entre 1726 e 1728"[110]. O Visconde de Jorumenha acrescenta que D. João V tencionava comprar a famosa coleção Fraula. Na encomenda de Mariette figuravam ainda numerosas telas[111], na sua maioria pertencentes a Fraula.

15 - PAÇO DE MADEIRA

Construído à pressa, o Paço de. Madeira, assim denominado pelo material em que foi realizado, foi a residência de D. José, depois

---

[106] Murphy, Travels i.n Portugal through the Provinces of Entre Douro e Minho, Beira Estremadura and Alem-Tejo, in the years 1788 and 1789 London, A. Strahan, T. Cadell Jun. and W. Davies, 1795, pg. 161.
[107] João Baptista de. Castro, Mappa de Portugal, tomo III, Lisboa, na officina Patriarcal, de Francisco Luis Ameno., 1763, pg. 186 e sgts.
[108] D. António Caetano de Sousa, História Genealógica vol. VIII, pg. 272 .
[109] Ibidem.
[110] Ernesto Soares, História da Gravura Artística em Portugal, Os artistas e as suas obras, Lisboa, Instituto de Alta Cultura, 1940, pg. 19.
[111] Descripção dos quadros remettidos pelo gravador francês Mariette in Jornal de Bellas Artes, nº 6, Lisboa, Tipographia Progresso, Junho 1857.

do terramoto e até ao fim dos seus dias. Em semelhantes "barracas" se alojaram não só o Marquês. de Pombal, mas mui tos fidalgos da corte[112].

Ao contrário do que poderá parecer este acampamento não correspondia, de maneira nenhuma, a uma austeridade de vida, tendo-se tornado uma moda ... e cara[113].

Junto ao Paço, em casa de pedra e cal, D. José constituiu uma livraria, a Biblioteca da Ajuda; um Jardim Botânico e o Museu Real da Ajuda, de que se tratará adiante.

Interiormente, a "Barraca Real" foi ornamentada com tapeçarias do Paço de Belém,[114] que tinha saído incólume do terramoto.

Já D. José tinha morrido e, após os tempos denominados da "viradeira", quando um incêndio destruiu o Paço de Madeira, joias, pedras preciosas e uma coleção de numismática: "cento e cinco medalhas de bronze, algumas raras e várias miuçalhas de apreço".

Como anexo do Paço, foi instituída ainda a Tapada da Ajuda povoada e animais para montaria, em terrenos que pertenciam ao antigo Paço de Alcântara. Nesta residência ficou instalada a rainha de Inglaterra, D. Catarina de Bragança, quando voltou, viúva, a Portugal. Foi utilizada até D. Pedro II. Monconys descreve estes paços, em 1646, onde além das câmaras havia "a casa do docel", uma grande sala e uma espaçosa galeria"[115], sem indicar o conteúdo.

O Paço de Alcântara serviu posteriormente como habitação de pessoas ligadas à corte. Teve ainda uma função museológica como reserva-cocheira. Aqui se depositaram, em dependências, quarenta e cinco coches reais, e ainda fardas, librés e arreios que actualmente se encontram .no Museu Nacional dos Coches[116].

---

[112] José-Augusto França, Lisboa Pombalina ... , pg. 73.
[113] Ob.cit., pg. 74.
[114] Gustavo de Matos Sequeira, O Palácio Nacional de Ajuda, Lisboa, oficinas Ramos Afonso & Moita, 1961, pg. 10.
[115] Jordão de Freitas, Paço Real de Alcântara com uma introdução e aditamentos de A. Vieira da Silva, Lisboa, Amigos de Lisboa, Editorial Império, 1946, pg. 14. Separata de Olissipo, n9 36, outubro de 1946.
[116] Ob.cit., 23.

16 - PAÇO DE BELÉM

D. João V comprou, acrescentou e reformulou a antiga casa dos Condes de Aveiras, para residência de recreio, mansão providencial para a família real, no momento do terramoto. O interior, decorado com tapeçarias e pinturas foram levadas para o Rio de Janeiro, em 1807. As remodelações que sofreu, posteriormente, nos reinados de D. Maria II e de D. Carlos alteraram o carácter setecentista do Paço de Belém[117], no entanto os seus anexos possuíam importantes núcleos museológicos.

Os jardins renovados com vasos e estátuas, entre as quais uma de D. João V. em mármore, tinham ainda jaulas e "aviários" com animais. Este Pátio dos Bichos era constituído por um elefante[118], (serviu a Machado de Castro, como modelo para a estátua equestre de D. José), leões, tigres, leopardos e em gaiolas construídas para o efeito, aves exóticas vindas da África e do Brasil[119], de que havia uma réplica no Paço da Ribeira, destruída com o terramoto[120].

O Picadeiro Real, mandado construir por D. José mas que só foi inaugurado no reinado seguinte, onde está instalado o Museu Nacional dos Coches, veio substituir o antigo, situado no Páteo das Vacas, ou Quinta do Meio[121].

Na Quinta do Meio e, como anexo do Paço de Belém, foi plantado um jardim, o "Regius Hortus Suburbanus" de singular recreação e que é hoje, o que se designa, por Jardim do Ultramar.

---

[117] Francisco Câncio, O Paço da Ajuda, Lisboa ... 1955, pg. 12.
[118] Ignacio de Vilhena Barbosa, Apontamentos.. pg. XIII.
[119] Francisco Câncio ob.cit., pg. 36.
[120] Vilhena Barbosa, ob.cit., pg. XII e Francisco Câncio ob.cit., pg. 117. No Paço da Ribeira tinha havido um leão no tempo de D. João IV, pelo que se designava por Pateo do Leão, a antiga jaula do rinoceronte, ob.cit., pg. IX (V.B.).
[121] Ayres de Carvalho, Palácio da Ajuda, Lisboa, Secretaria de Estado da Informação e Turismo, 1973, s. p. "ha ainda o Pateo das vaccas, onde tem um picadeiro, fabrica muito adornada de estátuas e bustos, parte collocadas em cima dos muros e parte em nichos" (Baretti). Não se tratando propriamente de coleção, a coudelaria de Alter do Chão, criada por D. João V, destinada a selecionar uma raça para recreio da família real, representa uma forma peculiar de extensão da vida palaciana, através dos jogos equestres, tão ao gosto da corte portuguesa.

Na casa que pertenceu aos condes de Calhetas, também conhecida por "Palácio do Pateo das Vacas", e que foi igualmente comprada por D. João V, veio a instalar-se em 1906, o Museu Agrícola do Colonial[122].

Este conjunto do Paço de Belém, disperso e muito diversificado, constituía um complexo museológico, do ponto de vista botânico, zoológico e artístico. Os trajes da corte de D. João VI que não foram para o Brasil são hoje o principal e mais importante núcleo das coleções do Museu Nacional do Traje, constituido sobretudo por trajes masculinos, alguns de senhora, (império), além de variedade de acessórios, entre os quais notável coleção de botões, alguns pintados por Pillement.

O Palácio das Necessidades mandado acrescentar por D. João V, sobre edifício já existente, pouco sofreu com o terramoto. Este paço continha como recheio grande parte das peças que hoje existem no Museu Nacional de Arte Antiga. Entre mobiliário, pinturas, louças, cristais e cerâmicas.

Nos jardins existem peças de escultura, entre as quais um busto de D. João V e espécies arbóreas exóticas, que formam o conjunto da Tapada das Necessidades[123].

17 - PALÁCIO DE MAFRA

Este edifício composto por uma Basílica, um Convento, e dois Palácios, o do Rei e o da Rainha, construído entre 1717 e 1735, foi solenemente inaugurado por D. João V, em cumprimento de um voto, com a sagração da Basílica, em 1730.

As principais coleções deste conjunto são a escultura, extensamente tratadas por Ayres de Carvalho, no livro "A Escultura em Mafra" (1950) e que constituem o melhor núcleo escultórico do século XVIII, no nosso país. Giusti aqui dirigiu a Escola de Escultura. Seguiu-se Barros Labordão, após a cegueira do Mestre italiano, tendo por aqui passado

---

[122] Guia de Portugal vol. I Biblioteca Nacional de Lisboa. 1924 pg. 386 e 387.
[123] Ob.cit., pg. 375 e 376.

outros escultores famosos, como Francisco Leal Garcia, Machado de Castro e João de Pádua, artistas que, posteriormente, vão trabalhar na grande obra, de lenta execução, que será a Ajuda[124].

"Cyrillo cobre de frescos alegóricos quatro das onze salas da galeria", de temática heroica. Sequeira, Vieira Portuense, Taborda, Fuschini, Calisto, Piolti, e talvez Manuel da Costa, desde 1804, já no tempo da Ajuda[125], aqui trabalham também. Na Sala das Descobertas, cujo teto é assinado por Cyrillo ficaram as legendas das pinturas que seguiram para o Brasil, "seis quadros de assuntos da história da conquista da Índia, que Cyrillo e os cinco primeiros pintores lá executaram"[126]. Quando Merveilleux cita o gabinete de história natural de Mafra, poderá querer referir os viveiros de bichos-da-seda da rainha e a famosa "botica" dos Agostinhos, que aqui trabalharam, em farmacopeia: Ainda hoje existem em exposição, receitas, bem como potes e canudos da farmácia dos frades, que tinham enfermaria de vanguarda, escola e o necessário horto para a fabricação de emplastros e outras drogas de que a corte se fornecia.

No Real Colégio, instituído em 1722, houve entre outras, aulas de física e geografia, para o que eram necessários os respetivos instrumentos. Uma das notáveis medidas dos Agostinhos foi a colocação de para-raios, depois de terríveis faíscas que caíram no edifício, e que causaram a morte de várias pessoas, atraídas pela "grande massa de metal" ali existente[127].

Os 2 carrilhões de Mafra e os seis grandes órgãos da Basílica compõem um notável conjunto de instrumentos musicais. Pelo facto de serem acionados à mão, não será possível voltar a ouvir, tão cedo, e em simultâneo, as sonoridades que foram escritas, para estes seis órgãos barrocos.

O tesouro da Basílica tinha o seu lugar na chamada Casa da Fazenda, "constituida por" várias salas, com grande número de armários e gavetões, onde eram guardadas as alfaias litúrgicas das solenidades" e de que parte

---

[124] José-Augusto França, A Arte em Portugal no século XIX, vol. I, Lisboa, Livraria Bertrand, 1966, pg. 54.
[125] Ob.cit., pg. 54.
[126] Ob.cit., pg. 54.
[127] Gazeta de Lisboa 1 de Abril de 1786.

estão hoje patentes ao publico na área visitável do Palácio Nacional de Mafra[128]. A Tapada era o complemento do Mosteiro, povoada com caça, de que subsistem, como raridade, os gamos.

18 - PALÁCIO DE QUELUZ

Este paço, bem como o palácio Corte-Real da Ribeira, (que ardeu em 1751)[129] pertenceu à chamada "Casa do Infantado", instituída por D. João IV, para os filhos segundos dos reis de Portugal.

Das construções seiscentistas manteve-se a cozinha e seus anexos, a "Cozinha Vellha", tendo o Infante D. Pedro (mais tarde, D. Pedro III, por casamento com sua sobrinha D. Maria I) irmão de D. João V, iniciado a construção de uma nova residência, o atual Palácio Nacional de Queluz.

Desta casa, cujo inventário foi pormenorizadamente investigado por Caldeira Pires, conhece-se todo o recheio. Tapeçarias, rico mobiliário, alcatifas da Índia e da França, cristais de Gênova e de Veneza, porcelanas da China e do Japão e muita prata, cortinas, sanefas, roupas de casa, utensílios de "enfermaria", de cozinha, de jardinagem, "ferramentas do Jardim Botânico", "Bombas para apagar o fogo", e tantos outros pequenos objetos são descritos à exaustão[130].

O Paço, cujas salas mais singulares são as do Trono, dos Embaixadores e da Música., foi decorado por Robillon, que entre talha e espelhos, multiplicou a magnificência do edifício. As pinturas de irregular qualidade, devem-se algumas a "Manuel da Costa" (por encomenda de Junot), Narciso, Ciríaco, Joaquim Marques e André Monteiro da Cruz[131].

Nos jardins construiram-se "Viveiros de exóticas aves e jaulas com feras dos sertões de África" ... Ali estiveram zebras, vindas do Congo que se tentaram domesticar para os príncipes, e cujos arreios se encontram

---
[128] Guia de Portugal, ob.cit., pg. 564.
[129] Maria Natália Correia Guedes, Palácio de Queluz, Lisboa, Secretaria de Estado da Informação e Turismo, 1973, s. p. e do mesmo autor, o Palácio de Queluz, Lisboa, Livros Horizonte, 1971.
[130] António Caldeira Pires, Hist6ri.a do Palácio Nacional de Queluz, 2 vols. Coimbra, Imprensa da Universidade, 1925. (passim)
[131] José-Augusto França, ob.cit., pg. 54.

no Museu Nacional dos Coches. Do mesmo modo se fabricaram "gaiolas artísticas", pelo Mestre entalhador do palácio, Silvestre de Faria Lobo: "Huma Gayola de Madeira, armada de. Archytectura com Pilares ... e sobre Simalha Real, a Cuppula com sete poleiros ... e dous bebedoiros de cristal "[132].

Um parque botânico, a tapada, uma casa chinesa (estufa com plantas orientais) e, nos jardins, à francesa, peças de escultura. As espécies "levadas" e o incêndio de 1934, em Queluz, no momento em que se iniciavam as obras de restauro, retiraram autenticidade ao recheio deste palácio, como ao de Mafra, que tiveram de ser alfaiados, e reconstituídos com o remanescente dos outros palácios. Facto que não sucedeu, em relação ao Paço, que, seguidamente se tratará.

19 - PAÇO DA AJUDA

O atual Palácio Nacional da Ajuda foi construído no exato local do "Paço de Madeira" sob risco de Costa e Silva, Fabri e A. F. Rosa[133]. Tal como está, empobrecido com a República, deve-se às obras que se realizaram para o casamento de D. Luís. Então, não se coibiram os decoradores de, para cobrir paredes, e as revestir de tapeçarias, terem-nas retalhado a seu gosto e repintado o que lhes pareceu conveniente. O incêndio deflagrado há poucos anos destruiu a cuidada Galeria de Pintura de D. Luís. As obras do paço deram azo, tal. como as de Mafra, à criação de Escolas de Escultura e Desenho em que Machado de Castro é, sem dúvida, a personalidade de destaque. Outros como "Faustino José Rodrigues, Joaquim José de Barros Laborão e seu filho Manuel Joaquim, João José de Aguiar e Francisco de Aires Rodrigues"[134].

Sem a envergadura da escultura mafrense, é, no entanto, um importante núcleo, que teve o seu complemento na pintura. Aqui trabalharam Cyrillo, Sequeira, Vieira Portuense e Fuschini.

---

[132] António Caldeira Pires, ob.cit., Vol. I, pg., 191 e 192.
[133] José-Augusto França, ob.cit., pg. 96.
[134] Ob.cit pg. 108 e 109.

Do recheio fazem ainda parte porcelanas chinesas, francesas e alemãs, vidraria de Veneza, mobiliário português e francês, a baixela Germain, cujas peças de aparato se encontram no Museu Nacional de Arte Antiga, e alguns trajes. As joias da coroa estão hoje à guarda do Banco de Portugal.

20 - PALÁCIO VICE-REAL E PALÁCIO DE S. CRISTÕVÃO

A Corte sendo regente D. João VI chega ao Rio de Janeiro em 1808[135] e instala-se no palácio dos vice-reis[136]. Foi aquele palácio "acrescido do vizinho Convento do Carmo, passando os carmelitas para o hospício dos Barbadinhos, e estes para a Glória[137]. D. João. VI que, anteriormente não permitia "a entrada de artistas e cientistas estrangeiros no Brasil (Humboldt não conseguiu)"[138], passou a ter uma política mais liberal. "Pouco depois, o negociante Elias António Lopes ofereceu ao Príncipe a sua chácara de S. Christovam[139] onde D. Pedro viria a fixar residência, mandando, para o Paço da cidade, todas as secretarias e repartições públicas que estavam em casas alugadas"[140].

No Paço do Rio construiu-se um passadiço com arcadas, lembrando o Terreiro, deixado em Lisboa. Para ornamentar e alfaiar os Paços tinham vindo de Lisboa inúmeras peças dos Palácios[141], tendo embarcado 24 caixotes de Queluz e 29 de Mafra e das Necessidades. Neles se incluíam mobílias, relógios, globos, um órgão, três cravos, imagens, maquinetas, relíquias, pratas, louça, roupas, oratórios, altares, numerosos painéis, devidamente identificados por assuntos e não por autores[142].

---

[135] Gilberto Ferraz, o Brasil, de Thomas Ender 1817, Rio de Janeiro, João de Moreira Salles, 1976, pg. 4, Introdução de Francisco de Aires Barbosa.
[136] Francisco Adolfo Varhagen, História Geral do Brasil, Rio de Janeiro, E. e H. Lammert, 1854, pg. 315.
[137] Visconde de Porto Seguro, História Geral do Brasil, 2ª edição, tomo I, Rio de Janeiro, E. & H. Lammert, s. d. pg. 1084.
[138] Gilberto Ferraz, ob.cit., pg. 4.
[139] Francisco Adolfo Varhagen, História Geral do Brasil, Rio de Janeiro, E.'&. H. Lammert, 1854, pg. 315.
[140] Ob.cit., pg. 412.
[141] António Caldeira Pires, ob.cit., pg. 315 e sgts.
[142] Ibidem.

A estadia de D. João VI no Brasil veio a ter importantes consequências museológicas no domínio da História Natural. "Alexandre Rodrigues Ferreira foi o primeiro naturalista em missão no Brasil onde nascera" (Baía) e para onde partira com os seus desenhadores, em 1783[143]. Outras expedições se organizaram e já havia, no Brasil, jardins botânicos na Baía, no Pará e no Rio[144], onde D. João VI introduziu a plantação do chá. Mas a grande divulgação da fauna e flora brasileira vai acontecer com a chegada ao Brasil da Arquiduquesa de Áustria, D. Leopoldina, mulher do príncipe D. Pedro. "Princesa instruida e dada aos estudos de história natural, traz no seu séquito a mais importante missão científica austro-bávara para explorar o Brasil"[145]. As mais notáveis personalidades serão Spix, zoólogo, Martius, botânico, Pohl mineralogista e botânico, Natterer zoólogo, Buchberger, pintor de plantas, Ender, pintor paisagista[146] e Schreiber, Diretor do Museu de História Natural de Viena de Áustria, a quem fora confiado o encargo de relator da missão[147].

Desta recolha resultou a criação de um gabinete de história natural e etnografia no Palácio de S. Cristóvão, pertença pessoal da Imperatriz Leopoldina e um Museu na Europa, aberto com 13 salas em 1827. Francisco I, imperador da Áustria, apreciou devidamente a recolha organizada e cria com os 22 volumes e 13 caixas contendo documentação e material, o Imperial e Real Museu do Brasil (K. K. Naturhistoriches Museum, Brasilianiches Naturalier Kabinett). Este Museu, usando ainda a dupla designação gabinete-museu, embora já com todas as características de museu público, incluía, igualmente, 1492 objetos etnográficos que são transferidos, em 1848, para o Naturalien Kabinett e destruídos posteriormente por incendiários[148].

Esta missão, idêntica à de Merveilleux, em Portugal, teve o paralelo de Quillard, em Thomas Ender, que desenha e faz aguarela, não só

---

[143] Luís de Pina, ob.cit., pg., 533.
[144] Ob.cit., pg. 534.
[145] Gilberto Ferraz, ob.cit., pg. 25.
[146] Ob.cit., pg. 26.
[147] Ob.cit, pg. 29.
[148] Ob.cit., 29 e 30.

dos monumentos e casas do Brasil, como dos usos, costumes, trajes e paisagens da terra brasileira.

Recentemente descobertos, formam uma coleção de cerca de 800 imagens, da mais importante recolha iconográfica do Brasil do princípio do sec. XIX (1817).

Capítulo IV

Coleções da Igreja

1. COLECÇÕES DOS PAÇOS EPISCOPAIS

A) PAÇO DE BRAGA

A partir do século XVI, excluindo os tesouros, que vão persistindo, como forma própria e característica das colecções eclesiais, constituem-se nas Sés, nos Paços Episcopais e nos Conventos e Mosteiros, importantes núcleos de pintura, de escultura e artes decorativas, muitas vezes realizados através do mecenato real, e ainda colecções de arqueologia, etnografia, ciência e história natural.

D. Diogo de Sousa (1461?-1532) e a figura exemplar de Prelado humanista e coleccionador. Nasceu, provavelmente, em Évora, e estudou em Salamanca e Paris. Vai a Itália em 1493, como deão da capela real de D. João II, integrado na embaixada a Alexandre VI, sendo por este Papa nomeado Bispo do Porto, em 1495[1].

D. Diogo treslada para a Sé, a 12 de dezembro de 1499, as relíquias de S. Pantaleão, para as quais D. João II e D. Manuel tinham mandado fazer um cofre de prata[2]. Esta peça, é uma das maravilhas do Porto, mostrada a Cosme de Médicis, na sua visita a Portugal em 1669[3].

Uma das primeiras preocupações de D. Diogo foi reunir Sínodo, para o que convocou o cabido e todo o clero da diocese, logo no ano seguinte, de que saíram Constituições.

Regulamentando os "actos litúrgicos, os costumes, o vestuário, a apresentação das igrejas, os problemas jurídicos, a ilustração dos padres,

---

[1] Dicionário de História de Portugal, dirigido por Joel Serrão, vol. IV Porto, Livraria Figueirinhas, Iniciativas Editorais, 1971 pg. 70.
[2] A. de Magalhães Basto, Apontamentos para um Diccionário de Artistas e Artífices que trabalharam no Porto do séc. XV ao séc. XVIII in Boletim da Câmara Municipal do Porto, vol XXI, Porto, Empresa Industrial Gráfica do Porto, março-junho-1958: Pantaleão Dias, Arquiteto do séc. XV foi o autor do desenho do cofre de prata.
[3] Viage de Cosme de Médicis por Espâna y Portugal (1668-1669) edicion y notas por Angel Sanchez Rivera e Ange la Marinetti de Sanchez Rivero, Madrid, Sucesores tc Rivadeneyra, S.A., pg. 323.

os bens patrimoniais, os dízimos, o comportamento dos "fregueses", as audiências no paço, as visitas aos conventos, as festas e os jejuns"[4]. Estas constituições sinodais são as primeiras publicadas no país, em 1497, na oficina de Rodrigo Álvares[5].

A constituição 38ª "proibe que sejam tomadas em penhor livros, cálices, cruzes e outras alfaias litúrgicas das igrejas, sob pena de excomunhão, multas pecuniárias e anulação dos respetivos contratos"[6].

Esta norma é a primeira lei de direito canónico impressa no nosso país, sobre a proteção do património cultural. Muito embora a motivação seja de índole religiosa e se subentenda o valor sagrado inerente aos objetos de culto, é no entanto, uma norma de preservação das coleções da Igreja.

Muitas outras se lhe seguiram, como as da Guarda, em 1500, e as do mesmo D. Diogo, como arcebispo de Braga, em 1506.

Nomeado em Roma, pelo Papa Júlio II, (o grande construtor do Vaticano), D. Diogo, Arcebispo de Braga, "Senhor de Braga e Primaz das Espanhas" volta, dando jus ao seu título e encetando a reformulação urbanística da cidade. "Eu achei esta (cidade) de barro e sem templos, nem gente, nem edifícios, e agora a tenho feita assim de edifícios públicos, como privados, com acrescentamento de muito povo, e mercados, e trato de oficiais, das melhores cousas do Reino"[7].

No livro de D. Diogo, existente no Tesouro da Sê, constava o sumário das obras do referido Prelado e que, transcrito por Sena de Freitas se desenvolveu na reforma da Sé, na construção de uma nova cabeceira, nas torres, no coro, nos órgãos, nas pias baptismais, e no grande portal com suas imagens esculpidas.

Abriu ruas, casas e praças. Ergueu chafarizes e fontes. Reformulou o paço episcopal e o seu jardim[8]. Edificou capelas, hospitais e abriu estudos públicos, para o que convidou Clenardo para leccionar. Este, em carta

---

[4] Artur Anselmo, Origens da Imprensa em Portugal, Lisboa, Imprensa Nacional-Casa da Moeda, 1981, pg. 279.
[5] Ob.cit., pg. 285.
[6] Ibidem.
[7] Diccionário de História de Portugal, ob.cit., pg. 71.
[8] Bernardino Sena Freitas, Memórias de Braga, vol. IV, 1890, pg. 40 e sgts.

escrita a Vaseu, descreve as suas aulas: "Eu também fugia quanto possível de proporcionar à minha pequenada tudo o que pudesse desgostá-la; não era por antífrase que os chamava à minha escola ludus, mas brincava nelas deveras"...[9] "punha todo o meu saber em que as palavras latinas ressoassem a todos os momentos no meio da grande multidão dos meus discípulos, para que aprendessem o latim pelo método por que os negociantes aprendem as línguas dos diversos países, isto é, em a prática"[10].

Não admira, pois, que neste ambiente "ao romano", D. Diogo mandasse recolher, ao então Campo de Santa Ana, colunas, marcos miliários, e cipos com inscrições romanas, criando um núcleo lapidar, proveniente de espécies, que se encontravam na cidade e fora dela[11].

Uma das lápides provinda da primitiva igreja de S. Vítor, demolida para se construir outro templo, da mesma invocação e que continha a seguinte inscrição: IVLIUS PILADES ORESTES H.S.E ...[12].

D. Rodrigo da Cunha acrescenta que D. Diogo "mandou levantar em muito boa ordem as pedras & colunas que os romanos quando senhoreavão Braga, levantarão a diversos Emperadores: para que naquelas Letras tivessem os curiosos em que gastar o tempo, & se fizessem peritos nas antiguidades da sua pátria"[13].

Pelo que se conclui que este "museu" ao ar livre, tinha características pedagógicas, de público acesso, o que representa uma considerável inovação, em relação ao conjunto de lápides reunidas por André de Resende, no seu quintal.

Aliás nas obras realizadas por D. Diogo de Sousa estão bem patentes as preocupações que o nortearam, numa perspectiva de benefícios sociais e educativos, em relação a população de Braga, do "museu" à escola, da gafaria ao hospital e aos albergues para os viajantes, bem como na distribuição de fontes e chafarizes pela cidade.

---

[9] Dr. M. Gonçalves Cerejeira, Clenardo e a Sociedade portuguesa do seu tempo, Coimbra, Coimbra Editora, 1949, pg. 243.
[10] Ob.cit., pg. 244.
[11] Sena Freitas, ob.cit., pg. 45.
[12] Ob.cit., pg. 228.
[13] D. Rodrigo da Cunha, História Ecclesiastica dos Arcebispos de Braga pg. 296.

A prática humanista de retorno às origens, concebeu-a também D. Diogo, em relação aos pais da Pátria, D. Henrique e D. Teresa, cujos ossos mandou trasladar para capela própria[14].

O campo de Santa Ana era uma larga praça com uma capela de invocação à referida Santa, no meio. Pela descrição da demolição do "magestoso chafariz" que se encontrava no referido Campo, supõe-se que D. Diogo de Sousa terá criado um espaço bastante maior que o quintal do Resende, para ali colocar a sua colecção epigráfica[15].

O Doutor João de Barros descreve e transcreve inscrições deste Campo, aproveitando para tecer considerações, à maneira de manual de epigrafia: "Com letras que tirei de alguas importão pouco, onde se acha que Augusto se chamou Pai da Terra, e assi mesmo, o achei em muitas moedas que dizem: Augustus Pater Patriae"[16].

Deveria ter D. Diogo a sua coleção numismática, o que não está expresso, nem o Doutor João de Barros indica a quem pertenciam as moedas a que se refere, mas provavelmente poderiam ter sido recolhidas, in loco, em Bracara Augusta.

Quanto ao tesouro mandou D. Diogo reconstruir a sacristia onde pôs altar, e existem ainda hoje no Tesouro da Sé inúmeras peças, entre cálices, cruzes e rica paramentaria[17] do tempo de D. Diogo. Entre estas, figura a casula, oferecida por D. Manuel e paramentos manufaturados com tecidos chineses[18].

O Paço dos Arcebispos de Braga foi realizado em três grandes períodos: medieval, renascentista e barroco. Esta última reconstrução foi efetuada no tempo de D. José de Bragança (1751), filho de D. João V, cujo risco é atribuível a André Soares.

---

[14] Barbosa Machado, Biblioteca Lusitana, tomo I, Coimbra Atlantida Editora, 1965, pg. 698.
[15] D. Rodrigo da Cunha, ob.cit., pg. 260.
[16] Doutor João de Barros, Geografia d'Entre Douro e Minho e Trás-os-Montes, Porto, Tipografia Progresso, 1919 pg. 59.
[17] Conego Manuel de Aguiar Barreiros, Catálogo e Guia do Tesoiro da Sé Primaz de Braga, Porto, Edição de Marques Abreu, 1954, passim.
[18] Ob.cit., pg. 31 e 23.

Interiormente os Paços episcopais não diferiam muito dos realengos. Das colecções do Cardeal D. Henrique enquanto Arcebispo de Braga, não existem especiais referências, e de D. Frei Bartolomeu dos Mártires, conhece-se um tinteiro "de tartaruga marchetado de ouro" que está atualmente no Museu Nacional de Soares dos Reis, depois de primeiramente ter pertencido ao Mosteiro de Santa Cruz de Coimbra, donde Alexandre Herculano o levou, para o recém-criado Museu Portuense, e de que se falará adiante[19].

D. Rodrigo de Moura Telles foi Arcebispo de Braga entre 1704 e 1728. Em tempo desta prelazia, escreveu D. Jerônimo Contador de Argote, as Memórias para a História Eclesiástica de Braga de que se tratará no capítulo seguinte.

D. Rodrigo fez no Paço, "a Capella do Sacramento, a Casa de Relação com a sua ante-sala, a Casa para o seu Provisor, com o prospecto da Galeria e o chafariz da mesma galeria"[20].

O chafariz é o denominado dos Castelos e a Galeria é exterior e nada tem a ver com a galeria de pintura dos "meninos de Palhavã", D. José e D. Gaspar de Bragança, que foram sucessivamente Arcebispos de Braga.

"O gosto pelos ambientes sumptuosos destes filhos de D. João V deixava qualquer visitante deslumbrado"[21].

Pedro de Azevedo, nas Cartas que enviou à Academia cita os antigos inventários do Paço para descrever as coleções destes Prelados[22]. Facto que é corroborado por Alberto Feio[23] e pelo recente trabalho inédito de Eduardo Pires de Oliveira e de Isabel Fernandes[24].

"As várias salas do Paço estavam cheias de móveis valiosos; contadores, bufetes, armários de Sebastião de Arruda, cadeiras, arcas

---

[19] Rocha Madahil, Inventário do Mosteiro de Santa Cruz de Coimbra, à data da sua extinsão em 1834 in o Instituto, vol. 1019, Coimbra, Gráfica de Coimbra, 1942, pg. 523.
[20] Sena de Freitas, ob cit., pg. 289.
[21] Eduardo Pires de Oliveira, Isabel Fernandes, O Museu D. Diogo de Sousa e os Museus de Braga, trabalho inédito a publicar pelo Museu D. Diogo de Sousa, e amavelmente cedido para consulta.
[22] Pedro A. de Azevedo, Cartas que enviou a Academia in Arqueólogo Português, Lisboa, 26, 1924.
[23] Alberto Feio, Coisas Memoráveis de Braga. Desaparecidas riquezas artísticas in Diário do Minho, Braga, 5-4-1956.
[24] Eduardo Pires de Oliveira, ob.cit., página única.

de xarão, cortinas e reposteiros de damasco e brocado. As paredes eram ornamentadas com panos de Raz que se contavam por muitas dezenas, armações completas nos salões, com as histórias de Casta Suzana, de Alexandre Magno, de Ciro, rei da Pérsia, de Noé, de José do Egipto, de Júlio César, do rapto de Elena, de Eneas, de Marco António, com outras de paisagem, de batalhas e de arquitetura. Algumas destas preciosas tapeçarias eram tecidas com ouro e prata"[25].

Pela descrição destas tapeçarias faz supor que muitas delas teriam sido retiradas do Tesouro Real, situado no Paço dos Duques de Bragança em Lisboa, pois são de idêntica temática, às descritas no batizado da filha de D. Pedro II.

A coleção iconográfica era constituída por gravuras Dürer, de Micele, de Bassano, de Daniel, de Cantesrini e outros.

A galeria de pintura tinha "telas de trindade flamenga - Rubens, Van Dyck e Jordaens - acompanhado por David Teniers. Das escolas italianas lá estavam Caravaggio, o naturalista dominado pelo claro-escuro, carregado este a ponto de criar a escola dos tenebrosos: o refaelesco Guido Reni, ao lado de Salvatore Rosa, vigoroso mestre de quadros históricos e de batalhas, Giuseppino, da escola bolonhesa com Andrea Sacchi, admirável desenhador e colorista: Pietro de Costonna, o Bernini da pintura autor do célebre fresco - Triunfo de Glória - que se admira no Palácio Barberini, de Roma, com o seu discípulo romano Ciro Ferri, além de outros menores como Luigi Garzi, Giacinto Brandi"[26].

Esta inventariação é assaz curiosa, mesmo que os autores referidos não sejam originais, mas cópias. Os Paços dos Arcebispos de Braga sofreram uma considerável "viradeira" com o seguinte Primaz ... franciscano, D. Frei Caetano Brandão, nomeado por D. Maria I. "Repudiou o luxo do Paço do Campo dos Touros, e resolveu vender (entre 1780 e 1820) o recheio artístico da "domus antiqua", para dotar as suas instituições de caridade. Pelas barreiras da cidade saiu então o que restava do seu grande

---

[25] Alberto Feio, ob.cit., página única.
[26] Ob.cit., página única.

passado. Foi quase tudo com destino à Inglaterra, segundo me informou, há mais de trinta anos, o grande sábio francês Salomon Reinach"[27].

D. Gaspar de Bragança possuiu uma coleção numismática, de quem João Vidal da Costa e Sousa, em carta dirigida a Cenáculo diz "Há dias recebi o lndex das medalhas que hum amigo meu tinha dado no espaço de dous anos a S. A. o Sereníssimo S. Arcebispo de Braga, cuja colecção é sem dúvida a melhor que há em Portugal"[28].

B) PAÇO DE ÉVORA

O Paço de Évara é, no sul, o equivalente à mitra bracarense, sem todavia ter o fausto e a riqueza de Braga.

Em 1571, as únicas peças que causam admiração ao Cardeal Alexandrino são os "forros de finíssimos panos de Flandres" e os pavimentos cobertos de tenros e verdes juncos marinhos (?)[29].

Do Celeiro dos Bispos subsiste, em exposição no Museu de Évora, a porta quinhentista com interessante trabalho de ferro forjado.

Nomeado, em 1578, Arcebispo, D. Teotónio de Bragança beneficiou a Sé com "singular alampada tão grande, que de alto tem mais de dez palmos e de roda mais de sete e meyo, duas grandes tocheiras de /prata que mandou fazer, Deu à Sê a insigne de S. Mancio, que mandou meter em huma pyramide de christal, guarnecida de ouro, a qual collocou com grande solemnidade"

"Este mesmo Principe para tudo tão generoso, era para consigo summamente parco, de tal sorte, que mais parecia pobre religioso, que Arcebispo. Não havia, em sua casa, armaçoens: as cadeiras, mesas e bufetes, sem curiosidade alguma; o serviço de mesa pela mayor parte de estanho, a cama sem seda alguma, ou em hum estrado, ou hum leito de caminho; o vestido na Cidade de raxa, ou baeta, e no campo de çaragoça ou estamenha, mas tudo muito limpo".

---

[27] Ob.cit., página única.
[28] J. Leite Vasconcelos, Numismáticas em Portugal, ob.cit., pg. 179 e 180.
[29] Alexandre Herculano, Opúsculos tomo VI, Lisboa, Tavares Cardoso & irmão, 2ª. edição, 1897, pg. 74.

"Não usava almofadas de seda, mas de pano, ou couro"[30].

Possuía D. Teotónio vasta livraria que doou ao Convento da Cartuxa instituído por este Prelado, nos arredores de Évora.

As obras de remodelação dos paços devem-se todavia a D. João e D. José de Melo, que transformaram o austero paço num belíssimo edifício setecentista em que está hoje instalado o Museu de Évora.

É, no entanto, D. Frei Manuel de Cenáculo Villas-Boas o mais notável Arcebispo de Évora que realiza no paço uma verdadeira revolução cultural, criando escola, academia, biblioteca e museu público, numa atitude de iluminado e enciclopédico saber, visando uma renovação pedagógica e uma formação completa do seu clero e dos "curiosos".

A importante obra de Cenáculo se desenvolverá no último capítulo deste trabalho.

Houve ainda Paços dos bispos inquisidores que são hoje uma das dependências da Universidade de Évora. Deste Palácio, e da Universidade dos Jesuítas, subsistem algumas pinturas que pertenciam à galeria de retratos da Sociedade de Jesus, de qualidade irregular.

C) PAÇO DO PORTO

No Porto, são notáveis os paços episcopais e o Palácio do Freixo mandado construir pelo Deão da Sé, D. Jerónimo de Tavora e Noronha; ambos desenhados pelo arquitecto Nicolau Nazzoni. O recheio destas casas constitui hoje parte das colecções de ourivesaria, cerâmica, mobiliário do Museu Nacional de Soares dos Reis, em que se incluem magníficos exemplares de porcelanas chinesas, francesas e alemãs, além de boa vidraria.

A casa do Cabido da Sé, construída junto à Catedral, na sede vacante e do Porto entre 1717 e 1741, teve o risco do Arquitecto João Pereira

---

[30] Colecção dos Documentos, Estátuas e mais Memórias da Academia Real da História Portuguesa, Catálogo Alfabético dos Prelados Portugueses..." Dezembro de 1725, pg. 241 e 242.

dos Santos, em 1709, só se tendo iniciado as obras do edifício dez anos depois[31].

O Cabido mandou realizar também uma notável galeria de pintura, no tecto da sala capitular, a Giovanni Battista Pachino (1719-1720) que executou uma série de 15 painéis alegóricos, de gosto maneirista, bem como revestimento azulejar, de assuntos profanos[32].

A mesa do Cabido encontra-se hoje no Palácio da Vila, em Sintra

D) PAÇOS DE LISBOA

Deve-se a D. Tomás de Almeida, 1º Patriarca de Lisboa a reconstrução dos Paços dos Arcebispos, situado no Tojal, nos arredores de Lisboa, onde hoje está instalada a Casa do Gaiato[33] bem como o Palácio de Lisboa, também conhecido por Palácio de Marvila.

Este magnífico patriarca de D. João V que se fazia rodear de cerimonial barroco, transformou o Palácio e Igreja de Santo Antônio do Tojal "com hum nobilissimo rio frontispicio, ao qual ornão algumas estátuas de Santos feitas na Itália, de fino jaspe, fazendo colocar na torre harmoniosos sinos, e na praça, e estrada chafarizes de excellente água, que em benefício público fez conduzir de longe por aqueduto custoso de muitos arcos"[34].

Parte do recheio deste palácio passou para S. Vicente de Fora e posteriormente para o Museu Nacional de Arte Antiga[35]. Este Mosteiro foi residência episcopal e ainda hoje é pertença do Patriarcado de Lisboa.

Os Paços góticos de Miranda do Douro são hoje uma ruína, tendo, posteriormente, passado para Bragança, a sede do bispado, cujos paços são hoje o Museu Abade de Baçal, naquela cidade.

---

[31] Flávio Gonçalves, A construção da atual casa do cabido da Sé do Porto, Porto, Livraria Fernando Machado,1970, pg. 9 Separata da revista, O Tripeiro, VI série anos IX e X (1969 - 1970).
[32] Ob.cit., pg. 54.
[33] Mário Guedes Real, O Paço dos Arcebispos, Separata do Boletim da Junta Distrital de Lisboa, nº LVII - LVIII- II série, 1962, pg. 9.
[34] João Baptista de Castro, Mappa de Portugal, ob.cit., Tomo Terceiro, pg. 450.
[35] Guia de Portugal, ob.cit., vol. I pg. 459.

O remanescente do recheio daquela casa encontra-se hoje exposto no Museu que, além da Capela, e de uma magnífica Arca dos Santos Óleos, tem pratas, cerâmica, mobiliário (com um pequeno núcleo de peças indo-portuguesas) e um notável tapete de arraiolos.

E) PAÇOS DE LAMEGO

Em Lamego, é hoje também Museu, os antigos paços episcopais, com importante recheio sumptuário dos prelados daquela diocese, de entre os quais se destaca um núcleo de 6 tapeçarias quinhentistas flamengas[36]. A Música constitui uma interessante representação iconográfica de todos os instrumentos musicais da época. O Templo de Latona e uma série de quatro sobre a História de Édipo, completam o conjunto das tapeçarias dos Paços de Lamego, o mais importante dos museus portugueses.

Gomis, salvas, bules e outras alfaias compunham o recheio do paço.

Fazem ainda parte das colecções uma série de 5 pinturas de Grão Vasco, as restantes, dos vinte painéis da Capela-Mor da Sé.

Este núcleo tem o seu paralelo em Évora e Viseu cujos painéis se encontram actualmente, como importante secção de pintura, dos Museus de Évora e Grão Vasco.

Estes três núcleos de pintura, actualmente objeto museológico foram realizados no século XVI durante a grande campanha de reforma das primitivas Sés e construção das novas Catedrais (Leiria, Portalegre e Miranda). Esta reforma atingia também o interior dos templos, através de revestimento azulejar, pintura mural, pintura de retábulos e decoração escultórica.

Os retábulos de Leiria, Portalegre e Miranda encontram-se no seu lugar de origem, podendo tanto estes, como os das Sés atrás referidas, considerarem-se desde a sua realização, colecção de pintura religiosa por serem constituídos por séries. O mesmo aconteceu igualmente na Sé do

---

[36] Abel Montenegro Flórido, Tapeçarias Flamengas do Museu de Lamego, Lamego, Museu de Lamego,1974, s.p.

Funchal e posteriormente na Sé de Angra cujos núcleos se mantêm no local para que foram destinados[37].

Pela mesma razão se podem considerar colecções de pintura as realizadas por Jorge Afonso para o retábulo da Madre de Deus e que aí se encontram e as 14 do Convento de Jesus, em Setúbal, que hoje fazem parte das colecções do Museu da Cidade. Ainda as 6 tábuas de Gregório Lopes, núcleo remanescente do primeiro retábulo da Igreja de S. João Baptista, Matriz de Tomar, estão expostos ao longo das naves laterais do templo.

Estes núcleos de pintura foram retirados durante os séculos XVII e XVIII com a introdução dos novos retábulos de talha dourada e/ou pela reformulação das cabeceiras, como nas Sés de Lisboa e do Porto, cujas primitivas tábuas são, de controversa autoria, quando não de polémica localização, como acontece com os chamados Painéis de S. Vicente. Muitos outros exemplos se poderiam dar de pequenas colecções de pintura religiosa realizadas, por encomenda, e submetidas a um tema, que era a vida do Santo Patrono do altar, da Virgem ou de Passos da vida de Cristo.

Na estatuária, por idêntico processo, realizaram-se pequenos núcleos como o Apostolado de Hodart, encomendado pelos Conegos Regrantes de Sto. Agostinho para Santa Cruz, e que hoje fazem parte da mais importante coleção de escultura quinhentista existente no país, no Museu Nacional de Machado de Castro. No entanto, colecções de escultura ou baixos-relevos encontram-se ainda adossadas em retábulos, altares ou portais, como o da capela-mor da Sé Velha de Coimbra, de madeira, e o da Porta Especiosa da mesma Sé, da autoria de João de Ruão. A mesa de altar da Igreja de Nossa Senhora da Luz, em Lisboa[38], de discutível atribuição, a Jerónimo de Ruão, ou ainda o retábulo do altar-mor da Sé da Guarda, atribuído a João de Ruão, podem considerar-se ainda pequenas colecções de baixos-relevos. O retábulo de Azeitão, fragmentado, após o terramoto, e que hoje se encontra

---

[37] Francisco Ernesto de Oliveira Martins, Subsídios para o Inventário Artístico dos Açores, Angra do Heroísmo, Secretaria Regional de Educação e Cultura,1980,pg.159 e Sgts.
[38] Pedro Dias, Importação de esculturas de Itália nos seculos XV e XVI, Porto, Editorial Paisagem, 1982, pg. 88.

disperso entre o Chafariz da Aldeia Rica, em Vila Nogueira de Azeitão, a herdade de Aiana de Baixo, em Alfarim e a Quinta de Arca, em Alferrar[39] é outro exemplo de uma pequena coleção escultórica.

Da mesma forma, o pórtico principal do Mosteiro de Santa Maria de Belém, da autoria de Nicolau Chanterene, é uma composição mista de peças de escultura, tal como o túmulo de D. Jorge de Melo, do Convento da Conceição em Portalegre.

Na mesma linha de pensamento podem considerar-se pequenas colecções ou núcleos de pintura os existentes nos cadeirais.

Do século XVI, subsistem o manuelino de Santa Cruz de Coimbra, com pequenas peças de escultura, o dos Jerónimos, e o de Funchal com colecções de pintura e baixos-relevos. O cadeiral manuelino da Sé de Braga, posteriormente transformado, tem uma série de retratos dos Arcebispos Primazes até D. Diogo de Sousa que o mandou construir, incluindo-se esta obra na grande reforma quinhentista da Sé, mandada executar por este Prelado. Este cadeiral, substituído por outro, barroco, está hoje no coro alto da Igreja de S. Francisco dos Capuchos, anexa à Basílica de S. Frutuoso de Montelios, degradado e transformado.

Os cadeirais dos séculos XVII e XVIII, na sua progressiva forma decorativa, vão dando lugar à execução de excelente trabalho de talha e à constituição de pequenos núcleos de pintura (como o do Mosteiro de Santa Maria em Semide, Coimbra) e de escultura (como o de S. Bento da Vitória no Porto, com 30 quadros, em alto relevo, representando cenas da vida de S. Bento).

Pela mesma ordem de ideias se considerou pequena coleção de pintura, ou melhor galeria, o atrás citado conjunto da Sala Capitular da Sé do Porto. O revestimento azulejar ou por tapeçaria não permitia que se pendurassem pinturas nas paredes. Assim, o tecto foi o local escolhido para a colocação das mesmas. Os tectos de alfarge da Matriz de Caminha ou da Sé do Funchal denotam esta preocupação decorativa. Nos Paços

---

[39] Rafael Moreira, Três baixos-relevos maneiristas de Azeitão, Separata do Boletim da Academia Nacional de Belas Artes.

de Sintra aparecem simultaneamente tectos de alfarge, luso-mouriscos e séries de pintura: os Brazões, os Cisnes, as Pegas. Estas últimas não são, aliás, obra quinhentista visto que já vem referidas no Livro dos Conselhos de El-Rei D. Duarte[40].

F) PAÇOS DE VISEU E GUARDA

O Paço Episcopal de Viseu, ou Paço dos 3 escalões, primitivamente mandado construir para Seminário Maior, é hoje o Museu de Grão Vasco, onde estão reunidas não só as 14 tábuas do primitivo altar-mor da Sé, da autoria de Grão Vasco, como 4 monumentais obras, S. Pedro, Baptismo de Cristo, S. Sebastião e o Calvário que pertenciam às capelas laterais da Catedral. O recheio do paço está dividido entre o Museu e o Tesouro da Sé.

D. Francisco de Almeida Mascarenhas, Arcediago da Sé de Viseu possuiu coleção de numismática que vem citada por D. António Caetano de Sousa e Leite de Vasconcelos[41].

Dos Paços da Guarda nada resta, estando hoje este edifício distribuído por várias instituições, entre as quais o Museu Regional da Guarda, onde se iniciaram obras, bem necessárias, de remodelação e modernização.

Há no entanto notícia das colecções de armaria do prelado que, em 1513, "se concertou com um armeiro de Coimbra para a recuperação e limpeza de armas de guerra, pertencentes à Mitra, por treze mil e oitocentos reaes, um moio de trigo, uma pipa de vinho e dois alqueires de azeite"[42].

G) PAÇOS DE CASTELO BRANCO E LEIRIA

O Paço de Castelo Branco, antiga residência de inverno dos Bispos da Guarda e, posteriormente mansão dos prelados da nova diocese, deve-

---

[40] Livro dos Conselhos de El-Rei D. Duarte (Livro da Cartuxa). Introdução de A. H. de Oliveira Marques e João José Alves Dias, Lisboa, Estampa, 1982, pg. 166.
[41] Leite de Vasconcelos, Da Numismática em Portugal, ob.cit., pg. 176.
[42] A. de Sousa e Silva Costa Lobo, ob.cit., pg. 384.

se a sucessivas reformulações, das quais, a última (1725) é de D. João de Mendonça. Este Bispo mandou executar o Jardim, à italiana, com séries escultóricas dos Reis e dos Apóstolos, com suas respectivas tabelas, entre jogos de água, sendo por este motivo, também designado o conjunto, por Jardim Alagado[43].

No Paço está hoje instalado o Museu de Francisco Tavares Proença Júnior, contendo parte do riquíssimo recheio desta casa das quais subsistem, 6 pinturas religiosas, entre as quais um Santo António atribuído por Reynaldo dos Santos, a Francisco Henriques, uma galeria de 12 retratos, 2 esculturas, 8 peças de mobiliário, 2 peças de cerâmica e 4 tapeçarias quinhentistas flamengas (atribuição de D. Maria José de Mendonça). Estas peças deveriam pertencer a séries, dados os temas que representam: História de Lot, Episódio da História de Roma, Ciro liberta os Hebreus e outro episódio da História de Roma[44].

Dos Paços episcopais de Leiria, hoje transformados em quartel e albergue de "retornados", subsistem no mal instalado Museu de Leiria, algumas peças, entre as quais, uma saborosa cama galante, cadeiras, um fragmento de tapete persa, alguns vidros da Marinha Grande, faianças raras do Juncal, e um tríptico de qualidade, representando o Calvário.

H) PAÇO DE COIMBRA

O paço dos Arcebispos - Bispos - Condes de Coimbra é, ainda hoje, depois de várias e sucessivas transformações e sob o ponto de vista arquitetónico, o mais belo museu do país.

Erguido no Século XII, sob criptopórtico romano, tem vestígio de arquitetura luso-mourisca, galeria renascentista do prelado D. Afonso de Castelo Branco (1592), alterações setecentistas e atuais que compõem um equilibrado e harmónico conjunto, onde está instalado o Museu Nacional de Machado de Castro. Aqui se encontram poucas peças das coleções

---

[43] Guia de Portugal, ob.cit., vol. III, pg. 663 e Sgts.
[44] Inventário do Museu de Francisco Tavares Proença Junior, amavelmente cedido pelo director do Museu, Dr. António Salvado.

sumptuárias dos paços, mas duas berlindas e uma liteira, uma fraca galeria de retratos dos prelados de Coimbra e a capela do paço, empobrecida.

Fazem ainda parte das coleções do museu, uma série de treze cadeiras, forradas de tapeçarias de Beauvais, com representações de fábulas de La Fontaine, provenientes dos Paços de Leiria[45].

I) OUTROS PAÇOS

Os paços episcopais de Faro tinham, pelo menos valiosa livraria de D. Jerónimo Osório, que foi totalmente saqueada pelos ingleses, em 1596. Do século XVI, subsiste uma naveta de prata lavrada e dourada sobre concha de madre pérola.

Nos paços episcopais do Funchal está hoje instalado o Museu de Arte Sacra que conserva parte do recheio da Mitra. Ali se encontra uma galeria de retratos da diocese abrangendo um largo período de quatro séculos[46].

Das colecções da Angra do Heroísmo é interessante a de escultura dos chamados Mestres da Sé, a ourivesaria civil e religiosa[47], sobretudo o altar e respetivos castiçais de prata[48] e ainda diverso mobiliário de cedro, de jacarandá e miniaturas de sândalo[49].

2. CONVENTOS E MOSTEIROS

Na impossibilidade de fazer uma exaustiva recolha das coleções de todos os mosteiros do país focam-se alguns, por variedade ou importância dos seus núcleos de objetos ou coleções sumptuárias.

---

[45] Guia de Portugal, ob.cit., pg. 263.
[46] Fernando Augusto da Silva, Sé Catedral do Funchal, ob.cit., pg. 52 e 53.
[47] Francisco Ernesto de O. Martins, os Mestres da Sé de Angra e da Escultura Espanhola nos Açores, Separata do volume XL do "Boletim do Instituto Histórico da Ilha Terceira, Gráfica Maiadouro, Novembro-1982, pg. 442.
[48] Francisco Ernesto de Oliveira Martins Subsidias para o Inventário Artístico dos Açores, Angra do Heroismo, Direção Regional dos assuntos Culturais,1980 pg. 147.
[49] Francisco Ernesto de Oliveira Martins, Mobiliário Açoriano, Elementos para o seu estudo, Região Antónoma dos Açores, Direcção Geral dos assuntos Culturais, 1981, pg. 199.

A) MOSTEIRO DE SANTA CRUZ DE COIMBRA

Em Coimbra, onde quase todas as ordens religiosas tinham os seus conventos para albergarem os noviços e estudantes da única universidade do país, foi fundado, nos princípios da nacionalidade o Mosteiro de Santa Cruz, duplice do primitivo Mosteiro de S. Vicente de Fora, criado por D. Afonso Henriques, para os cónegos Regrantes de Sto. Agostinho.

Nos Crúzios viu em 1669, Cosme de Médicis o tesouro "che non è gran cosa", e uma galeria de retratos dos "Re di Portugalo di grandezza al naturalle con ornamenti dorati, intorno le mura"[50].

Grande parte das colecções deste Mosteiro foram recolhidas por Alexandre Herculano, nomeado a 17 de Julho de 1833, 2º bibliotecário da Biblioteca Municipal do Porto. Nessa qualidade e com um representante do récem criado Museu Portuense, e imediatamente à extinção das ordens religiosas, que desde 1832 (conventos dos Açores), até 1834 se vinham por decreto a suprimir, Alexandre Herculano e o guarda do museu, Francisco Pedro de Oliveira e Sousa, fazem uma vi agem a Coimbra, onde além dos livros e manuscritos de Santa Cruz, carregam para o Porto, a espada de D. Afonso Henriques, 79 pinturas a Óleo sobre cobre, inventariadas por assuntos, e sem indicação de autores, muitos objectos, alfaias e uma preciosa colecção de esmaltes de Limoges[51].

Estas colecções peregrinaram até à Academia Real da Marinha e Comércio, da cidade do Porto, daí para o Museu Portuense ou Atheneu, instalado no extinto convento da Sto. António dos Capuchos e finalmente para o palácio das Carrancas daquela cidade, onde em 1940, pousaram definitivamente no Museu Nacional de Soares dos Reis.

Se bem que a atitude de Alexandre Herculano e do criador do Museu Portuense, João Baptista Ribeiro, mestre da Academia do Porto, tenha sido de exaltado patriotismo, para evitar estragos revolucionários,

---

[50] Viage de Cosme de Médicis por espana y Portugal (1668 -1669). ob.cit., pg. 317.
[51] Rocha Madahil, Inventário do Mosteiro de Santa Cruz de Coimbra, à data da sua extinsão em 1834, ob.cit., pg. 518 e Sgts.

posteriores à extinção das ordens religiosas, a verdade é que, por sucessivas mudanças, muitas das peças dos crúzios se perderam.

B) COLEGIADA DE NOSSA SENHORA DA OLIVEIRA

A Colegiada de N. S. da Oliveira de Guimarães é hoje o Museu de Alberto Sampaio, onde se guardam além dos tesouros referidos no respectivo capítulo, e as peças oferecidas por D. João I à colegiada: o loudel e o altar de prata recolhido na batalha de Aljubarrota, um pequeno núcleo de pintura que pertenceu à colegiada, assinado por Antônio Vaz.

Aqui se recolheram igualmente algumas pinturas do Convento da Costa, onde Frei Carlos foi monge[52], e onde certamente terá executado mais obras do que aquelas que aqui são conhecidas: S. Vicente, S. Martinho e S. Sebastião.

C) REAL ABADIA DE SANTA MARIA DE ALCOBAÇA

O Mosteiro de Alcobaça possuiu a mais famosa botida medieval[53]. Os monges fabricaram mezinhas com receitas conventuais, para o que era necessário o respectivo horto de plantas medicinais[54]. A prática farmacopeica deu origem não só à realização de literatura teórica, como à criação de hortos (pequenas colecções de ervas medicinais), algumas vezes à constituição de herbários, como se verá adiante. D. Duarte, no Leal Conselheiro escrevera já sobre os "remedios" contra os males[55], bem como no Livro da Cartuxa, o modo de se fazerem "pirolas comuns" e a "receita contra a peste"[56]. Valentim Fernandes no Reportorio dos Tempos

---

[52] Maria João Vasconcelos, António Vaz e Outros Pintores da sua época em Guimarães, Guimarães, Museu de Alberto Sampaio,1982, pg. 10.
[53] A. H. Oliveira Marques, A Sociedade Medieval Portuguesa Lisboa, Sá da Costa, 1971, pg. 102.
[54] A existência de hortos nas cercas privadas dos conventos ou no próprio Claustro, onde se cultivam ervas medicinais, estava ligada a um certo exotenismo, de que é testemunha, ainda hoje, a decoração grotesta e fantástica do horto do Convento de Stº António dos Capuchos, da Piedade, em Vila Viçosa, pg. 256.
[55] Don Eduardo, Leal Conselheiro, Lisboa, Livraria Bertrand, 1942, pg. 73. Capitullo XX. Dos cazos por que se acrescenta o ssentido do humor menenzorico, e dos remedias contra elles".
[56] Livro dos Conselhos de El-Rei D. Duarte, (Livro da Cartuxa), introdução de A. H. Oliveira Marques e João José Alves Dias, Lisboa, Estampa, 1982, pg. 272 e 278.

indicava, com o auxílio de gravuras, o modo de aplicar ventosas e para que males ...

Estas actividades medicinais constituíam coms os seus apetrechos um pequeno núcleo de objetos pré-científicos que os conventos em maior ou menor dimensão reuniam.

Murphy descreve os ciprestes do claustro do Mosteiro de Alcobaça, aparados de modo a recrearem figuras humanas, umas a rezar, outras a jogar a bola, e comenta: "this species of sculpture, though hitherto not classed among the branches of fine arts, aproaches the nearest Nature, perhaps, of any other ... "[57]

Esta série de esculturas arbóreas eram complementadas por uma outra de barro, dos soberanos de Portugal que Murphy não apreciou[58]. Dos barristas de Alcobaça são ainda a morte de S. Bernardo e os bustos da sala-relicário que anteriormente se referiu[59].

Murphy descreve ainda as colecções de pintura: no hospital e nas antecâmaras, uma galeria de retratos dos Papas e de Cardeais, muito bem executados por um português chamado Vasques, entre os quais nos últimos reconheceu S. Thomas de Canterbury. A este núcleo pertencia também uma boa pintura da história de Salomão[60]. Nos quartos do Estado refere ainda Murphy, a existência de uma fraca colecçao de pinturas dos soberanos onde há uma pintada por uma senhora chamada Josepha (certamente Josefa de Óbidos) que vai ia toda a colecção[61].

Além de descrever o célebre calix de Alcobaça[62], Murphy declara ter visto ali, na capela dos noviços a melhor colecção de pintura do reino: "one was a small figure of a Madona supposed to be painted by Titien: it is certainly on his manner; the colouring is exquisite, and though thinly laid on, the effect is grand and forcible, from the artful manner in

---

[57] James Murphy, Travels in Portugal, ob.cit., pg. 98.
[58] Ob.cit., pg. 96.
[59] A morte de S. Bernardo tem réplica na Morte de S. Francisco realizada em barro, no Convento da Piedade dos Capuchos, em Vila Viçosa.
[60] James Murphy, ob.cit., pg. 94.
[61] Ob.cit., pg. 95.
[62] Ob.cit., pg. 102.

which the different tints are contrasted"[63]. Embora seja a única pintura descrita, Murphy diz que pelo facto de não serem admitidos estranhos, nos apartamentos dos noviços, ele, se não fora o privilégio, "would have taken a catalogue of this valuable collection"[64].

Muito embora possa haver inexactidões e eventuais exageros de Murphy, parece todavia lícito concluir que seria notável a coleção de pintura da Real Abadia de Alcobaça.

William Beckford refere-se ao recheio sumptuário: mobiliário, tapetes persas e "soberbos gomis, bacias e jarros de prata lavrada"[65].

Depradadas pelas tropas francesas que, igualmente mutilaram os túmulos de D. Pedro e D. Inês, as colecções do Mosteiro abrangiam ainda a numismática, bem como algumas antiqualhas. "Não era grande colecção, mas provavelmente estas peças: (50 2 medalhas, 25 moedas estrangeiras e 23 moedas portuguesas), eram de ouro, ou de ouro e prata, e não se contariam as de cobre."[66]

D) MOSTEIRO DE SANTA MARIA DA VITÓRIA

O Mosteiro da Batalha tem ainda das suas colecções, importantes vitrais no claustro e na capela-mor: "Os quadros transparentes das janelas da Batalha, tão essenciais ao edifício, como meio de modificar convenientemente a claridade, se achavam grandemente mutilados desde o tempo dos dominicanos" testemunha Mouzinho de Albuquerque, restaurador da Batalha e director das obras públicas da divisão do Centro, a partir de 1840[67].

A estatuária do portal por se encontrar em mau estado foi substituída por cópias. Mouzinho de Albuquerque tinha bem consciência do seu trabalho: "A introdução de uma invenção do século 19, na restauração de

---

[63] Ob.cit., pg. 96.
[64] Ibidem.
[65] Guia de Portugal, vol. II ob.cit., pg. 614.
[66] J. Leite de Vasconcelos, Da Numismática em Portugal, ob.cit., pg. 191.
[67] Luis da Silva Mouzinho de Albuquerque, Memória Inédita acerca do Edifício Monumental da Batalha, Leiria, Typografhia Leiriense, 1854, pg. 30.

um monumento perfeitamente caracterizado do décimo quinto século, seria uma injúria à razão e ao gosto, e um anachronismo imperdoável"[68].

A primitiva escultura do pórtico, um Apostolado, que se supunha perdido, foi recentemente exposta pelo Museu de Santa Maria da Batalha, sob o titulo Escultura do Século XV. A restante estatuária tumular, da Capela do Fundador, alguma danificada e com pastiches do séc. XIX, encontra-se nos seus lugares de origem.

Das colecções de pintura, sabe-se que havia, pelo menos tábuas quinhentistas, das quais a remanescente uma série, e que representa o Infante, está hoje no Museu Nacional de Arte Antiga[69].

À Capela do Fundador atribuiu Almada Negreiros a controversa localização dos Painéis, ditos de Nuno Gonçalves, e de outras tábuas conhecidas das Janelas Verdes, de que o Ecce Homo, seria o painel central[70]. Todavia existiram outras colecções de pintura flamenga, das quais Domingos Antônio Sequeira desenhou uma, que se encontra em album deste artista, no Museu Nacional de Arte Antiga.

Das tapeçarias da Batalha existe a descrição, nas exéquias de D. João II, mandadas colocar por D. Manuel, no altar "huas cortinas, e frontal de pano douro muyto rico, e mandou armar toda a Capella de panos de raz, e possuem na dita Capella a cota darmas e o seu escudo e elmo, e a lança, e a espada, que estiveram na Missa da Capella mor com a bandeira das armas reaes, que sobre a hessa staua no Cruzeiro, e a Cruz douro sobre o Santo Corpo ... "[71]

As tropas francesas saquearam o Mosteiro em 1810. No ano seguinte, um incêndio destruiu parte do recheio, que Frei Luís de Sousa, aí residente, descrevera na História de S. Domingos, pelo que pouco mais resta que nada das antigas colecções do Mosteiro.

---

[68] Ob.cit., pg. 26.
[69] José Augusto França, O Retrato da Arte Portuguesa, Lisboa, Livros Horizonte,1987, pg. 14.
[70] Lima de Freitas, Almada e o 11 Número, Lisboa, Arcádia,1977, pg. 170.
[71] Garcia de Resende, Cronica de D. João II, Miscelânea, Lisboa, Imprensa Nacional-Casa da Moeda,1973, pg. 296.

E) CONVENTO DE CRISTO

O Convento de Cristo, em Tomar, é por edificações sucessivas, verdadeiro repositório da história de arte em Portugal: do castelo dos templários à residência do Marquês de Tomar (antigo Convento). Os paços do Infante D. Henrique, sete claustros, duas Igrejas, o convento e o aqueduto compõem uma vastidão arquitectónica, que contém ainda a emblemática Charola e a Célebre Janela de Tomar.

Subsiste na charola, pintura quinhentista de Domingos Vieira Serrão e Simão de Abreu[72], que juntos aqui trabalharam, sendo de difícil atribuição a obra de cada um.

Das colecções de pintura estão no Museu Nacional de Arte Antiga, três: S. Sebastião, N.S. e Anjos num Jardim. Desta série encontra-se ainda no local (MNAA), uma tábua representando Santo António.

Conhece-se, pelo menos uma série de tapeçarias existentes no convento: a da Tomada de Túnis, armada para as Cortes que Filipe I aqui convocou[73].

Cyrillo descreve doze pinturas de Grão Vasco em Tomar, que "estiveram expostos na invasão de 1811 à brutalidade dos Soldados de Massena, he de crer que pelo menos ficassem mui deteriorados"[74].

F) CONVENTO DO CARMO

Gustavo de Matos Sequeira fez uma reconstituição do Convento do Carmo, nas vésperas do terramoto, tendo-lhe integrado 8 grandes telas no altar-mor, vária estatuária, entre as quais imagens de roca, como seus vestidos doados pelo Cardeal da Mota, por senhoras da aristocracia e ainda por D. João V, cofres com jóias legadas e um "duplo Santuário monumental mandado executar pelo Provincial Frei João Baptista

---

[72] Adriano de Gusmão, As pinturas murais da Charola de Thomar, Tomar, Separata dos Anais da União dos Amigos dos Monumentos da Ordem de Cristo, vol. III, 1955, pg.6 (70) ob.cit., pg. 3
[73] Guia de Portugal, ob.cit., vol. II, pg. 482.
[74] Cyrillo Volkar Machado, Collecção de Memórias, Lisboa, Imp. de Victorino rodrigues da Silva, 1823 pg. 41.

Rufino, em 1670[75]. Deste santuário de relíquias se falou no capítulo dos tesouros, o qual embora mais rico, deveria ser sensivelmente idêntico ao de Alcobaça.

Ricas alfaias litúrgicas formavam ainda parte das colecções sacras, entre as quais uma cruz e sete castiçais, desenhados por Ludovice, o arquitecto de Mafra[76].

G) MOSTEIRO DE SANTA MARIA DE BELÉM

Além da escultura já referida e do tesouro, citado no respectivo capítulo, possuía o Mosteiro dos Jerónimos, uma galeria de retratos régios, que se encontrava exposta na Sala dos Reis. Desta coleção conhecem-se, pelo menos três fases. A primeira formada por cópias, em meios corpos, representava os reis até D. João III. A segunda, de autor ou autores desconhecidos, e a terceira, da paleta de Henrique Ferreira, que pintara alguns dos retratos até D. João VI[77]. Esta galeria, à extinção das ordens religiosas transitou para a Casa Pia, que aqui se instalou, depois de ter utilizado precárias instalações no Castelo de S. Jorge.

H) CASAS JESUITAS

Após a expulsão dos jesuítas, a Igreja de S. Roque e as suas dependências foram afetas à Misericórdia de Lisboa, que aí instalou, já neste século, o atual museu, sob a designação de Museu do Tesouro da Capela de S. João Baptista, pela excepcional qualidade e riqueza das alfaias litúrgicas, ourivesaria e paramentaria que tinham sido encomendadas em Itália, por D. João V, juntamente com a referida capela[78].

Às coleções de pintura da Igreja de S. Roque pertenciam dois retratos de D. João III e de D. Catarina, atribuídos a Gregório Lopes, podendo de

---

[75] Gustavo de Matos Sequeira, O Carmo e a Trindade, vol II, Lisboa, Publicação da Câmara Municipal de Lisboa, 19 39, Cap. XVIII, pg. 335.
[76] Ob.cit., pg. 335.
[77] Armando de Lucena, A Arte Sacra em Portugal, ob.cit., 201 e Sgts.
[78] Jorge Cid, S. Roque e o seu Museu, Lisboa.

uma maneira geral considerar-se esta igreja, como um "museu", de artes decorativas, da talha ao azulejo, à ourivesaria e aos mosaicos e mármores da famosa capela de D. João V.

A considerável livraria dos jesuítas transita, em parte, para a Biblioteca da Ajuda, instituída pelo Marquês, havendo ainda notícia da existência de medalheiros e colecções de História natural no Colégio de Santo Antão, dos jesuítas, atual Hospital de S. José[79].

Cosme de Médicis hospeda-se no Colégio dos jesuítas, no Porto, cujos quartos tinham: "tutte parette con tappeti, drappi di seta"[80]. Não é necessário que estas tapeçarias fossem da Companhia de Jesus, pois era costume emprestar armações e até alugá-las, quando necessário.

I) OUTRAS COLECÇÕES DA IGREJA

Ainda, na viagem de Cosme de Médicis, são descritas várias preciosidades da Igreja de N. S. da Penha de França, como "Una cassa di cristalli tramezzata d'ebano ornata d'argento (che dicono venuta dall'Indie)"[81].

Jerónimo Munzer fala de curiosas peças colocadas nas Igrejas. Em Évora, à porta da Igreja de S. Braz vê parte de uma pele de serpente, trazida da Guiné[82]. Deveria ser costume trazer para as igrejas estes troféus, quiçá exvotos, por perigos passados, pois o mesmo Munzer refere que, em Lisboa, no Mosteiro dos Menores "vimos um corpulento cocodrilo colgado en el coro y un arbol de grandes dimensiones lhamado drágon, por causa de su savies de color bermejo. Otros tres iguales hay en el monasterio de San Augustin"[83].

De visita a Santa Maria da Luz revela-nos um interessante núcleo, percusor dos museus de história natural e etnografia, "Alli vimos un pico de pelícan muy semejante al del onocrótalo, aunque no tan ancho. Estas

---
[79] I-de Vilhena Barbosa, Museus, ob.cit., pg. 30.
[80] Viage de Cosme de Medicis, ob.cit., pg. 332.
[81] Ob.cit., pg. 269.
[82] J. Garcia Mercadal, ob.cit., pg. 376.
[83] Ob.cit., pg. 378.

aves, de las que hay muchas en Guinea, tienen una amplia bolsa junto al estômago; su tamano es menor que el de cisne y mayor que el del ánsar, y sus plumas cenicientas. Vimos canãs de essas que las tempestades arrojan a la orilha del mar procedentes de las islas de Madera y Fayal; una de ellas media dieciséis pãlmos de longitud, era del grueso de mi muñeca y los internodios, del largo de un codo. Plínio habla de las dimensiones de las canas en el libro sexto. Vimos ademâs, unas pequenas lanzas hechas de caña, con punta agudíssima que los etiopes lhaman azagayas; arcos y ballestas, también de caña; puntas de hierro para flechas; un cocodrilo pequeno, y en fin, varias ejemplares de una espina, dura como el hueso, enforma de sierra, de la que, a modo de pico, está provisto un enorme pez y con la que pude aserrar la madera de los barcos; dos de estas espinas median un palmo de ancho por dos codos de largo y su dureza era extraordinária". Termina com uma visita ao castelo "donde nos mostraron dos bravos leones, los más hermosos que jamâs he visto, y un mapa del mundo, muy minucioso, de catorze palmos de diametro, pintado sobre una tabla dourada"[84].

Valentim Fernandes dá notícia de semelhante costume através da "oferta de uma imagem esculpida e uma pele de crocodilo à Capela do Sangue de Cristo de Bruges, por um tal Jean Draba"[85].

A Basílica da Estrela edificada, por voto de D. Maria I, pelo nascimento de seu filho D. José tem, tanto no nartex, como na própria igreja, estatuária, na linha da escola mafrense. No interior e na Capela dos Passos existem numerosos painéis de pintura, de temática religiosa da autoria de Batoni e das duas filhas artistas de D. José, D. Maria Benedita e D. Maria Ana[86].

Houve, ainda, dos Conegos Regrantes de Sto. Agostinho, em S. Vicente de Fora uma coleção de história natural, como no Convento dos Oratorianos e oferecido por D. João V, um gabinete de Física, incluindo

---

[84] Ob.cit., pg. 378 e 379.
[85] Ernesto Veiga de Oliveira, Apontamentos sobre Museologia, Museus Etnológicos, Lisboa, Junta de Investigação do Ultramar, 1971, pg. 23 e 24.
[86] Armando de Lucena, ob.cit., pg. 202.

os respectivos instrumentos e uma coleção de história natural[87]. Da importância desta Ordem no desenvolvimento dos estudos de Física Experimental, no país, se falará no último capítulo.

Por morte do Mestre de Aviz, D. Martim de Avelar, realizou-se o inventário daquela Ordem Militar, incluindo móveis de casa, armaduras de guerra, coudelaria e móveis e ornamentos da Igreja[88].

D. Domingos de Pinho Brandão publicou a descrição das colecções de pintura e escultura dos Paços do Balio e das Capelas da Baliagem, do Mosteiro de Leça[89].

As coleções dos Agostinhos, em Mafra, já foram referidas.

J) CONVENTO DE NOSSA SENHORA DE JESUS

O Convento de Jesus teve, no século XVIII, dois notáveis colecionadores: Cenáculo e Mayne. Ao primeiro, homem profundamente versátil, cultural e cientificamente se deve a criação do primeiro núcleo de peças, no Convento de Jesus, de que se não tem conhecimento seguro, nem da extensão, nem da variedade. Cenáculo (1724-1814) reunira no convento uma coleção epigráfica, referida por J. Marcadé, no seu exemplar trabalho sobre este prelado[90].

A renovação do pensamento filosófico do século XVIII, em Portugal, foi obra dos oratorianos: Cenáculo admirava sobretudo Fr. Pedro José Esteves que, no domínio da Filosofia Natural, utilizava instrumentos para fazer demonstrações, não hesitando em refazer as que já tinham sido descritas, servindo-se para isso do Gabinete de Física, atrás citado[91], e oferecido, com a grandeza e a dimenção do Magnânimo. No domínio

---

[87] I. de Vilhena Barbosa, Os Museus ... ob.cit., pg. 30.
[88] Pedro A. de Azevedo, Um inventário do séc. XIV, Lisboa, Imprensa Nacional, 1902, pg. 4 e segts.
[89] D. de Pinho Brandão, A Igreja do Mosteiro de Leça, os Paços do Balio e as Capelas da Baliagem, numa descrição de 1734. Separata do Boletim da Biblioteca Pública Municipal de Matozinhos, nº 11, Agosto, 1964.
[90] J. Marcadé, Frei Manuel do Cenáculo Vilas-Boas, Evêque de Beja, Archevêque d'Évora (1770-1814), Paris, Centro Cultural Português, Fundação Calouste Gulbenkian, 1978, pg. 242. nota 282 Emil Hubner referece-lhe, igualmente, nas Notícias Arqueológicas, Introdução, pg. 6.
[91] Ob.cit., pg. 13.

desta matéria não há a certeza de Cenáculo ter tido idêntico gabinete na Congregação da Ordem Terceira Regular da Penitência, de que foi Provincial, a partir de 1768.

De muitos outros cargos foi empossado, como o de Inspector das Igrejas e dos Benefícios das Ordens Militares, Capelão-Mor das Armadas Reais, (1764), Cronista da Ordem (1757), Definidor Geral da mesma Ordem para a Península (1770), e Bispo de Beja, em 1770. Como prelado desta diocese, de que só tomará conta depois da queda de Pombal, se falará, no capítulo final[92].

Constituiu, ainda Cenáculo, a Biblioteca de Jesus, atual Sala dos Atos da Academia das Ciências, com livros seus, e prontificando-se a dar mais 3 ou 4 000 suplementares, se a livraria fosse aberta ao público[93]. Para os fundos desta biblioteca contribuíram ainda Mayne, Frei Antônio da Soledade com 1.000 livros cada um e o pároco de Oliveira de Azeméis, Manuel de Oliveira Freire, com 8.000, depois de ter decidido ingressar na ordem[94].

Cenáculo fez duas viagens ao estrangeiro, a Roma de que há manuscrito da Jornada, na Biblioteca Pública de Évora[95], e a Valença, para presidir ao Capítulo da Ordem[96]. Empreende a renovação dos estudos dos professos do Convento, tendo conseguido que a escola de Jesus se tornasse a mais célebre do país[97]. Dedica-se ao estudo das línguas orientais, ao hebraico e ao grego, à história, a história literária, à arqueologia de que reune colecções de numismática[98].

Teve ainda cargos públicos: Presidente da Real Mesa Censória (1770) e, no mesmo ano, perceptor do Infante D. José, (1761-1788), neto do rei e filho de D. Maria I. Estes dois cargos reuniam, por assim dizer a teoria e a prática de um ministro da Educação.

---

[92] Ob.cit pg. 13.
[93] Ob.cit pg. 38.
[94] Ob.cit pg. 38 e 39.
[95] Biblioteca Pública de Evora, B. P. E. CVD 1-10.
[96] J. Marcadé, ob.cit pg. 16.
[97] Ob.cit pg. 19.
[98] Ob.cit pg. 22 e sgts.

É ainda aos cuidados de bibliófilo de Cenáculo, enquanto Presidente da Mesa Censória que se deve um projecto de constituição de uma Biblioteca, com bibliotecário e guardas, datado de 1773[99]. Esta ideia não vê a luz do dia, mas a biblioteca pública progride, pois em 1774, Pombal autoriza a venda de duplos, para a aquisição de outros livros, estando a sua gestão desde 1773, confiada a Tomás José de Aquino, sob a orientação de Cenáculo. Esta biblioteca que se encontrava na Praça do Comércio e partilhava as instalações com a Junta do Subsídio Literário, torna-se autônoma, depois da extinsão da Mesa Censória, por decreto de D. Maria I de 3 de Janeiro de 1795, sob a direcção de Antônio Ribeiro dos Santos, tendo sido finalmente instituída a Real Biblioteca da Corte, a 20 de Fevereiro de 1796[100].

As actividades do Pe. Mayne (1723-1792) foram sensivelmente idênticas às de Frei Manuel do Cenáculo, de quem seguiu as peúgadas e se tornou rival.

Foi deputado ordinario à Real Mesa Censória desde 1773, e confessor de D. Pedro III, marido de D. Maria I[101].

As terríveis intrigas entre a Ajuda e Queluz vão repercutir-se entre estes dois frades. Mayne levanta acusações a Cenáculo por gastos excessivos e sonegação de bens pertencentes ao Marquês de Alorna[102]. Destas críticas conseguirá sair com dignidade e envergadura moral.

Desde 1777 a 92, a partir do momento que Cenáculo parte para Beja, Mayne organiza e acrescenta as suas colecções de numismática e história natural. A ele se deve já como Provincial da Congregação, a criação de uma Aula Pública de História Natural, o que muito contribuiu para a divulgação científica, em Lisboa, nos finais do século XVIII. O ensino aqui ministrado tinha o seu complemento nas colecções de história natural. Destas colecções transformadas posteriormente em museu se falará no último capítulo. Legou por testamento os bens necessários a instituição

---

[99] Este códice do punho de Cenáculo encontra-se entre os seus manuscritos com o seguinte número B.P.E. CXXVIIII, 2 - 5.
[100] J. Marcadé, ob.cit., pg. 312 e Sgts.
[101] Ob.cit., pg. 85.
[102] Ob.cit., pg. 85, nota 204.

desta Aula pública, que virá a ser designada por Instituto Maynense. Este instituto foi o percussor da Academia Politécnica do Porto criada no Porto em 1836, por Passos Manuel e da Escola Politécnica de Lisboa, de 1837.

L) MOSTEIRO DE GRIJÓ

O Mosteiro de Grijó, no Porto teve botica, cujo inventário foi publicado. Este inventário contém a descrição de "drogas e medicamentos", desde as plantas medicinais ainda hoje em uso, aos produtos e preparações mais estranhos, como o Óleo de minhocas, de ratos, os bofes de raposa em pó ou os olhos de caranguejo, de acordo com os mais genuínos usos da terapêutica setecentista[103].

No inventário, datado de 1770, incluem-se também a relação dos livros existentes e as alfaias pertencentes à botica: estantes, bancas, arcas, cadeiras, uma prensa com todos os pertencentes, três retortas, dez alambiques e outros objectos de vidro, uma balança, vários "grais", de pedra e mármore, e diversos instrumentos metálicos como trempes, espátulas, tesouras e uma balança romana[104].

Embora não venha expresso, possuiriam certamente os monges o inerente horto e teriam constituído herbário.

M) IGREJAS DE PEREGRINAÇÃO

Das Igrejas de Peregrinação podem considerar-se, como tendo colecções de escultura, a Igreja do Bom Jesus do Monte, em Braga, quer as do patamar, e ao ar livre, quer as das capelas, em barro, representando passos da Via Sacra.

---

[103] A. C. Correia da Silva, Inventário de uma Botica Conventural do séc. XVIII, Separata dos Avais da Farmácia do Porto, volume XXXII, Porto, 1972, pg. 16.
[104] Ob.cit., 17 e Sgts.

No Santuário de Nossa Senhora dos Remédios, em Lamego, idêntica coleção, com figuras escultóricas de vulto, no Pátio dos Reis, e sobre os pórticos do último patamar, representando figuras bíblicas.

Das colecções de ex-votos reunidas nos santuários de peregrinação, já se falou a propósito das colecções religiosas.

N) CONVENTOS FEMININOS

Constituiram-se ainda nos conventos de religiosas colecções de pintura e de arte sacra. Do trabalho freirático, nasceram ou desenvolveram-se as artes do bordado, na execução de colchas, de paramentos, e de vestidos de imagem, nas rendas para roupa de altar, nos tapetes de Arraiolos e no papel recortado, em que a doçaria era envolvida.

Algumas destas senhoras, com dotes artísticos dedicaram-se a pintar frescos nos seus conventos, de que os do convento das Chagas, em Vila Viçosa, são retalhado exemplo das múltiplas mãos e dos sucessivos ócios das monjas daquela casa.

A execução de maquinetas e miniaturas de altar, como a sua "preciosa" decoração de flores de papel, de cêra ou de "prata" e ainda o fabrico de registos, com decoradas estampas rodeadas de galões, rendinhas, flores e fitilhos, entretinham as freiras de muitos conventos do país.

Sucedâneo do brinquedo, realizaram ainda muitas monjas, enxovais completos do Menino Jesus, que por vezes eram acompanhados do respectivo mobiliário-miniatura.

O) CONVENTO DA MADRE DE DEUS

O actual Convento da Madre de Deus é uma recosntrução posterior ao terramoto, mandada executar pelo Marquês, a que lhe sucedeu outra, de D. Luís[105].

---

[105] O Claustrim construído no século XIX tem num dos capiteis a curiosa figuração de um comboio...

As relíquias de Santa Auta, oferecidas pelo Imperador Maximiliano à rainha D. Leonor foram assunto para o Mestre de Santa Auta realizar uma série de painéis que estão divididos entre a Madre de Deus e o Museu Nacional de Arte Antiga, mas que pertenciam à importante coleção de pintura desta casa religiosa.

A galeria de pintura em dois andares, sobre o silhar de azulejos na nave da igreja (encomendado na Holanda e o maior painel ali, jamais executado), representa cenas da vida de S. Francisco e de S. Clara, entre molduras de talha barroca. No arco triunfal e no Altar-mor tábuas quinhentistas. Na capela árabe, no subcoro, no ante-coro e no coro alto existem ainda numerosas pinturas emolduradas que são verdadeiras galerias de aparato. As do coro são constituídas por peças quinhentistas: o Pentecostes, a Anunciação, a Entrega dos estatutos da Ordem de Sta. Clara, os retratos de D. João III e D. Catarina, o Panorama da Palestina e outras obras do século XVIII. A galeria do ante-coro, com painéis representando Cenas da Vida de Sto. António, das quais onze são de Bento Coelho[106]. Esta sala bem pode considerar-se um pequeno "museu" de iconografia antoniana, pois foi concebida dos azulejos às molduras, das paredes ao tecto, numa perfeita integração espacial das diversas artes decorativas, por forma a constituir-se um todo homogéneo.

Tanto João Couto[107], Santos Simões, que aqui instituiu o Museu do Azulejo, e Armando de Lucena consideravam estes núcleos de arte religiosa como os grandes repositórios artísticos anteriores à criação dos museus em Portugal[108].

P) CONVENTO DE JESUS DE AVEIRO

Arouca e Aveiro formaram idênticos núcleos de arte religiosa. Pelo facto de ter havido o privilégio de, nos conventos femininos, estas

---

[106] Irisalva Moita, O Culto de Santo António na Região de Lisboa, Lisboa, Câmara Municipal de Lisboa,1981, pg. 29.
[107] João Couto, A. Rainha e os Artistas, in A Rainha D. Leonor, Lisboa, Fundação Calouste Gulbenkian, Dezembro de 1958.
[108] Armando de Lucena, ob.cit., pg. 201.

se manterem, até que a última freira morresse, o Convento de Jesus de Aveiro ultrapassou o ano de 1834, como casa religiosa. Durante o saque das tropas francesas salvaram-se muitas preciosidades que as religiosas enterraram[109].

Aqui está hoje instalado o Museu de Aveiro, com notável colecçao de texteis e imaginária sacra. A talha do convento é um dos mais interessantes conjuntos existentes no país e que documenta a história desta arte, no nosso país.

Criou-se uma Sala-Santuário em honra da Princesa Sta. Joana, filha de D. Afonso V, e que tem uma galeria de pintura representando passos da vida daquela santa, entre molduras e lambrins de talha dourada.

A avaliar pelo notável retrato da princesa, ali existente, deveria esta senhora ter boa coleção de jóias. Joaquim de Vasconcelos supõe ser "o rubi", a pedra que Sta. Joana ostenta na mão direita. Rubi, este legado em testamento, ao seu sobrinho D. Jorge, Duque de Coimbra, filho natural de D. João II[110].

Q) MOSTEIRO DE LORVÃO

Dos Conventos do Louriçal e Lorvão numerosas peças se recolheram e fazem hoje parte, do recheio do Museu Nacional de Machado de Castro.

O mosteiro do Lorvão da ordem feminina de Cister, regiamente adornado nos séculos XVII e XVIII, foi visitado em 1834, por Alexandre Herculano que ficou indignado com o deplorável estado do Convento e com a pobreza em que viviam as freiras. A 8 de Julho de 1887 falecia a última freira, em perfeito estado de indigência[111], pelo que só posteriormente, foram as peças das colecções desta casa recolhidas aos museus. As colecções tinham as urnas de Santa Tereza (1713) e de Santa

---

[109] Domingos Mauricio Gomes dos Santos S.J., O Mosteiro de Jesus de Aveiro in Estudos de História (Ultramarino e Continental), Museu, do Dundo, Companhia de Diamantes de Angola, Lisboa, Serviços Culturais Dundo-Luanda Angola, vol III, Lisboa 1963, pg. 374.
[110] Joaquim de Vasconcelos, Arte Religiosa em Portugal, volume I, Porto, Emilio Biel cª 1914-1915, fasc. Aveiro. pg. 9.
[111] Correia Borges, O Mosteiro do Lorvão, Coimbra, Epartur, 1977, pg. 23.

Sancha (1717) executadas em prata lavrada; tecidos e vestidos de imagem, algumas jóias; mobiliário como a cadeira abacial e "duas cadeiras em nogueira com pés de garras, assento e costas de couro lavrado, tendo no espaldar um cupido com o arco, e setta na mão direita e na esquerda um coração"[112]; e numerosa vidraria com "um frasco de vidro figurando a parte posterior com cabeça e azas de ave"[113].

Joaquim de Vasconcelos descreve uma caldeirinha de crystal como "primor de ourivesaria numa subtil guarnição de prata dourada, em que o artista aplicou as técnicas mais variadas: lavrou com o buril os cordões do bojo, a elegante aza, o pé e a base, cobrindo esta com pétalas filigranadas de uma grande flor. A cinta principal que guarnece o rebordo, sobressai com preciosas jóias, em parte lapidadas em parte gravadas: Algumas destas são camafeus antigos, de grande valor " ... "tem o escudo de armas que recorda o de D. Catarina de Eça que foi abadessa do célebre mosteiro no princípio do século XVI ... "[114].

A escultura e pintura da igreja completavam o conjunto das colecções do que foi o rico Mosteiro do Lorvão.

R) OUTRAS COLECÇÕES RELIGIOSAS

A Igreja de Santa Maria de Óbidos constituiu um notável agrupamento de colecções de azulejos, pintura e escultura. Além das tábuas quinhentistas do altar-mor da autoria de João da Costa, existe um pequeno núcleo executado por mãos femininas, representando cenas da vida de Sta. Catarina. Josefa d'Ayalla ou Josefa de Óbidos, natural de Sevilha, aqui trabalhou e morreu, tendo possivelmente executado ainda outros painéis das naves laterais que lhe são atribuídos[115]. As imagens dos altares e a série compósita do túmulo de D. João de Noronha, realizado

---

[112] Tomás Lima de Assunção, As Freiras do Lorvão, Coimbra, F. Amado Editor Coimbra, 1899, pg. 154.
[113] Ob.cit., pg. 155.
[114] Joaquim de Vasconcelos, ob.cit., fase. Coimbra, pg. 7.
[115] Armando de Lucena, ob.cit., pg. 234.

por Nicolau de Chanterenne compõem as restantes colecções desta igreja de Santa Maria.

S) COLECÇÕES JUDAICAS

Existe um relato sobre as colecções judaicas da sinagoga de Lisboa do século XVI.

Jerónimo Munzer, doutor em medicina, geógrafo e astrónomo, visita o nosso país, entre 1494 e 1495, referindo a sinagoga desta cidade: "el interior arreglado con extrema pulcritud, tiene una catedra o pulpito para predicar, por el estilo de las mezquitas; ardien diez enormes candelabros de cinquenta o sessenta luces cada uno, ademãs de otras muchas lámparas"[116]... A posterior expulsão dos judeus por D. Manuel veio exterminar estas colecções de que o actual Museu Luso-Hebraico de Abraão Zacuto, em Tomar, não é ainda o digno representante.

---

[116] J. Garcia Mercardal, ob.cit., pg. 377.

Capítulo V

Coleções Particulares

1 - CASA DE BRAGANÇA

À "inclita geração", entendida extensivamente, se deve a constituição das primeiras colecções artísticas e arqueológicas, antes da introdução "oficial" do humanismo em Portugal.

D. Afonso (1380-1461), bastardo de D. João I, inicia em Ceuta, em 1415, a primeira recolha de obras de arte.

D. Pedro (1429-1466), neto de D. João I, e filho do Infante das sete partidas, adquire em 1461 uma coleção numismática.

Este monetário pertencera a D. Carlos, principe de Navarra e estava guardado num cofre ou "caixó de les medalles" conforme descrito em inventário catalão, transcrito por Puiggarie Balaguer e citado por Leite de Vasconcelos[1].

A coleção era composta por: ..."Primo en lo primer calaix o taula de les dites medalles en lo qual se te un anell dor pel traurel, trobam de present cent e vint e vuyt peçes dor entre monedes e medalles de diverses formes e emprentes" ... Item en lo Segon ... en lo qual se te un anell dor semblant del prop dit, atrobam sexanta set peçes dor de diverses medalles o effigies" ...

Item en lo tercer ... qui est lo primer del argent, en lo qual se te un anell dargent en semblant loch del prop dit, atrobam cent cinquanta nou peçes entre de argent pur e ligades ab altres metalls diverses monedes de effigies, ...

Item en la quarta ... trenta tres peçes dargent de diverses emprentes o effigies ...

Item en la cinquena
cent quaranta tres peçes de argent de diverses medalles o effigies.

---

[1] José Leite de Vasconcelos, Da Numismática em Portugal, Lisboa, Arquivo da Universidade de Lisboa, vol. IX, 1923, pg. 51.

Item en la sisena ... cent e devuyt peçes dargent pero hani algumes qui no sont dargent, de diverses medalles e effigies, ...

Item ha lo dit caixo, ultra les sobredites taules o calaixos dor e dargent, quatre taules o calaixos fornits de medalles e monedes antigues de coure, ab un anell de coure en cascun calaix.

Item ha en lo dit caixo, ultra les sobredites taules o calaixos, dues taules o calaixos fornides de medalles o ymages antigues de plom, ab un anell de plom en cascu dels dits do calaixos" ...[2]

Este inventário era acompanhado do peso das peças em onças. As moedas e medalhas de ouro, prata e cobre, num total de 648, encerradas no dito cofre que era de "fust lavorad de mosia , en lo cuberton del qual son les armes darago en un scut, e en laltre les de navarra, e al devant en la tenchadura les armes darago e de sicilia, ab divisa de laços als costats, ab tres tranchadures e um anell devant de lento daurat e ab des anells de ferro als caps"[3].

Este principe, Condestável, foi tambem erudito e bi bliográfico, além de poeta, tendo reunido livraria em várias línguas.

Embora de gerações diferentes D. Afonso e D. Pedro, tinham sido educados nas leis da cavalaria tendo ambas as colecçoes sido iniciadas na sequência das suas conquistas, pois D. Pedro, tomara a defesa da Catalunha, de que foi rei e D. Afonso, a de Ceuta, acompanhando o pai e os seus meios-irmãos ao norte de Africa.

D. Afonso, bastardo de D. João I casa com D. Beatriz, única filha do condestável, D. Nuno Álvares Pereira. Este casamento que une os dois grandes heróis ao final da Idade Média, dá o tom epopaico à mais opulenta casa portuguesa, e que se vai repercutir na organização das suas colecções. É educado nos princípios da cavalaria que "he virtude misturada cõ poer paz na terra, quãdo cobiça, ou tyrania, com desejo de regnar, inquietã hos Regnos, respublicas e pessoas particullares: ho instituto, & regra da qual obriga hos caualleiros e despore de ser stados hos Reis, & pricipes, q nam

---

[2] Ob.cit., pg. 51 e 52.
[3] Ob.cit., pg. 5.

guardã justiça, & poer em seus lugares outros da mesma ordem, q ho façã be, & verdadeiramete: tãbe sam obrigados a guardare lealdade a seus Reis, senhores, & capitães, & cõselharenos bem, porq ho caualleiro q tem ha fé obrigada, & nam cumpre cõ ella he quomo home a que Deus deu rezã, & não quer usar della. Deue ser liberais,& no tepo da guerra seus bes comus ahos outros, saluo armas, & cavalos de suas pessoas, q estas se lhes infernã pera cõ ellas ganhare hõrra. Alem disto sam hos caualleiros obrigados a morrer por sua lei, a sua terra, & emparo dos desacorridos, porq assi quomo hã orde saçerdotal foi de Deos ordenada pera seu só culto divino, assi ha da cauallaria foi per elle instituida, pera se fazer justiça, & defender sua lei, & acorrer has viuuas, orphaõs, pobres, & desemparados, & hos que isto nã fezere, nã se podem chamar caualleiros"[4].

Participa activamente na conquista de Ceuta, ao lado dos seus meio-irmãos, donde traz "umas colunas de mármore que incorporou no seu palácio de Barcelos e uma mesa do mesmo material, onde Sala-bem-Sala, governador de Ceuta, tomava as suas refeições"[5]. (Segundo Montalvão Machado, arruinado o Paço de Barcelos, as remanescentes colunas estão hoje nas umbreiras do portão da Capela do Paço dos Duques de Bragança, em Guimarães.

A mesa, oferecida por D. Afonso à Igreja da Senhora da Franqueia é, ainda hoje a ara do Altar-Mor do templo[6].

A atitude de recusar espólios de guerra e preferir obras de arte, parece ter espantado D. João I, que lhe pergunta.

- Todos tomaõ esbulhos e vós, filho non?[7]

Traz ainda um "tecto de alfarge, colunas de jaspe e uma janela inteira", o que, para Pais da Silva, denota a preocupação de construir o futuro paço de Guimarães[8].

---

[4] Damião de Goes, Chronica do Principe Dom Ioam, Coimbra, Imprensa da Universidade 1905, pg. 82 e 83.
[5] J. T. Montalvão Machado, D. Afonso 89 Conde de Barcelos fundador da Casa de Bragança, Guimarães, 1963, pg. 15 Separata da revista de Guimarães. vol. LXXIII, 1963.
[6] Ob.cit., pg. 15.
[7] Ob.cit., pg. 14.
[8] Jorge H. Pais da Silva, Paço dos Duques em Guimarães, Separata de "Palácios Portugueses", 19 volume Lisboa, Secretaria de Estado da Informação e do Turismo, 1973.

Desloca-se, por duas vezes, ao estrangeiro, para levar sua meia-irmã, D. Brites, a Inglaterra, a casar com o Conde de Arundel, e à Terra Santa, com extensa comitiva, percorrendo várias cidades pelo caminho[9].

Certamente trazidas das suas viagens, possuia ainda o Duque "importante núcleo de tapeçarias sobre temas de carácter histórico e mitológico: "História de Anibal, Alexandre, Cesar Hercules, Teseu etc ..."[10].

Este núcleo foi transferido posteriormente para os Paços dos Condes de Ourém, em Lisboa e mais tarde para Vila Viçosa.

Muito provavelmente influenciado pelo que viu, D. Afonso, emprende a construção de novos paços, em Barcelos que remodela, em Chaves onde vive até morrer, em Vila Viçosa, na Alcácova, e em Guimarães, que representa o prelúdio do palácio renascentista[11].

As intrigas de corte, e o facto de ser considerado causador da batalha de Albarrubeira, com a consequente morte do Infante das Sete Partidas, têm denegrido esta figura pre-humanista que se dedica em Chaves à fundação de uma livraria e a coleccionar "objectos antigos, conseguidos no país e angariados nas suas viagens"[12].

No século XVIII, D. Antonio Caetano de Sousa refere-se a D. Afonso como "magnífico" que "fez estimação dos eruditos e grande apreço das memorias e cousas antigas. Teve livraria, que adornou de várias antiguidades e muitas trouxe quando andou fora do Reyno, tornando assi uma casa de cousas raras, a que hoje chamam Museo (s.m.)[13].

João Baptista Martins, em artigo de jornal local, intitulado, o Primeiro Museu de Chaves, crê que se deve a D. Afonso as aras, colunas e diversas pedras, com inscrições epigráficas achadas no Castelo, e na casa da Guarda, e que hoje fazem parte do Museu Regional de Chaves[14].

Assim sendo, representa este núcleo de Chaves a primeira coleção arqueológica de uma figura verdadeiramente humanista, facto que é

---

[9] J. T. Montalvão Machado, ob.cit., pg. 12 e 13.
[10] Jorge H. Pais da Silva, ob.cit., sp.
[11] A. H. de Oliveira Marques, a Sociedade Medieval Portuguesa, Lisboa, Sá da Costa, 1971, pg. 74.
[12] J. T. Montalvão, ob.cit., pg. 39.
[13] D. António Caetano de Sousa, Hist. Genealógica .... Tomo V, Livro VI, Coimbra, 1948, pg. 47.
[14] Atualmente Museu Regional de Chaves.

justificado pelo pendor literário do primeiro duque de Bragança e por no local, ter sido fácil a recolha de vestígios romanos, que ainda hoje se conservam.

D. Afonso, seu filho e marquês de Valença, compra e traz para Portugal livros e grande quantidade de objectos de arte e arqueologia, após a viagem a Itália e à Alemanha, onde leva em 1551 D. Leonor ao marido, o Imperador Frederico III[15].

Segundo Vilhena Barbosa, estas aquisições foram ditadas por "impulso próprio ou para satisfazer a recomendação paterna umas compradas por bom dinheiro, outras oferecidas por vários príncipes[16]. . Ainda segundo o mesmo autor, as peças foram transferidas para os paços de S. Christovão, e no tempo de D. Fernando 3º Duque, para Sta. Catarina.

D. Fernando é condenado à morte por D. João II, mas seu filho, D. Jaime volta ao reino, chamado por D. Manuel e fixa residência em Vila Viçosa.

D. Jaime (1479-1532) inicia a construção do Paço luso-mourisco, hoje denominado Paço Velho, em Vila Viçosa, onde se instala, com sua mulher, em 1502. É um principe humanista. Chama Diogo Sigeo para a corte ducal, onde tambem esteve Cataldo como mestre de D. Dinis, seu irmão e dos filhos[17]. D. António Caetano de Sousa refere que "D. Jaime dexou singulares peças de prata dourada, grande quantidade de prata de Mantearia e serviço de mesa; Palacio; as tapeçarias e mais ornatos preciosos e magnificos que verificão por demonstração evidente o poder e grandeza da caza" ...

A influência dos mestres, e a corte literária desta casa onde também se integravam Luisa Sigea, Publia Hortensia de Castro e Afonso Vaz

---

[15] J. de Vilhena Barbosa, Estudos históricos e Arqueológicos tomo I, Lisboa; Typographia Castro Irmão, 1874, pg. 94 e 95.
[16] J. de Vilhena Barbosa, Museus creados em Portugal até ao fim do século XVIII, in Boletim da Real Associação dos Architectos e Archeólogos, tomo IX , nº 10, 4ª série, Lisboa, 1907, pg. 27.
[17] Luis de Matos, A corte literária dos Duques de Bragança, Lisboa, Fundação da Casa de Bragança 1956, pg.17 Conferência proferida no Paço Ducal de Vila Viçosa em 15 de Outubro de 1955 1(17) D. António Caetano de Sousa, ob.cit., pg. 327.

de Caminha, alcaide da vila[18] deverá ter fortemente influenciado D. Teodósio, seu filho e futuro Duque de Bragança. Viaja por Espanha, Itália e Inglaterra até que, em 1556, se fixa em Paris, onde no Collége de Bourgogne obtém o grau de mestre em Artes em 59. Regressa a Portugal e volta a França onde em 74, recebe o título de doutor em Teologia na Universidade de Bordeus[19].

Os Duques mantinham agentes em Espanha, Veneza e no Vaticano. Sobre estas notícias e outros apontamentos redige D. Teodósio, o "Livro de muitas cousas" que infelizmente se perdeu. "No entanto na Biblioteca da Academia da História, de Madrid, existe, ainda hoje, o volume sobre política europeia e de passagem sobre história de arte que o agente de D. Jaime em Roma redigiu ao longo dos 7 anos que ali viveu". "Tratado que hũ criado do duque de braguaça escreveo para sua sñoria dalgũas notavees cousas que vio hindo para Roma, e de suas grandezas e indulgencias, e grandes acontecimẽtos que laa soceederam em espaço sete años que hi esteve"[20].

D. Teodósio foi o grande impulsionador das colecções do Paço e acalenta o sonho de aí criar uma Universidade, tendo requerido licença papal de Roma, que Pio IV concede em 13 de Julho de 1560, ideia que não se chega a concretizar[21].

No fronteiro convento dos Agostinhos cursam-se Humanidades, estudam-se os clássicos e certamente se terão interessado pelas lápides e Antiguidades reunidas por D. Teodósio: "Foi grande estimador dos monumentos de veneravel antiguidade, fazendo trazer de Terena varias Inscrições marmoreas que permanecem collocadas na porta do Mosteiro de Santo Agostinho de Villa Viçosa"[22]. As transcrições ao Deo Endovelico são transcritas por Sousa, mas Hubner refere as 113 lapides recolhidas, ao

---

[18] Sant'Anna Dionisio, Museu-Biblioteca de Vila Viçosa, Lisboa Fundação da Casa de Bragança, 1942, pg. 20.
[19] Luis de Matos, ob.cit., pg. 16.
[20] Ob.cit., pg. 20 nota 26 (Biblioteca da Academia da História, ms 12-7-2/N76, fols. 136Y227Y).
[21] Sant'Anna Dionisio, ob.cit., pg. 20.
[22] D. António Caetano de Sousa, História Genealógica, Livro VI, pg. 43 e Sgts.

todo, por D. Teodósio[23]. Das colecções deste príncipe faziam ainda parte "ricas peças da India"[24].

Os Duques interessaram-se pela cosmografia. No Paço existia um observatório astronómico pois "António Rodrigues grande oficial de fazer instrumentos astronómicos, tinha oficina em Vila Viçosa[25]. No domínio da música, tiveram sempre os melhores tangedores, mas é sobretudo a famosa "capela" de D. João IV que ficará na história. Com D. João V (1743) a capela passa a ter categoria de bispado sem diocese, sendo o último deão-bispo de 1834[26].

Para a chegada do Cardeal Alexandrino e da sua comitiva mandou o Duque D. Teodósio II aprestar "alguns quartos imperfeitos"[27]. Dentro dos paços estão pintadas muitas vitórias alcançadas pelos Duques de Bragança principalmente contra os castelhanos e no alta da escada se vê a tomada de Azamor em África tudo ornado de riquíssimos panos de Flandres[28]. Numa das salas, as tapeçarias representavam vitória ganha por Nuno Álvares Pereira.

Os aparadores, enormes, continham peças de ouro, prata e douradas. "Os vasos dourados em cincoenta e seis de feitios diferentes, uns levantados, outros lisos, além de muitas taças e de um número infinito de pratos" ... A prata é da mesma qualidade"[29].

A "Descripsão dos Passos" feita em 1633 por Figueiroa "ha a primeira casa hũa grandiozíssima salla com o tecto ocupado de varios quadros divididos por hũa corneja, que senhorea o meyo do teto, tão arteficiosa como embuçada de ouro sobre que as varias cores estão com realçada galantaria dando lustre aos bens obrados espigoens que della se suspendem".

---

[23] Emilio Hubnea., Noticias Archelogicas de Portugal, Lisboa, Typograhia da Academia Real das Ciências,1871, pq. 51.
[24] D. António Caetano de Sousa, tomo VI, Liyro VI ob.cit, pg. 48.
[25] Luis de Matos, ob.cit., pg. 24.
[26] Sant'Anna Dionisio, ob.cit, pg. 77.
[27] Alexandre Herculano, ob.cit., pg. 62.
[28] Ob.cit., pg. 63.
[29] Ob.cit., pg. 64.

"O primeiro dos quadros he o da natural efigie daquelle bellicozissimo Heroe Alcides Lusitano, honra dos Portugueses, espanto do mundo, enveja da fama o Conde estauel de Portugal Dom Nuno Alues Pereira bem fundamentado principio naõ só da Real Casa de Bragança, mas por descendencia de todas as mais illustres da christandade: & por obras do Reyno de Portugal, que elle com as valerozas suas deú a elRey Dom Joaõ o primeiro. Por sua maõ dereita se lhe vaõ seguindo ao natural retratados os outo Duques de Bragança até o Serenissimo Principe Dom Joaõ nosso Senhor, que Deos guarde".

"Defronte do Conde estauel tem principio em Gotfredo, ou Godufre de Bulhão, os nove da fama que pola outra parte vaõ rematarse nas molduras do quadro do Cõ de estauel"[30].

Assim são descritivas as primitivas 18 pinturas da sala dos Duques, que D. João V mandou substituir por 18 retratos, atribuidos por Ayres de Carvalho, a Duprà, e que se encontrem ainda no Paço Ducal.

Seguem-se a descrição dos tectos das Salas de Hercules e das Virtudes que eram o guarda-roupa e a câmera do Duque. A da Senhora Duquesa, "o tecto em branquo estava quasi embuçado de hũa tão industriosa lacaria de ouro, por entre várias carranquas, meyas figuras de Satiros, Ninphas & pequenos quadros de arvoredos, que fazia cair aos olhos em laços de curiosidade, mais intricados que os que Alexandre cortou"[31].

Sucedem-se as descrições dos panos de armar, de temas heroicos e mitológicos. Por ocasião do nascimento e baptismo dos filhos dos Duques era costume armar a série dos Planetas[32] bem como realizar o respectivo horóscopo. D. Francisco Manuel de Melo testemunha ter visto

---

[30] Epitome das Festas que se fizeram no casamento do Sereníssimo Príncipe Don Joaõ, deste nome segundo, & Octavo Duque de Bragança: com a Excellentíssima Senhora Dona Luiza de Gusmão unica filha do Duque de Medina Sydoniao, Ao Senhor D. Alexandre por DIOGO FERREIRA Figueiroa, Em Evora por Manoel Carvalho impressor da Universidade, Anno 1633, pg. 4 e sgts.
[31] Ibidem.
[32] Luis de Matos, ob.cit., pg. 66.

o de D. Teodósio II[33]. Refere-se ainda ao seu guarda-roupa com "vestidos de todos os reinos que usava conforme a Província em que entrava"[34].

Faziam ainda parte das colecções dos Braganças, as alfaias litúrgicas da Capela de que subsiste ainda hoje a Cruz do Santo Lenho, cravejada de pedras preciosas, cruz processional de prata encastoada em dente de narval e rica paramentaria e outros objetos de culto.

Na "Casa do Tisouro" havia uma "Burra ou caixão de metal onde se encerrava o dinheiro e jóias de mais valor[35]. Havia ainda duas cocheiras sendo uma "onde estavam coches e carroças de mais apreço"[36].

Além das baixelas de ouro e prata foram-se acrescentando as colecções com rica porcelana chinesa e peças orientais, muitas delas trazidas por D. Constantino de Bragança, filho de D. Jaime e vice-Rei da India. Ali foi protector de Camões e adquiriu o gosto pelas coisas indianas entre as quais o Sericá, manjar doce que, por tradição passou a ser sempre serviço no paço e, por extensão, nas casas calipolenses[37].

Apontamento do que é a requintada mesa dos Braganças que uma testemunha de 1683 descreve com: coelhos, perdizes, e perdigões, muitos lombos de porco ... manteiga de Flandres, queijos, assim de uns como de outros, muitos bons presente de Lamego e do Alentejo, todas as frutas do bardo do Roncão, vinho, azeite e vinagre ...[38]

À mesa assistia o "Físico-Mor, para pôr termo a alguma demasia no comer, para que não prejudicasse as pessoas reais"[39].

---

[33] D. Fhrancisco Manuel de Melo, D. Teodósio II, Tradução e prefácio de Augusto Casimiro, Porto, Livraria Civilização,1944 pg. 157.
[34] Ob.cit., pg. 173.
[35] António de Oliveira de Cadornega, Descrição de Vila Viçosa, introdução, proposta de leitura e notas por Heitor Gomes Teixeira, Lisboa, Imprensa-Nacional Casa da Moeda, 1982, pg. 85.
[36] Ob.cit., pg. 86.
[37] 12 ovos, 1/2 kg açúcar, 1 lit. leite, 12 colheres farinha mal cheias, canela. Batem-se as gemas com o açúcar e mistura-se o leite com a farinha 1 e uma casca de limão. Juntam-se os quatro ingredientes que se levam ao lume a engrossar. Depois de arrefecer acrescentam-se as claras em castelo, indo finalmente tudo ao forno em tijela de barro pouco funda, polvilhando a superfície com bastante canela.
[38] António de Oliveira Cadornega, ob.cit., pg. 80 e 81.
[39] Ob.cit., pg. 79.

A actual cozinha do Museu Biblioteca de Vila Viçosa com sua variedade e completa baixela de cobre, é ainda hoje testemunho das iguarias aqui servidas.

Tinham os Duques Casa do Colégio de Música com "Reitor, moços de coro e instrumentos como baixões, cornetas, fagotes e charamelas", atambores e sacabuxas[40]. Estas "máquinas de solfa" guardavam-se em "almáricos ricos" entre os jardins"[41].

Possuia ainda a casa de Bragança, coleção de armaria que no século XVI era tida como "coisa singular"[42].

Da coleção do Paço Ducal, a mais importante do país, a seguir à do Museu de Artilharia ainda subsistem belas espécies como "o pesado montante ou espadão de ambas-as-mãos do séc. XV, com os quais os duques armaram os seus soldados em África, até a espada francesa, à D'Artagnan com que D. João IV teria tido os seus clandestinos duelos nocturnos ..."[43].

Em 1683, e segundo Codornega, existiam dois nucleos de Armas, um no Palácio onde se viam "muitas antiguidades de armas, como bestas de ferro... outros havia de pau, saios de malha, maças de ferro, espadas ao antigo, muitas armas de remesso, pelotas e outras muitas cousas ... Isto se guardava ali por grandeza".[44]

No Castelo, guardava-se o Arsenal. "Havia nestas salas duas carreiras de colunas, ou portas, todas de alto abaixo cobertas de armas brancas reluzentes como espelhos, peitos e espaldares, mourões e capacetes, manoplas, saios de malha. E, entre poste e poste, um cavaleiro armado sobre madeira, com rodas para moverem, todos armados, e até os mesmos cavalos, com seus piques nas mãos, tudo muito reluzente, trabalho de seis homens armeiros, que continuamente estavam alimpando e sacalando

---

[40] Ob.cit., pg. 83.
[41] Ob.cit., pg. 84.
[42] Sant'Anna Dionisio, ob.cit., pg. 9.
[43] Ibidem.
[44] António de Oliveira Cadornega, ob.cit., pg. 87 e 88.

tudo, desvelo e cuidado do Maltês Brás Soares de Sousa, que tinha tudo a seu cargo ..."[45].

Estas Salas de Armas, eram tambem conhecidas no século XVIII, como Casa Forte[46]. Luis Afonso Cabral Godinho, na sua visita, de inspecção, às fortalezas alentejanas - 1751, faz uma planta da Casa Forte, onde assinala os locais onde se deveriam guardar as armas brigantinas, apontando a necessidade de se mudarem para o andar superior, para não apodrecerem, as madeiras dos cabidos e as coronhas das espingardas. Manda por portadas nas janelas e utilizar os métodos de conservação do Engº Mr. Belidor no Armazém de Pólvora[47].

Ainda no Castelo existiam "as salas altas de guarda a todas as tapeçarias e ricos panos das armações do Palácio, todas mui ricas de veludos e damascos, com franjas de seda, e uso de diversas cores, que serviam e se armavam conforme o tempo lhe era dado, indo nas carroças e que se havia de armar, e vindo a desarmada. E o mesmo era cantidade de cadeiras do mesmo género de cores conforme as armações com outros muitos paramentos e ornato do Paço que tudo ali se guardava"[48].

No mesmo local havia oficina onde, "muitos cabras da India faziam tapetes e panos lavrados pera o serviço do Paço"[49].

Pertencente à Casa existia ainda o "Forno do Vidro que era cousa de grandeza, onde se faziam mui bons vidros, com artifeci veniziano, que era Pero Paulo ..."[50].

Possuiam ainda os Duques picadeiro, estrebaria onde "bizarros poldros, amansados pelos picadeiros se faziam famosos ginetes"[51].

Ao Duque D. Jaime se deve igualmente a criação da tapada real onde, em pavilhão de caça se hospedou D. Sebastião. A tapada era

---

[45] Ob.cit., pg. 110.
[46] Gustavo de Matos Sequeira, O Castelo de Vila Viçosa, Lisboa, Fundação da Casa de Bragança, 1961, pg. 29.
[47] Ob.cit., pg. 30.
[48] António de Oliveira Cadornega, ob.cit., pg. 109.
[49] Ibidem.
[50] Ob.cit., pg. 89.
[51] Ob.cit., pg. 92.

montada com caça miúda, gamos bravos, veados e javalis, "havendo neles abundantíssima variedade de criação"[52].

D. Francisco de Bragança, neto de D. Jaime "mandou vir de diversas partes da Europa para innocente occupação dos olhos, grande número de aves, e animaes quadrupedes, que reduzidos a hum teatro formavão tão agradavel espectaculo que concorrião a deleitar-se com a sua variedade innumeráveis naturais e estrangeiros"[53].

Às colecções desta casa, sensivelmente idênticas às reais, correspondia um cerimonial que o fundador D. Afonso obtivera previlégio como terem as filhas e noras dos Duques de Bragança, "almofada no Paço"[54].

D. Jaime refunde o cerimonial, sob autorização régia de D. Manuel, que, se junta em epêndice[55].

2. COLECÇÕES HUMANISTAS

A introdução do Humanismo em Portugal é datável de 1485 com a chegada de Cataldo Sículo Parcísio para perceptor de D. Jorge, filho de D. João II[56]. Cataldo, vindo de Bolonha, a pedido do próprio Rei e de D. Fernando Coutinho, provavelmente o Bispo de Lamego e ainda de António Corsetti, siciliano[57], empreendendo a renovação da didactica do latim, a divulgação dos clássicos[58], o interesse pela epigrafia e pela obra de arte.

Assim se entende a referência feita por Pedro Margalho (1520) à camara de Cataldo: "Os segredos da Cosmografia habitam e passam os dias contigo, na tua câmara ornamentada como se fora um templo de musas,

---

[52] D. Francisco Manuel de Melo, ob.cit., pg. 239.
[53] Luis de Pina, ob.cit., pg. 515.
[54] D. António Caetano de Sousa, Provas, tomo V, pg. 29.
[55] Ob.cit., Provas, Liv. V, pg. 235 e Sgts.
[56] Américo da Costa Ramalho A introdução do Humanismo em Portugal, Coimbra, Faculdade de Letras da Universidade de Coimbra, Instituto de Estudos Clássicos,1972 Separata de Humanistas vols. XXIII-XXIV.
[57] Américo da Costa Ramalho, D. Diogo de Sousa e o Introdutor do Humanismo em Portugal, Braga, Delegação da S.H.I.P., 1966 Separata da revista Bracara Augusta vol. XX-Fase. 43-44 (55-56).
[58] Artur Anselomo, Origens da Imprensa em Portugal Lisboa, Imprensa Nacional - Casa da Moeda 1981, pg. 319.

com figuras da doutrina de todas as ciências que servem verdadeiramente às tuas paredes, de tapeçarias e de reposteiros"[59].

Se estas figuras a que Pedro Margalho se refere são obra de pintura ou de escultura desconhecemos, o certo é que o seu quarto, percursor dos gabinetes do século XVII, onde eventualmente não faltariam outros pequenos objetos, como moedas e medalhas, situada em Lisboa, Évora, Vila Viçosa e Coimbra onde Cataldo ensinou retórica, representa o espírito do coleccionador humanista, a que os nossos reis mecenas vão passar mais ou menos alheios, já que a ideologia dominante era e prevalecerá religiosa.

As peças referidas por Margalho deveriam ser portáteis, pois as terá trazido do seu país e o deverão ter acompanhado nas suas estadias pelas terras portuguesas acima referidas.

Enquanto D. João II alfaiava a fortaleza de madeira de Évora[60] com panos de armar, também itinerantes, mas ainda ao gosto medieval, Cataldo prefere criar no seu quarto-gabinete um pequeno "museu". É nesta linha que se vão constituir algumas colecções particulares de arqueologia, de arte, de etnografia e de ciência.

1. Mestre André de Resende (1500-1573) é seguramente a figura tipo do coleccionador humanista português.

Este primeiro "lusíada", fixa-se em Évora, sua terra natal, e é ai que faz crescer a sua coleção de arqueologia.

"A hi teve cazas pequenas sim, mas com sua arcada e seu jardimzinho curiosamente guarnecidos, e apraziveis, e a seu dono tão agradaveis, que nunca envejou as espaçosas entradas de outras: elle as ataviou e enriqueceu repartindo por dentro dellas, e em torno do jardim os marmores antigos, que pode descobrir com os letreiros dos Romanos[61].

---

[59] Pedro Margalho, Physices Compendim Salamanca,1520 dedicatória, ob. citada, pg. 13.
[60] Garcia de Resende, Crónica de D. João II e Miscelânes, Lisboa, Imprensa Nacional - Casa da Moeda, 1973, pg. 177.
[61] Diogo Mendes de Vasconcellos Vida do licenciado André Rezende in Bento José de Farinha, Coleçam de Antiguidades de Évora Lisboa. Na oficina de Filipe da Silva e Azev., 1785, pg. 28.

Desta casa diz Francisco Leitão Ferreira "A rua para onde deita a casa é a chamada do Mestre Resende, nome por que já é designada em uma escritura de 1558, quinze anos antes da sua morte. Media o quintal mais de trinta metros de comprido, sobre mais de quinze de largo. Nada existe que recorde o museu lapidar, que o quintal teve em volta, sabendo-se que lá estiveram as lapides que no Museu Archeológico, anexo à Biblioteca Pública de Évora, tem os números 54, 78, 96 e 198[62].

À epigrafia latina "tam afficadamente se aplicou que cada vez que avia de fazer jornada, ainda que fosse comprida, fazia levar ante a sua matolagem hum enxadam, e outras ferramentas: por tal donde aparecessem vestígios de antiguidades à sua custa, e diligencia os podesse dezenterrar, e mostrar a seus naturais; o que fez em muitos lugares, com tal cuidado e vontade, que por cumprir com esta obra nunca já mais forrou nem despeza, nem trabalho"[63].

Resente reune em sua casa[64] as espécies escavadas por ele próprio, ou encontradas ao acaso por outros: "huo qual huõ lavrador descobrio com ho dental do arado, juncto de huõ edifício destruído, por ho caminho de Mont-Saraz, & estava alli templo porque tambem se acharon has colununas delle de marmor. Vulgarmente chamam-lhe meskita"[65].

Bento José de Sousa Farinha ao dar à estampa, em 1783, a História da Antiguidade da Cidade de Évora, de Resende refere-se ao mestre nos seguintes termos: "foi na averiguacam das cousas antigas primeiro sem segundo hatteagora: assi como foi tambem o primeiro que em Portugal abrio as fontes da antiguidade"[66].

---

[62] Francisco Leitão Ferreira Noticia da vida de André de Resende in Arquivo Histórico Portugués, vol. X pg. 248. "Informação particular do falecido António Francisco Barata a quem se não pode negar dedicação pelo estudo das Antiguidades daquela cidade e a quem devo poder apresentar aqui as estampas que ilustram esta biografia."
[63] Diogo Mendes de Vasconcelos, ob.cit., pg. 28.
[64] R. de Mestre Resende nº 39. O edifício foi completamente remodelado posteriormente à decada de 1860. Tulio Espanca, Inventário Artístico de Portugal. Concelho de Évora, I volume, Lisboa, Academia Nacional de Belas-Artes VII, 1966.
[65] Bento de Jesus Farinha, Colleçam de Antiguidades de Évora. História da Antiguidade da Cidade de Évora fecta por maestro Andree de Resende. Terceira Edicam fielmente copiada da segunda, que se fez em Évora em 1576, a qual foy ainda emendada pelo autor. Lisboa, Na of. de Simão Thaddeo Ferreira, Anno 1783. (s.p.).
[66] Ob.cit., introdução.

Afamado epigrafista, dele fala Clenardo, seu contemporâneo de "andar a decifrar esses marmores velhos"[67]. E ainda "que direi então dos meus amigos? Resende ocupa entre todos o primeiro lugar"[68].

Reuniu, igualmente, fragmentos de escultura[69] e teve "escola pública em Évora entre 1555 e 59"[70], ano "em que se abrio a Uniuersidade, se se mandarão fechar todas as Escolas particulares. Ainda pella grande veneraçaõ, que se tinha ao Mestre Resende, ficasse a sua livre e exceptuada, desta ley universal, ell e renunciou heroicamente o privilégio, e se consagrou todo a compo as Antiguidades do Reyno, e da Patria"[71].

A utilização das inscrições como fonte documental é constante e, quando não as havia, Resende mandava-as lavrar, como a lápide sobre a Cidade de Évora, que, ainda hoje, se conserva exposta no Museu, em testemunho de um falso romano, feito no séc. XVI.

Esta sua faceta é um tanto contraditória com o que se propõe fazer: "eu non screverei salvo ho que achar por auctores dignos de fee, ou per scripturas de pedras, ou o que de nossos ochlos inda podemos ver"[72].

Na sua obra sobre Évora evoca os testemunhos romanos "assi sta em huõ letreiro antigo em casa do capitão dos ginetes, & en tres que eu en minha casa tenho & en outro na rua da Selaria, meio quadrado, & em huma colunna per que se comptavam has milhas (marco miliário) allem da Torrega per ha strada antigua que hia para Alcaçar"[73].

No livro De Antiquitatibus Lusitaniae, a "História das Antiguidades de Portugal", prepassam os mesmos apontamentos nos vestígios arqueológicos, que transcreve[74].

---

[67] Manuel Gonçalves Cerejeira, o Renascimento em Portugal. Clenardo e a Sociedade Portuguesa do seu tempo, Coimbra, Coimbra Editora, 3ª edição, 1949, pgs.359 68) ob.cit., pg. 387.
[68] id.
[69] Gabriel Pereira, Estudos Eborenses, História e Arqueologia vol. 39, Évora, Edições Nazareth, 1950, pg. 53.
[70] Gabriel de Paiva Domingues, um Discurso de André de Resende, Coimbra, 1945, pg. 6.
[71] Pe. Francisco da Fonseca, Évora gloriosa epilogo dos quatro tomos de Évora Illustrada, que compoz o R. P. M. Manoel Fialho da Companhia de Jesus. Na officina Komare Kiana, Anno de 1728, pg. 405.
[72] História da Antiguidade da Cidade de Évora, s.p.
[73] Ob.cit s.p.
[74] Joaquim Veríssimo Serrão, André de Resende, o Humanista e o Eborense in "A cidade de Évora, boletim da Câmara Municipal de Turismo de Évora, Ano XXXII, Número 58, 1980, nota 43. O Prof.

Resende possuia igualmente uma coleção de numismática: "era Éuora em tempo dos romanos & ainda dos godos assaz nobre, & en ella se batia moeda. Ho que soube por huma que Ambrosio Morales varão doctissino cronista del Rey Philippe de Castella, & Cathedratico em ha insigne Uniuersidade de Alcala, me mandou, que tem de huma parte ha cabeça do imperador germanico, com estas letras: GERM. CAES. AVG. & demonstra ha face skerda. Da otra parte huma coroa de follas com estas letras dentro em tres reglas: LIBERALISTAS IULIAE EBORAE[75].

Deixa esta moeda, a que tinha muita estimação ao Duque de Aveiro para que lhe cuide do filho: "leixo aminha Jullia ao Illustrissimo Snr Duque de Aveiro q tem meuf ilho como llo tenho dado, epeço a Sua Illustrissima muito que o favoreça, eainda pacomtle Rey essi acrecentamento[76].

"No meu cofre ha hy tres moedas douro de Nero de qu el Rey nosso Senhor me fez mercee, e ha hy muitas de prata muito cu riozas, se sua Senhoria se contentar dellas, e assi doutras muitas que a hy estam, siruasse dellas, e lembrelle que fuy Mestre do Duque seu Pay, e da Duquesa Sua May[77].

Estas referências fazem supor que o próprio Duque de Aveiro, distinto humanista teria anteriormente ou passaria também a ter, por doação testamentária de Resende, uma pequena coleção de moedas romanas.

É ao filho que o Mestre deixa no entanto, a melhor parte da sua coleção para que esta não se perca: "Mando ao meu herdeiro que tenha muy bem guardadas as pedras d'antigoallas, & letras Romanas que tenho em minha caza para todo o tempo se saber o que nelas se contem[78].

Desvelado protector do património arqueológico, Resende nem sempre é bem-sucedido pois "em os fundamentos de Nossa Senhora

---

Doutor: Rosado Fernandes e a Drª: Maria Teresa Cardoso preparam desta obra fundamental de Resende, uma edição bilingue.
[75] História e Antiguidade da Cidade de Évora (s.p.).
[76] Testamento de André de Resende B.P.E. (Biblioteca Pública de Évora) Peça n9 26, Ann. X, nº 1 vol. 151).
[77] Bento de Jesus Farinha, s.p.
[78] Ob.cit., s.p.

da Graça, que El-Rei, Nosso Senhor, mandou fazer. & quando eu acudi, tinham ja os pedreiros um pedaço dele quebrado e posto na obra, sem o resguardar, de modo que o nao pude haver[79].

...Outra pedra partida, e com alguñas letras de menos, foi arrancada das maõs dos trabalhadores por Me. Resende como elle mesmo diz, quando os pedreiros "ocupados na fundaçam da Igreja, começavam de a quebrar, e a meter na parede sem mais escolha"[80].

Nem so de peças romanas se compunha a sua coleção pois "em minha caza, tenho dous letereiros de leteras ja barbaras e mal feitas que eu muito estimo por darem testemunho de nossa antiga cristandade[81].

Resende, mestre em Artes e licenciado em Teologia[82] viajara pela Europa e foi mestre dos Infantes D. Afonso, D. Henrique e D. Duarte em Évora, e D. Diogo de Sousa, pede-lhe para escrever, sobre as antiguidades da cidade o que faz mandando-lhe "huã elegantissima Poesia Horoica, em que descrevo todas as antiguidades de Braga"[83].

Antré de Resende pronuncia a oração de Sapiência na Universidade de Lisboa, em tempo de crise. Era o defensor da nova pedagogia humanista que o vinha solenemente declarar - Oratio Pro rostris, o que conferia especial autoridade a este paneghrico da vida universitária, incitando o reitor a empreender uma remodelação do ensino e convidando os professores a actualizarem-se considerando o estudo no latim e do grego, bases da verdadeira cultura[84].

Tinha capela em Aguiar, perto de Évora, cujo portal mandou erguer e onde se encontra ainda hoje uma inscrição, por ele recolhido[85].

---

[79] André de Resende. Obras Portuguesas. Prefácio e notas do Prof. José Pereira Tavares, Lisboa, Livraria Sá da Costa, 1963, pg. 30.
[80] Bento de Jesus Farinha, ob.cit., s.p.
[81] André de Resende, Obras Portuguesas, ob.cit., pg. 35.
[82] Joaquim Veríssimo Serrão, André de Resende, o Humanista Eborense in A Cidade de Évora, Boletim da Câmara Municipal de Turismo de Évora, Ano XXXII, Número 58, 1980, pg. 7 e sgts.
[83] Pe. Francisco da Fonseca, Évora gloriosa, epilogo dos quatros tomos de Évora Illustrada que compoz o R. P. M. Manoel Fialho da Companhia de Jesus, Na officina Komarekiana, Anno de 1728, pg. 406-468.
[84] Maria Manuela Barroso de Albuquerque, André de Resende, O Drama de um humanista portugues, in Eyphrosyne, nova série, vol. I, Lisboa, 1967, pg. 107.
[85] Tulio Espanca. Inventário Artístico, Evora, Zona Sul, Lisboa, Academia Nacional de Belas Artes, pg. 471.

Considerado por Carolina Michaelis o pai da epigrafia lusitana[86], é "sepultado cristamente, como católico ortodoxo, mais ainda, como arqueologo romano que fora, sob uma campa antiga (?) de mármore repicada"[87].

2. A vinda de António Florentim como pintor régio de D. João I nos finais de trezentos, a estadia de Van Eych em Portugal (1428-29) e a provável viagem de San Sovino (1491-1500) marcam o início do renascimento das artes no nosso país. O retrato pre-humanista da Senhora da Rosa, na Igreja de S. Francisco no Porto, é o prelúdio para a primeira série individualizada de retratos, realizada pelo dito Nuno Gonçalves, nos Paineis de S. Vicente.

Petrarca organizara já uma série de moedas dos Césares que oferecera ao Imperador Carlos IV, fornecendo a numismática, matéria cronológica e formal para a realização de retratos[88]. Fréderic de Montefeltre constituira no seu palácio em Vetrino, uma série de 28 retratos de poetas, filósofos e teólogos por Just le Grand[89].

A Câmara de Cataldo, atrás descrita, repete o gosto do principe italiano ao trazer para Portugal uma pequena galeria de intelectuais.

Nuno Gonçalves adapta a galeria à realidade portuguesa, dando à sociedade civil de quatrocentos, o alo heroico de imperadores romanos, atraves dos 60 retratos que constituem os paineis. É como expressa José-Augusto França "na pintura ocidental, um espaço inédito e original, e a única vez que tal acontece na pintura portuguesa[90].

Os retratos, exceptuando-se alguns doadores integrados na pintura religiosa, vão fragmentar-se posteriormente em séries ou pequenas colecções, de qualidade irregular: Bispos (Tesouro da Sé de Braga e Paço Episcopal do Funchal) Duques de Bragança (Sala dos Tudescos do

---

[86] Carolina Michaelis de Vasconcellos, Lucius Andrea Resendius Lusitanus in Arquivo Histórico Português, vol. III, Lisboa, 1905, pg. 166.
[87] Ob.cit., pg. 167.
[88] Germain Bazin, ob.cit., pg. 51.
[89] Ob.cit., pg. 51.
[90] José Augusto França, o Retrato na Arte Portuguesa, Lisboa Livros Horizonte, 1981. pg. 19.

Paço Ducal), Vice-Reis (Goa), Reis (Sala dos Capelos da Universidade de Coimbra), Reitores (Universidade de Coimbra), Fidalgos (várias colecções particulares como as dos Marqueses de Soydos, Arronches ou dos Sousas)[91].

Exceptuando, portanto, o retrato que tem uma subita, inesperada mas excepcional expressão na série dos Paineis, as colecções de arte dos humanistas portugueses vão reflectir, também, a acentuada e quase exclusiva ideologia religiosa.

3. Damião de Goes (1502-1574) é, neste contexto, a figura do viajante europeu que teve e manteve contactos com o mundo culto de então e que "criara na sua opulenta casa no Castelo de Lisboa, uma coisa rara e única em terra portuguesa, a célebre e famosa Pinacoteca[92].

Músico, diplomata, tesoureiro da Casa da Índia, guarda-mor da Torre do Tombo, foi igualmente secretário do Rui Fernandes Almada, feitor de Portugal na Flandres de onde trouxe a sua preciosa coleção.

Acusado perante a inquisição por não crer "que o Papa podia conceder indulgência e por ter "para si que a confissão auricular não aproveitava, nem era necessária"[93] teve um longo, duro e penoso processo, no qual alega a sua fé e cita um "rol de obras pias" que fizera, entre dinheiro para beneficiação de igrejas, oferta de alfaias litúrgicas, pagamento de missas e dádiva de madeiras para fazer portas e mesas, doações várias, como um relógio, "orgãos para tangerem os oficias divinos", retábulos de pintura e peças de escultura sacra[94].

Damião de Goes só cita como pertencentes à sua pinacoteca, as obras exclusivamente religiosas[95]. O seu "escritório", a julgar pelas peças que enumera entre as suas pessoais, e as variadas ofertas que fez deveria

---

[91] Ob.cit., pg. 32 e sgts.
[92] Jorge Segurado, Damião de Goes e a Casa de Bragança, em 1571, Lisboa, Academia Nacional de Belas-Artes, 1978, pg. 17.
[93] Raul Rego, O processo de Damião de Goes na Inquisição, Lisboa, Excelsior, 1971, pg. 201.
[94] Ob.cit., pg. 150 e sgts.
[95] Jorge Segurado, Damião de Goes, Lisboa, 1975, pg. 141 Separata da Academia Nacional de Belas-Artes nº 28-29.

certamente ter "obras de arte de carácter profano"⁹⁶. Até porque Sylvie Deswarte supõe dever-se ao gosto de Damião de Goes a "renovação do reportório iconográfico, pela introdução da fábula mitológica, da alegoria, do emblema, a par com o fabuloso cristão, nos últimos fontespícios da Leitura Nova⁹⁷.

Na coleção de Damião de Goes não vão aparecer Apolos, Neptunes, Venus ou Tágides, mas essencialmente temas religiosos.

Jorge Segurado ordenou, através do longo processo de Damião de Goes, uma lista de 7 obras de pintura, entre as quais 3 de Jerónimo Bosh, e uma de Quentyn Metsys; das quais As Tentações de Santo Antão, de Bosh e a Crucificação, de Metsys se encontram hoje no Museu Nacional de Arte Antiga, um livro de horas iluminado por Simão Benning, também no Museu, um vitral e 6 peças de escultura⁹⁸.

"Segundo os depoimentos de suas testemunhas de defesa e dele próprio, apura-se que na sua residência, no seu "escritório", havia mais quatro ou cinco obras religiosas"⁹⁹.

Esta coleção, por preciosa, foi visitada conforme consta no Processo: "Provará que o R. (réu) é muito devoto das imagens e tem no seu escritório muitas imagens, muito santas e por os muitos e excelentes retábulos que o R. (réu) tem no seu escritório, El-Rei que está em glória e a Rainha Nossa Senhora e Infante, e depois o Cardeal Infante, foram ver o dito escritório. E, em retábulos e imagens, gastou o R. (réu) muito dinheiro, e a Santa Maria de Várzea de Alenquer, onde o R. (réu) tem a sua capela, deu dois retábulos; e à Rainha Nossa Senhora deu outros dois retábulos. Do que é publica voz e fama"¹⁰⁰.

A Rainha ofertou também os livros de Horas que lhe custara trezentos ducados e que, mandado avaliar pelo Rei, "a António de

---

⁹⁶ Ob.cit., pg. 145.
⁹⁷ Sylvie Deswarte, Les enluminures de la Leitura Nova-1504- 1552. Étude sur la culture artistique au Portugal au temps de l'humanisme. Préface de André Chastel. Paris, Fundação Calouste Gulbenkian, Centro Cultural Portugués,1977, pg. 139 e 195.
⁹⁸ Jorge Segurado, ob.cit., pg.149 e sgts. Apêndice nº 3.
⁹⁹ Ob.cit., pg. 154.
¹⁰⁰ Raul Rego, ob.cit., pg. 183.

Ollanda, iluminador e pai de Francisco d'Ollanda, aquele o fez e avaliou em 750 cruzados"[101].

Jorge Segurado crê que foi Francisco d'Ollanda que desenhou as duas lápides, a pedra d'armas e a janela renascentista da capela tumular de Damião de Goes, na Igreja de S. Pedro, em Alenquer[102]. Tal como André de Resende, Damião de Goes revela na sua última morada o gosto e as opções artísticas que o nortearam em vida.

O que Damião de Goes conseguiu através das suas viagens e dos seus negócios fizeram-no em menor escala os feitores de Flandres, sem terem o apurado gosto de Goes, capaz de entender e apreciar o exótico e o fantástico em Bosh.

4. João Brandão, feitor de Portugal na Flandres, de 1514 a 1521, conviveu assiduamente com Dürer.

Dürer era já um artista conhecido, além das suas fronteiras, através do comércio de arte e do turismo humanista que divulgou a moda das moedas romanas e a das gravuras de Dürer.

Sabba de Castiglione (1485-1554), parente do autor do Cortesão, escreveu as suas memórias e, no Ricardo 109, sob o título "Acerca dos ornamentos da casa" ditava as regras do bom gosto, em que as colecções tinham o seu lugar:

"a) instrumentos de música;
b) esculturas antigas, ou na sua ausência, de Donatello;
c) obras de Miguel Ângelo ou de Giovanni Cristoforo Romano;
d) medalhas antigas ou, em sua substituição, moedas modernas em ouro, prata ou bronze;
e) retratos ou pinturas de Frei Fillipo Lippi, Mantegna, Bellini, Perugino, Rafael, Vinci e Jules Romain;

---

[101] Adriano de Gusmão, Pintura, in Arte Portuguesa, Lisboa, Excelsios, s.d., pg. 214.
[102] Jorge Segurado, ob.cit., pg. 172.

f) mosaicos de Frei Giovanni di Monte Oliveto, ou de Frei Raffaelo da Brescia;

g) tecidos impressos em Arras ou tapeçarias da Flandres, tapetes da Turquia, alcatifas orientais e tecidos pintados;

h) Estampas sobre cobre, ou madeira, da Itália, mas sobretudo da Alemanha, de Alberto Durer ou de Lucas de Leyde"[103]

Assim, não admira, pois que através das vias comerciais os feitores enviassem para o país as estampas de Dürer "e cruxifixos, rosários, quadros, gravuras e pinturas[104]. Estas compravam-se directamente na Schilders-Pand onde havia exposições permanentes[105].

A casa de Kidorp, onde os feitores se instalaram, era, portanto, o ponto de passagem do comércio da arte para Portugal, donde vinham, além das peças já referidas, tapeçarias, vidros, instrumentos de música, tecidos, rendas, trajes, gravuras, mapas, livros impressos, mobiliário e utensilios domésticos[106].

Para vender no Pand era necessário estar inscrito na Guildas de S. Lucas de Bruges, Antuerpia, Grand, Bruxelas e Malines. Silva Figueiredo retirou 184 nomes de peninsulares que estiveram inscritos nas Guildas de Bruges e Antuerpia dos séculos XV a XVIII[107].

Silva Figueiredo menciona ainda uma lista das exportações do Porto de Antuerpia, no ano de 1553, para Portugal, Espanha e Canárias onde no capítulo "objectos de devoção" de arte "se assentam fardos, caixas e baús, de cruxifixos, rosários, ambar para rosários, imagens piedosas, Jesus, Jesus de madeira, máscaras, paintures, quadros, e um retábulo de altar[108].

Este intercâmbio comercial e artístico é testemunhado ainda pela estadia em Portugal de artistas flamengos com o Mestre Olivier

---

[103] Germain Bazin, ob.cit., pg. 57.
[104] Joaquim de Vasconcelos, Albrechs Durer e a sua influência na Peninsula, Coimbra, Imprensa da Universidade, 2ª edição, 1929, pg. 78.
[105] Dr. José da Silva Fernandes, Os Peninsulares nas Guildas de Flandres, Lisboa, Editorial Presença, 1942, pg. 80.
[106] Ob.cit., pg. 72.
[107] Ob.cit., pg. 7.
[108] Ob.cit., pg. 78.

Flamengo, e Yves le Grand, que realizaram entre outras obras a série escultórica de Charola de Tomar, Frei Carlos ou António Henriques, como pela existência de numerosos painéis flamengos que Reis Santos exaustivamente inventariou[109].

Das oficinas de Bruges e sobretudo de Malines vieram para o nosso país, as também designadas "poupeés malinoises" ou "imagens de Brabante" compondo retábulos e peças de escultura de pequenas dimensões, representando Nossa Senhora com o menino, Jesus-Salvador do Mundo, Nossa Senhora da Conceição, Santo António e outros santos, incluindo Evangelistas e Figuras angélicas[110].

As imagens de Malines encontram-se um pouco por todo o país, desde o Museu de Arte Sacra do Seminário Maior do Porto à Casa-Museu de Guerra Junqueiro, tendo sido recentemente incorporada no Museu Nacional de Arte Antiga, a importante coleção do Comandante Ernesto de Vilhena[111].

Da Flandres vieram, pois, numerosas obras de arte rechear as casas particulares de comerciantes e fidalgos e ainda paços, conventos e mosteiros.

A expulsão dos judeus, ou "marranos" em 1526, por ordem de D. Manuel veio aumentar a colónia portuguesa que, após a ocupação de Filipe II, tornará inviável o funcionamento do entreposto comercial, passando os holandeses a dirigirem-se directamente ao Oriente. "Foi assim que começou o declinio da Feitoria de Antuerpia que se extinguiu em 1795[112].

Os Feitores portugueses eram muito considerados localmente e estavam em permanente contacto com os outros representantes comerciais, como Goes que foi especial amigo dos Fuger[113].

---

[109] Luis Reis - Santios., Obras-primas da pintura flamenga dos séculos XV e XVI em Portugal, Lisboa, 1953 (passim).
[110] Bernardo Ferrão de Távares e Távora, Imagens de Malines em Portugal, Porto, 1975, pg. 50. Separata da revista Museu, segunda série, nº 16- 17, Julho 1975.
[111] Ob.cit., pg. 67 e sgts 11.
[112] Ob.cit., pg. 33.
[113] Joaquim de Vasconcellos, ob.cit., pg. 51.

Portugal abastecia Antuerpia com um comércio exótico, de animais, penas, jóias, perolas, ouro em bruto e batido, especia rias, drogas, almíscar, peles, marfins, algodão, açucar, sal, vi nho, azeite, frutas ...[114]

Não admira pois que Dürer, a durante a sua estadia em Antuerpia em 1520 e 1521 tenha sido visita dos portugueses de quem se tornou amigo. Facto que relata na Tagebuch, diário de viagem, com meticulosos pormenores[115].

A primeira citação é do dia 5 de Agosto de 1520 em que janta com o feitor de Portugal e lhe faz o retrato à pena[116].

Francisco Pesão, enviado especial Português a Dantzig para recuperar bens portugueses que tinham sido apreendidos por aquela cidade alemã, passa por Antuerpia vai a casa de Dürer que lhe faz, igualmente um retrato que tem o nº de inventário W 748 da Albertina - Viena de Austria[117].

Dürer anota ainda a oferta de uma escultura ao feitor de Portugal "un petit enfant taillé" supondo-se que será uma imagem de madeira do Menino abençoado. Presenteia-o ainda com gravuras em cobre, que identifica: Adão e Eva, S. Jerónimo na sua cela, Hercules, Sto. Eustáquio, A melancolia, A Menésis, e em meias folhas; Três novas Virgens, Verónica, Sto. António, Natividade, Cruxificação e as melhores gravuras entre os quartos de folha; 8 peças. Ainda 3 livros (gravados), a vida de Nossa Senhora, o Apocalipse, Grande Paixão[118].

Acompanhava Brandão nesta visita a Dürer, Rodrigo Fernandes Almada, secretário e que será posteriormente feitor de 1521 a 1550. Dürer anota que ao "signor Rodrigo" entrega idêntico presente e esta troca oferece a mulher de Dürer, um papagaio verde[119].

Estes avultados presentes vieram na sequência de uma delicadeza do "signor Rodrigo" que lhe enviara através de um criado "um tunel cheio

---

[114] Dr. José da Silva Fernandes, ob.cit., pg. 22.
[115] Dürer, Lettres, Ecrits Théoriques et Traité des Proportions, presentation par Pierre Vaisse, Editions Miroir de l'art Paris, Hermann, 1964. A edição completa do Diário de DLirer, da Viagem aos Países Baixos está transcrita por Charles Narrey, Albert Dürer à Venise et dans les Pays Bas, Paris, 1866
[116] Ob.cit., pg. 114.
[117] Ob.cit., pg. 114.
[118] Ob.cit., pg. 121.
[119] Ob.cit., pg. 120 e nota 46.

de vários açucares, um a caixa de açucar candim, dois grandes pratos de macapão e algumas canas de açucar tal como crescem", Dürer anota igualmente a gorgeta entregue ao criado: 1 florim[120].

O intercâmbio de presentes sucede-se, em que os portugueses oferecem porcelanas da china, papagaios, penas de Calcula e nozes da India (como eram chamados os cocos, muito apreciados até como peças decorativas) e Dürer vai apontando os trabalhos oferecidos, entre visitas a Van der Goes, poses retrato com Jon Provost e jantares com Quentin Metsys[121].

No dia 28 de Outubro de 1520 compra a caveira pensando já fazer o S. Jerónimo, cujo estudo oferece "al signor Rodrigo" e, posteriormente a tela[122].

Dürer indica tambem que desenhara, a lápis o retrato da "moura do signor Rodrigo", retrato identificado como o da negra Catarina e com o nº W 818 da Albertina[123].

Joaquim de Vasconcelos, pacientemente, organizou uma lista completa dos desenhos, gravuras e telas oferecidas aos portugueses[124].

O mesmo autor refere a existência de gravuras de Dürer na Biblioteca Publica do Rio de Janeiro, provenientes dos feitores da Flandres eis a dúvida que convirá esclarecer?[125] Aqui localizadas ou dispersas por venda, ou por heranças, as colecções dos feitores da Flandres formaram um núcleo importante de que a tela de S. Jerónimo, subsiste no Museu Nacional de Arte Antiga.

5. Francisco de Holanda (1538-1584) era filho de António da Holanda, iluminador da Leitura Nova. A sua infância passa-se sobretudo em Évora, como moço de Câmara do Infante D. Afonso. "É de presumir que fosse ali discípulo dos humanistas André de Resende e Nicolau

---

[120] Ob.cit., pg., 120.
[121] Ob.cit., pg., 125, 127 e 128.
[122] Ob.cit., pg., 134 e 142.
[123] Ob.cit., pg., 145.
[124] Joaquim de Vasconcelos, ob.cit., pg. 42 e sgts, Apêndicie nº 4.
[125] Ob.cit., pg. XIX, nota 1.

Clenardo, os vultos mais notáveis do séquito do jovem, mas erudito cardeal"[126].

Enquanto Damião de Goes era um homem de vanguarda e possuía colecções de arte contemporânea, Francisco de Holanda interessa-se, simultaneamente, pela arte da sua época e pelas Antigoalhas.

Holanda convive com os mestres no paço e na Academia Eborense fundada na residência de Pedro Sanches[127]. Deles colherá a sua formação intelectual, já que Clenardo era um excepcional pedagogo, com uma visão lúdica da aprendizagem do latim e Resende uma celebridade, amigo e admirador de Holanda que define como juvenis, admirabili ingenio, & Lusitannus Apelles[128].

Holanda interessa-se pela arqueologia e dá conhecimento a Resende de inscripções romanas no jardim do Paço Real de Santos (5). Assim e, antes de partir para Italia, "gozava já de certa fama, iluminava, desenhava e estudava as ruínas da Antiguidade romana existentes na pátria"[129].

Em Roma convive com outros humanistas e personalidades como Vittoria Colona e D. Miguel da Silva, amigo de Castiglone. Desenha as Antiguidades de Itália, que dedica a D. João III.

Possuiu Francisco de Holanda livraria, e teve pelo menos, colecções de gravuras de obras recentes. O gosto e o interesse pelas formas artísticas da sua época são atestados também pelo cuidado com que leu e anotou o exemplar Vidas dos mais Ilustres Pintores, de Vasari, conservado na Biblioteca Nacional[130].

Para Jorge Segurado "é de crer que Miguel Ângelo, com quem conviveu e a quem retratou, lhe tenha enviado depois, a seu pedido, um desenho-lembrança, conforme sua carta que, de Lisboa, escreveu ao autor

---

[126] Francisco de Hollanda, Da Pintura Antigua, Livro I, Ponte Theorica-Livro II Diologos em Roma. Primeira edição completa commentada por Joaquim de Vasconcelos, Porto, Edição da Renascença Portuguesa, 1918, pg. 25.
[127] Ob.cit., pg. 25.
[128] Dr. M. Gonçalves Cerejeira Renascimento em Portugal, Clenardo e a Sociedade Portuguesa do seu tempo, Coimbra, Coimbra Editora, 3ª edição, 1949, pg. 135 e pg. 399.
[129] Francisco de Holanda, ob.cit., pg. 29.
[130] José Stichini Vilela, Francisco de Holanda, Vida Pensamento e Obra, Lisboa, Instituto de Alta Cultura, 1982, pg. 54.

do David, hoje bem arquivada na Biblioteca Laurenziana de Florença, mas propriedade do Museu Miguel Ângelo"[131].

Joaquim de Vasconcelos supõe que a medalha, que Paulo II envia a D. João III, com a sua éfigie, seja de desenho de Hollanda, visto que, no codice De Actatibus Mundi Imagines do referido autor existir um bom retrato deste Papa[132].

O códice acima citado, levado para Espanha por Filipe I, quando da sua visita a Portugal, é para Sylvie Deswarte, "une étude attentive de l'Ancien et du Nouveau Testament, tout dans le sens caché, faisant souvent un parallélisme avec l'Antiquité paienne, que dans la reconstitution archéologique des monuments, des vête ments et d'object de la réalité historique, selon une recherche de vérité et de retour aux sources, digne d'un humaniste et la Renaissance[133]. Enquanto este códice não for dado à estampa, o que se anuncia para breve, através da Academia Nacional de Belasartes, é permaturo inferir, se as reconstituições desenhadas por Holanda, são fruto da sua imaginação, ou tiradas "de visu" da estatuária romana, ou de objetos arqueológicos recolhidos na época.

No seu livro "Da Fabrica que fallece à cidade de Lysboa", Holanda, além de desenhar monumentos romanos, como a ponte de Trajano, em Alcântara, exemplo da necessária ponte a realizar sobre o Tejo, revela a existência de inscrições: "Neste Tempo era Lysboa inda gentia e pagã e não conhecia seu verdadeiro fũdador DEOS. Mas adorava os ídolos, como eu mesmo vi, sendo moço polo cipo do idolo Esculapio e N. SNR da Porta do ferro. E o cipo sobre que stava o Idolo de Venus q está a Santo Estevaõ. E outros"[134].

A sua principal contribuição para a história de arte, é todavia o tratado Da Pintura Antiga, em dois livros, Dialogos de Roma e Do tirar polo natural.

---

[131] Jorge Segurado, Damião de Goes, Lisboa, 1975, ob.cit., pg. 145 e pg. 25.
[132] Francisco de Holanda, ob.cit., pg. 47.
[133] Sylvie Deswarte, ob.cit., pg. 191.
[134] Jorge Segurado, Francisco d'Ollanda, Lisboa, Excelsior, 1970. pg. 74.

Pela primeira vez no nosso país se trata das Belas-Artes e com um pensamento estético original. Holanda ergue a pintura acima de todas as artes, formando-se em três eficazes preceitos, a invençao ou ideia, a proporção ou symetria e o decoro ou a decência" (ornato)[135].

Embora amigo e contemporâneo de Miguel Angelo são Rapael e Leonardo os seus preferidos. Parte da máxima de Da Vinci -"Pittura é cosa mentale"- para formular uma teoria.

"A pintura é uma declaração do pensamento em obra visivel e contemplativa, e segundo natureza. É imitação de Deus e da natureza prontíssima.... [136] É criar de novo uma tabua limpa e lisa ou um papel cego e inobre ... Quaisquer obras divinas ou naturais, com tão perfeita imitação que pareça naquele lugar estar tudo aquilo que não está; e ser longe o que está tão perto e chegar-se ou afastar-se de nós como vero incorporado, o que é imaginado e incorpóreo, isto somente em ajuda de duas linhas, uma recta e a outra oblíqua, tiradas da régua e do compasso e assi mesmo com a razão do claro e da sombra que dixe no principio[137].

Exalta o retrato, a filiosomia, como expressão individualizada de figura humana, tece igualmente o louvor da visualidade nos cuidados a ter com a anatomia, o jogo da luz e sombra, a perspectiva e a composição cromática, na paleta do pintor.

Embora para Holanda, pintor seja qualidade inata deverá este ter um saber enciclopédico, permanente estudo e observação[138] procurando ser original e igual a si próprio[139] tendo como mestres Deus, a natureza e a "mui discreta e mui formosa magnamima Antiguidade, a qual de louvar nunca sevei satisfeito"[140].

É o primeiro escritor português a falar de Dürer[141]. Francisco de Holanda não teria os réditos necessários, para angariar colecções

---

[135] Francisco de Hollanda, ob.cit., pg .67.
[136] Pg. 66.
[137] Ob.cit., pg. 67.
[138] Ob.cit., pg. 79 e sgts.
[139] Ob.cit., pg. 88.
[140] Ob.cit., pg. 89.
[141] José Stichini Vitela, Francisco de Holanda, Vida, Pensamento e Obras, Lisboa, Instituto de Língua e Cultura Portuguesa, 1982, pg. 25.

semelhantes às de Damião de Goes que, em contacto com mercadores recebera, por vezes, generosas ofertas por préstimos realizados aos mesmos[142].

Os Desenhos de Antigualhas podem considerar-se uma pequena coleção iconográfica de arqueologia, Hollanda possuía também, (à semelhança da recolha epigráfica romana, realizada por André de Resende, no nosso pais e intitulado Antigua Epigraphia, manuscrito dedicado ao cardeal D. Afonso e que se perdeu), uma colecção, Dos Letereiros de Roma, de que se terá servido para introduzir a inscrição correcta no desenho de cada monumento romano, por ele reproduzido[143].

6. João de Barros (1496-1570) foi, tal como Damião de Goes tesoureiro da Casa da India. Possuía uma gravura ou desenho de Dürer conforme ele próprio o declara nas Décadas da Ásia "Porque não somente estes príncipes em si mesmo aprovaram prevalecerem estes bens do engenho aos da Fortuna, mas ainda em outrem o aprovou e confirmou o Imperador Maximiliano, no que disse por Alberto Durero, que foi ora em nossos tempos um dos excelentes debuxadores de toda a Europa. O qual, vindo muitas vezes ante ele com algũas obras que lhe fazia, principalmente com um portico que nós temos, em que está toda a genealogia e feitos de guerra que fez em sua idade, o Emperador lhe fazia muita honra, de que sentiu que alguãs pessoas ilustres, que eram presentes, motejaram disso, contra os quais êle disse:

- Sabeis vos outros por que faço tanta honra a Alberto? Porque as partes que ele tem, por cujo respeito a merece - deulhas Deus e a Natureza, e de mim não tem alguã cousa; e vos outros as que tendes são minhas, ca não me custastes mais que assinar um pequeno papel para vos dar o ser que tendes"[144]. Provavelmente tanto a história, como o "portico" lhe terá

---
[142] A. H. Oliveira Marques, Damião de Goes e os mercadores de Dantzig, pg. 19 "Em 23 de Abril de 1567 o senado de Dantzig se dirigia uma vez mais a Damião de Goes, mas agora para lhe anunciar a oferta de uma taça ou copo de ouro, em sinal de reconhecimento pelo serviço prestado".
[143] Sylvie Deswarte, ob.cit., pg. 186.
[144] João de Barros, Ásia, Quarta Década, Lisboa, Agência Geral das Colónias, 1946, pg. 8.

vindo por Damião de Goes, desconhecendo-se se João de Barros possuía outros exemplares.

"João de Barros não foi à India, mas bem descreveu a geografia, os usos e os costumes" daqueles povos[145].

7. D. Joâo de Castro (1500-1548) foi vice-Rei da India, tendo convidado André de Resende para o acompanhar, convite que este declinou. No entanto D. João entra em Goa como principe humanista que é: "debaixo do pálio, uma palma na mão, a fronte cingida pela coroa de louros. Para que nada faltasse à triunfal jornada e em tude se ouvisse o eco da glória romana, veio o senado da cidade, à porta da Fortaleza, aberta em arco, saudar o herói em latim..."[146]

As colecções de D. João de Castro na India são de cariz heroico. Eram eventualmente treze, os panos tecidos em Tournai, nos principios do século XVI. Existiam em 1928 e segundo Luis Keil 3 tapeçarias, em França, na coleção do Marquês de Dreux-Brezé e dez "no antigo Hofburg de Viena, juntos com a mais preciosa colecção de mais de 1.000 panos, que constituía um dos núcleos mais importantes de tapeçaria existentes no mundo", no princípio deste século[147].

Murphy no relato da sua visita a Sintra descreve a quinta da Penha Verde onde se encontram inscrições em sânscrito que transcreve e que foram trazidas pelo vice-rei para Portugal, além da capela e trofeus (que não descrimina) das suas vitórias[148]. Estas lápides que "ainda hoje se admiram são consideradas pelos sanscriptólogos no devido apreço"[149]. Mas a sua mais notável coleção, mandada executar para o Palácio dos Vice-Reis, em Goa é "a serie dos vice-reis, pintada por natural", ou de memória por Gaspar Correia, cerca de 1546 ..."[150]

---

[145] 144a- Sousa Viterbo, O orientalismo em Portugal no século XVI Lisboa, Imprensa Nacional,1893. pg. 13.
[146] Arndrey F. B. Bell, o Humanista Dom Jerónimo Osório, Coimbra, Imprensa da Universidade,1934, pg.1., introdução de Luís de Almeida Braga.
[147] Luis Keil, As tapeçarias de D. João de Castro, Lisboa,1928 pg. 6 e pg. 9.
[148] J. Murphy, Travels .... ob.cit., pg. 273.
[149] Sousa Viterbo, O Oríentalismo ..., ob.cit., pg. 13.
[150] José-Augusto França, o Retrato na Arte Portuguesa, ob.cit., pg. 35.

Esta galeria por lá ficou, em Goa, depois de ter vindo, a restauro a Lisboa, em 1554. De regresso à Pátria e como último cargo, D. João de Castro vem exercer as funções de Mordomo-Mor da erudita infanta D. Maria, dividindo os seus dias entre a Penha Verde e os Paços de Xabregas e a Sempre-Noiva.

8. Vasco da Gama teve, ao que se supõe casa em Évora onde entre as suas colecções se deviam contar pelo menos com porcelanas da china.

Estas passam a ser objeto comum e ali se encomendam e mandam fazer peças, ao gosto nacional de que e exemplo a escudela de Pêro de Faria, de porcelana Míng, trazida do Oriente, em 1541, e que se encontra actualmente no Museu Rainha D. Leonor, em Beja.

Mandou Vasco da Gama ou outro executar um original nucleo de frescos. As Casas Pintadas de Évora, que lhe teriam pertencido têm ainda hoje, frescos de alegoria apocalíptica e paradisíaca, representando uma variedade de espécies arbóreas e animais, que testemunham a introdução do exótico na decoração mural. Teixeira de Aragão refere que em 1871 "havia ainda pessoas que se recordavam terem visto, por cima da porta das chamadas casas de D. Vasco da Gama pintadas a doiradas, uns indios, arvores e objectos orientais que se diziam alusivos ao descobrimento da India[151].

9. Garcia da Horta (a. 1501-1568) médico ilustre, de ascendência judaica parte para Goa onde escreve, "Colloquios dos Sim ples e Drogas e Cousas Medicinais da India". Neste livro reune os seus conhecimentos científicos, baseados na experimentação e na observação do reino vegetal que lhe grangearam fama universal.

Cria em Goa, o embrião de um Museu Botânico. "De toda a parte lhe mandavam algumas drogas raras. Ele próprio corria os bazares, investigando e fazendo aquisições interessantes. Os seus armários estavam

---

[151] A. C. Teixeira de Aragão, D. Vasco da Gama e a Villa da Vidigueira, Lisboa, Typografia Universal, 1871, pg. 41.

cheios de uma miscelânea científica extremamente curiosa, era a um lado a semente do bangue e o hashish, ... a pedra arménia .... Com a mania de um verdadeiro coleccionador não deixava escapar ocasião de aumentar o número dos seus exemplares"[152].

Silva Carvalho descreve a sua casa onde "tinha nas trazeiras que subiam em relação ao Sul, um vasto quintal onde o Naturalista fazia as suas sementeiras e plantações. Era vasta para abrigar a família e a sua numerosa criadagem e para guardar os livros e o museu, em que ao herbário se juntavam exemplares de história natural e as drogas"[153].

Tal como Francisco d'Ollanda usa a forma coloquial e, nesses diálogos vai descrevendo plantas e espécies vegetais, suas características, cheiros, usos e utilização terapeutica, pelo que é considerado um importante percursor da farmacopeia.

10 - António Gouveia, jesuíta, natural da Ilha Terceira onde nasceu em 1528, teve processo na inquisição pelas suas actividades. "Perito em alquimia, e destilação botânica, farmacêutica e mineralogia", foi preso no Brasil e mandado para Lisboa, para os carceres da Inquisição[154].

Através do processo está patente, mais uma vez a luta entre o desabrochar do espírito científico e a rotina institucional dos conhecimentos dogmáticamente defendidos. Era sua protectora, D. Isabel de Albuquerque, irmã de Martim Afonso de Sousa, governador da Índia que levara Garcia da Horta como físico-mor, para Goa.

Condenado por possuir fornalhas para fazer ouro, em sua casa e na de D. Isabel, onde havia oficina de destilaria[155]. Do processo retiram-se saborosas passagens sobre este alquimista: O qual andava em habito de clerigo e praticando cõ elle lhe dito o dito amtonio de gouvea que conhecia muitas hervas e sabya fazer ouro potavel e asy lhe disse que sabya fazer hũa pedro cõ que se podia fazer jmuysyvel ña lhe dizẽdo que pedra era nẽ

---

[152] Conde de Ficalho, Garcia da Orta e o seu tempo, Lisboa, Imprensa Nacional,1886, pg. 218 e 219.
[153] Augusto da Silva Carvalho, Garcia d'Orta, Coimbra, Imprensa da Universidade, 1934, pg. 31.
[154] Pedro de Azevedo, Archivo Histórico Português, vol.III, n9 1 e 2, Janeiro e Fevereiro, Lisboa 1905, pg. 181.
[155] Ob.cit., pg. 181 e 183.

como se fazia...[156]. É um percussor dos laboratórios universitários, criados por Pombal.

Embora não venha expresso, deveria este jesuíta possuir colecções de mineralogia, pois é preso, pela primeira vez, por ter ido recolher minerais nas minas de Aljustrel, pelo que é seguidamente enviado, em degredo, para o Brasil[157]. Em Pernambuco actua simultaneamente como missionário e alquimista, onde teve outros protectores que se revelaram no decurso do processo[158].

Assim, e no século XVI, estão já delineadas as diversas especialidades em que os primeiros museus do século XVIII, em Portugal vão constituir as suas colecções.

3. GABINETES E GALERIAS

Já Damião de Goes designava por "escritório", a câmara onde reunia as suas colecções, onde tinha o seu móvel: "escritório" e, consequentemente, onde redigia as suas obras.

Se o "escritório" é o móvel característico da Renascença, o "contador" é o do século XVII[159]. "O móvel a que chamamos contador deriva da arca de escritório e distingue-se dos seus congéneres europeus por ter gavetas à vista, aparentemente todos iguais, dispostas na frente da caixa, cobrindo-a inteiramente, e por assentar sobre mesa ou trempe, quando atingia certas dimensões, ..., a tripessa"[160].

Na Europa, um móvel de semelhantes características chamava-se "cabinet" e, assim, por extensão, se passou a designar o quarto, sala ou câmara onde o referido móvel era colocado. Em Portugal, entre eruditos usa-se preferencialmente, e por moda de eruditos, o galicismo gabinete.

---

[156] Ob.cit., pg. 189.
[157] Ob.cit., pg. 179.
[158] Ob.cit., pg. 180.
[159] Maria Helena Mendes Pinto, Artes Decorativas Portuguesas, Lisboa, Museu Nacional de Arte Antiga, 1979, pg. 41.
[160] Ob.Cit., pg. 41 e 42.

A partir dos finais do século XVI vão aparecer na Europa dois tipos de enquadramento para os objetos que se vão recolhendo: as galerias, que sejam de pintura, de retratos ou de estatuária romana e os gabinetes, de antiqualhas e de curiosidades.

Paolo Giovio forma uma enorme galeria de retratos (o museum jovinum), Vespasiano de Sabineta, um antiquarium, Cosme de Médicis uma galeria de pintura e um gabinete de história natural, Francisco I um "appartement des bains", em Fontanebleau, onde em 5 câmaras mandara dispor a sua melhor coleção de pintura, adossada à parede entre estuques da autoria de Rosso[161]. Na Alemanha, criam-se os chamados "Wunderkammer", gabinetes de maravilhas em se que reunem peças mineralógicas, botânicas, zoológicas, teratológicas, e instrumentos matemáticos, físicos e químicos[162].

Em Portugal, é sobretudo entre as colecções particulares que se vão desenvolver estas concepções museológicas em gabinetes de curiosidades, ou especializados numa profunda aglomeração de objetos.

Embora não vindo, as mais das vezes expresso, e como era organizada a coleção, pode de uma maneira geral entender-se que as colecções se organizavam em gabinetes, ou num gabinete, em que o erudito reunia no seu contador moedas, medalhas e outras raridades. As galerias de pintura são menos frequentes e nas casas de particulares, aparecem sobretudo como retratos de família.

A galeria, tal como hoje se concebe é uma concepçao museológica em Portugal, sobretudo do século XVIII.

As colecções de artistas, mais raras, no nosso país, devido aos fracos réditos, são fundamentalmente constituídos por gravras, estampas e desenhos que se guardavam em pastas ou cadernos.

Assim se vão estruturando as colecções, às quais o iluminismo e a influencia dos enciclopedistas iria juntar uma nova instituição - o museu publico.

---

[161] Germain Bazin, ob.cit., pg. 56 e sgts.
[162] Ob.cit., pg. 62.

Até lá gabinetes e galerias tem um caracter privado e pessoal, sendo o seu acesso reservado ao pequeno grupo de amigos, e "curiosos" ou "eruditos" ou artistas que tinham entrada no Paço, no Mosteiro, na casa senhorial, e no gabinete particular ou na oficina.

1- Filipe Nunes nascido em Vila Real na 2ª. metade do século XVI morreu em data posterior a 1615[163]. A sua obra Arte Poética, e da Pintura, e Symetria, com princípios da Perspectiva, é editada em 1615, é um tratado de Índole pedagógica, revelador de um pensamento estético, nem sempre original[164]. Define a Pintura como "hũa Arte tão rara, & tem tanto que entender, & mostra tanta erudição que deixo de lho chamar rara, por lhe chamar quasí divina"[165] e ainda "he hũa representaçao da forma de algũa cousa, lançadas certas linhas e traços"...[166]

Cita outros tratadistas entre os quais Durer e Vitruvío, pelo que se depreende que não só conhecia mas possuía os seus livros e muito possivelmente estampas e gravuras, que aliás nao expressa quais nem quantas.

Termina o seu trabalho indicando os processos e técnicas do Óleo, do desenho, do fresco, da ilumina, da têmpera, do estofado ....

Para Filipe Nunes servia a pintura para a Propaganda da fé religiosa pois "não só deleyta, & agrada aos olhos, mas faz fresca a memoria de muytas cousas passadas, & nos mostra diante dos olhos as historias muyto tempo conhecidas. Serve mais a Pintura que vendo pintadas as façanhas, & cazos illustres nos excitamos, & animamos para cometter outros semelhantes como se levamos em historiadores..."[167], o maneirismo ao serviço da Contra-Reforma[168] Muito embora não tenha

---
[163] Philipe Nunes, Arte da Pintura, Symmetria e Perspectiva com estudo introdutório de Leontina Ventura, Porto, Editorial Paisagem, 1982, pg. 11.
[164] Ob.cit., pg. 21.
[165] Ob.cit., pg. 69.
[166] Ob.cit., pg. 89.
[167] Ob.cit., pg. 70.
[168] Vitor Serrão, A Pintura maneirista em Portugal, Lisboa Instituto de Cultura e Leitura Portuguesa, 1982, pg. 109 e sgts no mesmo sentido Dagoberto Markl, Fernão Gomes, Um Pintor do Grupo de Camões, A Pintura maneirista em Portugal, Lisboa, Comissão Executiva do IV Centenário da Publicação "Os Lusíadas", 1973, pg.15 e sgts.

conseguido informação é muito provavel que este autor, como teórico, tal como Francisco de Holanda tenha organizada a sua própria colecçao de desenhos.

2. Gaspar Estaço, cujas datas de nascimento e morte se ignoram, publica as Varias Antiguidades de Portugal em 1625. Natural de Évora, fez os seus estudos na, então recente, Universidade dos jesuítas, a quem censurará mais tarde, pelo crime de lesa pátria, cometido na destruição de um arco triunfal, a que chama Portico: "Era este Portico, huma das mais famozas peças dos Romanos que se conservava, nam digo eu somente nas Hespanhas, mas no Mundo: era composto de tres arcos triunfaes, ornados de diversas colunnas, alquitraves, frizos, níchos e estatuas de precioso marmore, occupava toda a largueza da Praça: passavam de trezentas as colunnas que delle se arrancaram e dellas se conservam muitas nos Paços da Inquiziçam, nos Conventos de S. Francisco e Espirito Santo, e nas cazas particulares dos Cidadaõs das quaes eu conservo huma, no Pateo das que tenho na carreira do Menino Jesus, e parece-me que o Atrio da Igreja da Cartuxa de Evora se compoz de muitas pedras do dito Portico o qual assi era alteroso e realçado que afrontava e cobria a alta e muy fermoza Bazilica de s. Antam que ao pe delle fundou o Cardeal Dom Henrique: e deste pretexto se valeram os jesuítas para que o Cardeal negoceasse com seu irmam o senhor Rey D. Joam III que mandasse arrazar o dito Portico, e assi se fez por hum Decreto do dito Rey, que eu vi, ..."[169]

Deste atentado contra o património se lamenta ainda Es taço nestes termos: ... "e ainda me parece que nam basta isto para se crer que, em taes tempos, por tal Rey, e tal Príncipe, e nos olhos de Mestre Resende, Gaspar Barreiros, Diogo Mendes de Vas concelos e infinitos outros homens sabias e dados as antiguidades, que entam moravam em Evora, se desmanchasse e destruisse e apagasse de tal memoria ..."[170]

---

[169] Gaspar Estaço, Várias Antiguidades de Evora, in Bento de Jesus Farinha, Colecçam de Antiguidades de Evora ... , s.p.
[170] Ob.cit., s.p.

A indignação deste humanista é bem reveladora na linhagem eborense de eruditos. Em vários passos da sua obra mostra-se sempre apreciador sobretudo de moedas, de que diz possuir algumas e de vestigios romanas, desprezando a Citânia de Briteiros, como obra de "Mouros lavradores": "e não achey nelle vestígio algum de rua, nem os penedos alli nascidos o permittem: alguas casas houve de parede solta sem cal, e rude, que parece foraõ de Mouros lavradores, ou jornaleiros, mas não ha huma só pedra lavrada, nem fonte, nem capa cidade de sitio, que havia de ter huma cidade, que desprezava hum exercito de Romanos, porque o outeiro só para curral tão áspero como he"[171].

Gaspar Estaço foi cónego da Colegiada de N. Sra. da Oliveira, em Guimarães, de cuja antiguidade procura documento comprovativo através de fontes arquivísticas e da numismática: acerca da Igreja de são Tiago "que naõ ha muitos annos durava na praça desta Villa, a qual gastada do tempo, e meya arruinada, ... e segundo memorias do archivo da Collegiada Real, ella foi Collegiada antigamente ... era de pedra de cantaria e tinha huma torre, que eu ainda vi, na qual quando se desfez foy achada huma medalha, que eu tenho, em que se vê de huma parte huma mulher esculpida de meyo relêvo tangendo em hum instrumencto de cordas, e em outra, que lhe poem huma coroa na cabeça com a maõ direita, e na esquerda huma cornucopia com esta letra no circuito: Honor alit artes. E da outra parte esta Minerva com huma lança na mão direita, e hum escudo na esquerda com outra letra que diz: sem pacem, sem bella geras... parece quer feita em tempo dos Romanos em que a arte da escultura estava no tempo naquela perfeição, em que não estava no tempo dos antigos Reys de Portugal, nem dos Godos, como se vê em moedas destes tempos, que eu tenho. O que sem duvida he argumento da grandíssima Antiguidade deste Templo, e da sua fundação, a qual parece ser, senão do tempo dos Romanos ou do mesmo são Damaso, em que ainda todas as artes se conservaõ em sua perfeição e policia"[172].

---

[171] Gaspar Estaço, Várias Antiguidades de Portugal, Lisboa off. dos Herdeiros de António Pedrozo Galvão,1774 pg. 82.
[172] Ob.cit., pg.77 e sgts.

Gaspar Estaço utiliza a moeda como documento arqueológico pois "como ellas sejam mensageiras, que vem de longe e nos tragam noticia de muitas cousas que nam sabemos, que engenho nobre ou alto spirito as nam estimará muito, pois tam natural é ao homem o desejo de saber?" ...[173]

A sua pequena coleção era constituída por moedas romanas, visigóticas e portuguesas. Leite de Vasconcelos crê que o desenho que acompanha a descrição do morabitino, é o primeiro a ser estampado no nosso país[174].

D. António Caetano de Sousa transcreve parte do capítulo XCV das Varias Antiguidades de Portugal: "Das Antigas Armas de Portugal, que trouxe, e de que usou D. Affonso Henriques, segundo estão em huma Moeda de ouro, que o Author tem cuja imagem he a seguinte ..." (moeda impressa por Sousa)[175].

3. Muito embora Fr. Bernardo de Brito (1569-1617) não fosse coleccionador, possuía tambem algumas moedas, conforme o expressa na Monarquia Lusitana: "Deste Emperador (Vespasiano) tenho hũa moeda de cobre grande, que se achou em Codesso, perto de Chaves, que tem de hũa parte o rosto do Emperador com sua inscrição, e da outra hũa mulher sentada debaixo de hũa palma, hom hũas letras que dizem IUDEA CAPTA, querem dizer Judea rendida, a qual se devia mandar esculpir, tanto pela muita parte que Vespasiano conquistou desta provincia, como seu filho Tito de assolar Hierusalem e desterrar os Judeus por diversas províncias do mundo"[176].

À semelhança de Gaspar Estaço, Brito recorre igualmente à moeda como documento histórico e arqueológico, facto que vem sendo comum

---

[173] José Leite de Vasconcelos, Da Numismática em Portugal, Arquivo da Universidade de Lisboa, vol. IX, 1923, pg. 61 e nota.
[174] Ob.cit., pg. 60 e 61.
[175] D. António Caetano de Sousa, História Genealógica da Casa Real Portuguesa, Livro V, pg. 117 e sgts.
[176] José Leite de Vasconcelos, ob.cit., pgs. 63 e 64.

nos autores que, desde Resende, se dedicam aos estudos históricos, o que nem sempre oferece garantia de autenticidade.

4. D. Rodrigo da Cunha (1577-1643), foi bispo de Portalegre, do Porto, Arcebispo de Braga e finalmente Arcebispo de Lisboa.

Afecto à Casa de Bragança, escusou-se ao barrete cardinalício com que lhe acenara Filipe III, e à data de 1640 é um dos govenadores de reino, até D. João IV chegar a Lisboa. Paralelamente às suas actividades políticas e apostólicas redige várias obras sobre a história as grandes dioceses por onde passou[177].

Na História Ecclesiastica da Igreja de Lisboa, publicada em 1642, declara possuir um medalheiro: "outras moedas ouve de prata e cobre de que temos boa copia"[178] D. Rodrigo da Cunha faz uma "especie de história monetária em que fala sumariamente das moedas que cada rei cunhou até D. João IV, catalogando-as alfabetica e cronologicamente pelo que se depreende que a sua colecção estaria sistematisada pela ordem que refere e não pelo material, ouro, prata e cobre, como até ali era costume[179].

Muito embora louve na História Ecclesiastica dos Arcebispos de Braga a acção de D. Diogo de Sousa, como arqueólogo, não dá notícia de ter acrescentado ou modificado o conjunto lapidar do Campo Sant'Anna[180]. Utiliza, no entanto as inscrições epigráficas como fonte documental na idêntica história de Lisboa: "Letereiros de pedras romanas que se achaõ em Lisboa, de epitáfios e outras várias inscrições"[181].

Transcreve e traduz da "Igreja de Santiago, junto às casas dos Castros ha huã pedra grande jaspeada em torre quadrada com esta descripção:

---

[177] Diccionário de História de Portugal, dirigido por Joel Serrão, vol. I) Livraria Figueirinhas, 1971, pg. 773.
[178] J. Leite de Vasconcelos, ob.cit., pg. 81.
[179] Ob.cit., pg. 79 e sgts.
[180] D. Rodrigo da Cunha, História Ecclesiástica dos Arcebispos e dos Santos & Varões illustres, que floresceraõ neste Arcebispado, II parte, Braga,1635, pg. 296.
[181] D. Rodrigo da Cunha, História Ecclesiástica da Igreja de Lisboa, Lisboa, cap. VII, Lisboa.

DIVO AUGUSTO
C. ARRIUS OPATUS
C. TULIUS EUTICUS
AUGUSTALES

"Quere dizer: os sacerdotes Cayo Arrio e Hayo Tulio dedicáraõ esta pedra ao Divino Augusto." "e acrescenta": "Dá esta descripção motivo para imaginar, que esta ara foy templo de Octaviano Augusto, e cujos sacerdotes chamavaõ Augustaes. Foy este Emperador o primeiro entre os Romanos"[182].

Assim se exemplifica a metodologia de um coleccionador e historiógrafo do século XVII.

Manuel Severim de Faria (1582/3-1655) foi chantre da Sé de Évora e é figura de charneira entre os humanitas de quinhentos e os fundadores da Real Academia, fundada por D. João V, em 1720. Conquanto utilize a mesma metodologia histórica dos autores que o antecederam, introduz uma dimensão crítica e procura uma teorização. Escreve o primeiro tratado de numismática, que integra nas "Noticias de Portugal"[183].

Para Severim de Faria "nenhum cousa conserva tanto a antiguidade como as Moedas e Medalhas, que pela incorrupção dos metaes perseverão perpetuamente, e por seu grande numero estaõ em toda a parte onde se representaõ os verdadeiros rostos, que tiveraõ os mais antigos Principes, seus nomes, suas fabricas, e finalmente o valor de todas cousas, por que todas ellas se reduzem ao pezo, e valia da Moeda[184].

---

[182] Ob.cit., pg. 13.
[183] José Leite de Vasconcelos, ob.cit., 70.
[184] Noticias de Portugal escriptas por Manoel Severim de Faria Chantre, E Conego da Sé de Évora, em que se declaram as grandes comodidades, que tem para crescer gente, industria, comércio, riquezas e forças militares por mar, e terra, as Origens de todos os appelidos e Armas das Familias Nobres do Reyno, as Moedas, que correraõ nesta Provincia do tempo dos Romanos até o presente, e se referem vários Elogios de Principes, e Varoens Illustres Portugueses. Nesta segunda impressão acrescentadas, pelo Pe D. José Barbosa clérigo regular, accademico do numero da Accademia Real offerecidas ao muito reverendo Doutor José Caldeira, presbitero do Hábito de S. Pedro, Prothonotario Apostolico de S. Santidade, Beneficiado na Paroquial Igreja de N. Senhora da Purificação do Lugar de Sacavem, Lisboa Occidental, na off.de António Isidoro da Fonseha, Anno de 1740, pg. 145.

Aqui declara o tríplice valor da moeda, documental, iconográfico e económico o que representa uma sensível inovação na abordagem da numismática. Sobreleva ainda os mesmos objectos porque neles se "conserva a memoria dos tempos mais que em nenhum outro monumento. Os livros depressa se consomem, se senaõ copiaõ, as fabricas, e estatuas não passaraõ de hum lugar, e ahi mesmo acabaraõ, as pyramides e obeliscos, em que se esculpiraõ os hieroglyphicos mysteriosos, que continhaõ as propriedades occultas, já delles naõ ha memoria."[185]

Esta declaração do primado da moeda sobre outro qualquer vestígio arqueológico, pelas potencialidades de conservaçao dos materiais, pelo seu fácil transporte e consequente divulgação, está na base do seu coleccionismo.

Leite de Vasconcelos considera-o "original, pois se serviu de moedas que possuía, utilizando ainda todos os meios de informação literária que estavam ao seu alcance dando indicações para a história monetária e a respectiva tecnica de cada moeda, casas da moeda, moedeiras, organização e privilégio dos mesmos"[186].

A introdução biográfica da 2ª edição das "Notícias de Portugal", apresentada pelo o ^{Pe.} José Barbosa, académico, é bem reveladora do alto conceito em que este erudito era tido: "a sua generosa, e conhecida curiosidade o fez Senhor de hum thesouro de Moedas Romanas e Portuguesas, pois como lê em algumas das suas obras eraõ tantas as que se lhe levavaõ que parece que a terra se desentranhava para o enriquecer. Conservou grande numero de vasos, e outras reliquias da grandeza Romana, de que formou hum Museo digno de hum Principe, mas por sua morte desapareceo, de maneira que delle naõ ho mais que huma lastimosa tradição"[187].

Assim, a sua notável coleção de moedas romanas, visigóticas, árabes, portuguesas, espanholas, medalhas e contos de contar[188], provinha, pelo

---
[185] Ob.cit., pg. 144 e 145.
[186] José Leite de Vasconcelos. ob.cit., pg. 75.
[187] Noticias de Portugal, Vida de Manoel Severim de Faria escrita pelo Adicionador.
[188] José Leite de Vasconcelos, ob.cit., pg. 77 e 78.

que se depreende da oferta de amigos, conhecidos e desconhecidos. Tal como acontecera a Resende, um século antes, deverim entregar-lhe o que ía aparecendo.

Muito embora o académico Barbosa, setecentista, lhe chame Museu, esta coleção parece corresponde ao típico gabinete do "curioso" ou "erudito" seiscentista, anexo à livraria[189], que foi posteriormente adquirida pelo conde de Vimieiro e de que parte ardeu no incêndio que se seguiu ao terramoto de 1755[190], mas cujo catálogo se encontra publicado na Coleção de Memórias da Academia da História. D. Antônio Caetano de Sousa distingue-o entre outros "authores que se dedicaram ao estudo das Moedas Portuguesas, transcrevendo parte do catálogo de Severim"[191].

5. Manuel de Faria e Sousa (1590-1649) possuiu, igualmente um pequeno medalheiro. Na sua obra, Europa Portuguesa, dedica atenção ao estudo de "algunas monedas que corrieron en la antigua Lusitania i en Portugal, i de las que hoy corren"[192]. Escreve em castelhano, sob o domínio filipino e, em Madrid, onde era secretário de Pedro Álvares Pereira, encarregado dos negócios de Portugal, junto de Filipe III.

Leite de Vasconcelos considera-o como coleccionador, pelas referências que faz às moedas. Só manuseando-as poderia exprimir certas particularidades das mesmas.[193]

6. O crescente interesse pela arqueologia vai ocupar numerosos eruditos ao longo do século XVII, sendo mencionado por alguns a autores, achados, inscrições e sítios arqueológicos. Frei António da Purificação, na Chronica da antiquissima Provincia de Portugal da ordem dos eremitas de S. Agostinho, publicada em 1656, declara terem-se encontrado em

---
[189] Ob.cit., 77.
[190] Diccionário de História de Portugal, vol.II, pg. 187.
[191] D. António Caetano de Sousa, História Genealogica, tomo IV, 1947, pg. 132.
[192] José Leite de Vasconcelos, ob.cit., pg. 85.
[193] Ob.cit., pg. 85.

Lisboa, várias moedas com a efígie de D. Afonso IV que erroneamente designa por alfonsins[194].

7. António Coelho Gasco nas Antiguidades da muy Nobre Cidade de Lisboa, imperio do Mundo e princesa do mar Oceano descreve entre outras indicações as ruinas de Troia "onde bem claramente se vê debaixo das aguas as cazas inteiras com suas janellas e portas; e naõ saõ de pedra senaõ de hũ certo betume. Foi cidade antiquissima, e dos romanos como se ve em hũa bem formoza coluna q esta sobre ella a Sta. Cruz, a qual se achou nella q a meu parecer devia de ser algũ templo dos gentios, e della sahio huã notauel pedra de verde finissimo, e muy transpar-te, q parecia hũa finissima esmeralda de largura de hũ palmo, a qual tinha em grande estima Hyero Godinho cunha do de Jorge Cabedo, dezembargador que foy do Paço. Está nas cazas de Fernaõ de Miranda hũa rica figura de jaspe da deusa Venus aqm. os gentios como cegos venerauaõ esta mal tratado do tempo e sem cabeça. E parecem mtos marmores antigos nesta allagada cidade, hũ delles teue meu tio Ioseph Coelho de Caruo[195].

Refere ainda inscrições que transcreve de Tróia, S. Miguel de Odrinhas, Lisboa e Vianna do Alvito aparecendo as descrições de vasos, sepulturas, fíbulas e vidros, o que demonstra a diversidade das colecções de que os gabinetes de curiosidades se vinham a constituir[196].

8. D. Jerónimo Contador de Argote (1676-1749), sócio fundador da Real Academia, "foi nomeado por S. Majestade (D. João V) para escrever as Memórias Historicas do Arcebispado de Braga, argumento digno dos seus profundos estudos"[197]. D. Jerónimo transcende o seu estudo aplicando-se no Livro III, exaustiva e conscienciosamente a referir inscrições, locais, e sítios de antiguidades romanas, godas e ainda castros, em todo o termo do Arcebispado, de Chaves a Vila Real, de Braga a

---

[194] Ob.cit., pg. 83 e nota 3.
[195] António Coelho Gasco, Das Antiguidades da Muy Nobre Cidade de Lisboa, imperio do mundo e princesa do Oceano, Coimbra, Imprensa da Universidade, 1924, pg. 155.
[196] Ob.cit., pg. 161, 169 e 269
[197] Barbosa Machado, Biblioteca Lusitana, tomo II.

Dume[198]. "Junto a huma aldea chamada Outeiro (Chaves), na quinta de Joseph Sampayo, e outras propriedades vizinhas a ella, he sem duvida, que houve Povoação no tempo dos Romnos, o que se prova de se acharem naquella circunferencia continuamente lagiados de cantaria, alicerces de pedra lavrada, tijolos grandes, e ladrilhos de diversos feitios, e fragmentos de fábricas sumptuosas, que sepultaraõ os templos, e os sucessos ..." [199]

Cita ainda sepulturas, cipos, marcos miliários e ... "lugar de Abagas, ... na distância de hum tiro de mosquete do sobredito lugar esta hum monte mui alto, a que chamaõ o Crasto e no cume delle se vem ruínas de edifícios que mostram ter sido povoação ..." [200]

Dá ainda noticia, de que o Arcebispo D. Rodrigo de Moura Telles, em 1725, transferiu dos jardins do Paço Episcopal, alguns dos "padroens romanos" ali existentes para o campo de Santa Anna, acrescentando assim , a colecção miliária de D. Diogo de Sousa"[201].

Demonstra ser um moderno arqueólogo, ao lamentar que o quinhentista D. Diogo não "nos tivesse deixado lembrança do lugar onde primeiramente estavaõ os taes Padroens, porque agora como ignoramos qual das Vias militares que sahiaõ de Braga, pertenciaõ nos naõ podemos / valer delles para declarar o tempo, em que cada huma das estradas em particular foy reformada" ... muito embora "naõha duvida, que he muy digno de louvar o cuidado, que este Prelado teve na conservação destes monumentos"[202].

D. Jerónimo possuia ainda uma coleção de moedas revelando-se, o académico, nas descrições dos achados e nos atentados ao património numismático, na cidade de Braga: "quando estive em Braga por tempo de tres annos, só no fim do último tive noticia desta grandissima quantidade de moedas Romanas, que por todo aquelle Arcebispado continuamente se

---

[198] D. Jeronimo Contador de Argote, pg. 493 Memorias a Historia Ecclesiastica do Arcebispado de Braga, Primaz das Hespanhas titulo I tomo II, Academia Real, Lisboa, na officina de Joseph António da Silva, 1734, pg. 487 e sgts.
[199] Ob.cit., pg. 800.
[200] Ob.cit., pg. 491.
[201] Ob.cit.,pg. 632.
[202] Ob.cit., pgs. 621 e 622.

achavaõ e se conservavaõ; e procurey alguns de ouro e prata que comprey; as de ouro para hum parente meu, as de prata me vendiaõ os Ourives por favor, ao pezo, as de ouro, vendiaõ por mais a terça parte do pezo; e me diziam que tanto as de ouro, como as de prata, não tinhaõ liga alguma; que as de prata lhe serviaõ para solda, as de cobre, pouco tempo antes, eraõ tantas achadas ao fazer humas obras na sé de Braga, que por naõ haver quem as quizesse, se davaõ aos pobres"... "Finalmente os Ourives e Batifolhas, andaõ pelas feiras a comprar destas moedas, e naõ é crivel a copia dellas, que continuamente desfazem"...[203]

A situação preocupante do património cultural, episodicamente aqui referida, em 1748, foram umas das causas da criação da Academia Real da História Portuguesa, vinte e oito anos antes, formalizada, a pedido de D. Manuel Caetano de Sousa por D. João V de que se tratará no capitulo seguinte.

9. Cristovão de Moura (1583-1613), "enriquecido e feito marques de Castelo Rodrigo, mandou fazer ou refazer um palácio, que pertencia por sua mulher, à casa Corte-Real e que ficaria com este nome". Este Palácio da autoria de Terzi, padroniza o formato em "U" em vários outros, posteriores, como o das Galveias ou o dos Aveiros, em Azeitão.

O Palácio Corte-Real era a casa mais prestigiada de Lisboa[204] durante a dominação filipina e aqui se hospeda o Conde de Sandwich em 1662[205]. A casa e as suas colecções sumptuárias passam para a Casa do Infantado, em 1640, fundindo-se, mais tarde, com as colecções reais.

Possuía, ainda, Cristovão de Moura, em Castelo Rodrigo e dentro das muralhas, outro Palácio que avaliar pelas ruinas, seria uma magnifica residência. Quando, sabida a notícia da independência, em 1640, o povo atea o Fogo às suas colecções.

---

[203] Ob.cit., suplemento ao livro IV pg. LVIII.
[204] José A. França, Lisboa Pombalina e o Iluminismo, Lisboa Livraria Bertrand,1977, pg. 29 e 30.
[205] Júlio de Castilho, A. Ribeira de Lisboa, vol. IV, Lisboa, Câmara Municipal de Lisboa, 1943, pg. 28.

10. Os Condes da Ericeira, deixaram o seu nome ligado a actividades literárias, académicas e científicas. O 2º Conde fundou em sua casa a Academia Portuguesa, (em 1717)[206], tendo sido um dos fundadores da Academia Real da História Portuguesa. O 3º Conde , D. Luis de Meneses, possuia viveiro de aves exóticas[207], interessava-se pela história natural, tendo oferecido ao naturalista Jussieu, "exemplares e descriçoes de plantas de Portugal e do ultramar"[208].

Segundo Vilhena Barbosa "o vasto palácio da Annunciada encerrava um curioso e mui variado museu, um rico medalheiro, uma galeria de quadros em que se viam , a par de muitos paineis dos célebres mestres das escolas estrangeiras, uma copiosa collecção de obras dos melhores pintores nacionaes, um gabinete de physica, e uma das maiores e mais selectas livrarias, que tem havido no reino, sobretudo em manuscriptos e livros impressos raros"[209].

O palácio possuia ainda "estatuária que ornava os terraços, as fontes e as grutas ... e uma estátua do celebre escultor Bernini, mandada fabricar em Roma, pelo Conde da Ericeira, em 1675"[210]. O Guia de Portugal informa que aqui "se admiravam telas de grandes mestres, como Ticiano, Corregia, Rubens, etc ..."[211] Este conjunto foi completamente destruido pelo terramoto.

11. D. Nuno Alvares Pereira de Melo, 1º Duque de Cadaval organizou um precioso arquivo de "papeis singulares"[212].

Este arquivo, sofreu um desbate com a invasão de Junót, conservando-se no entanto, uma notável coleção de manuscritos. Junto ao arquivo, possuia, a Casa Cadaval, um dos mais importantes monetários de Lisboa,

---

[206] Joel Serrão Diccionário de História de Portugal vol. II ob.cit., pg. 70.
[207] I. de Vilhena Barbosa, Apontamento para a História das colecções de Zoologia, ob.cit., pg. XII.
[208] Joel Serrão, ob.cit., pg. 71.
[209] I. de Vilhena Barbosa, Museus criados em Portugal até ao fim do século XVIII, in Boletim Real da Associação dos Architectos e Archeologos, 1901, pg. 29.
[210] Guia de Portugal, vol.I, ob.cit., pg. 255.
[211] Ibidem.
[212] Joel Serrão, ob.cit., vol. I, pg. 426.

nos começos do século XVIII, com "moedas romanas e portuguesas e entre estas uma mui rara"[213].

Além de recheio sumptuário possuiu ainda esta casa, em Muge e em Sintra, valiosa coleção de porcelanas, armaria, gravuras e uma galeria de retratos.

12. A Casa dos Marqueses de Abrantes, cujo inventário em 1704 foi publicado por Maria Teresa de Andrade e Sousa, tinha entre as suas colecções numerosa e rica prataria, pintura, tapeçarias, alcatifas, móveis, colchas, armas, louças da India e da China, coches, liteiras e sellas. Descriminado ainda os "vestidos do conde e da senhora condessa". Entre estas espécies uma curiosa peça: "huma caixa redonda de pedra de estancar sangue com suas cintas e três peés de Ouro guarnecido de granadas, tem dentro o jogo de hum Relogio de Latão achaga do mostrador de Ouro tudo peza hum marco e sette outavas avaliado da sorte em que esta em vint mil reiz com que se sabe ... 20$000[214].

No entanto o conjunto mais interessante desta coleção e, sobretudo muito característico da época era, para além de uma "Caza de Porcelanas", um "Gavinete" de porcelanas e vidros que, ainda hoje existe no Palácio, pertença da Embaixada de França[215].

Este conjunto revela as mesmas concepções museográficas da Sala-Relicário de Alcobaça na profusão decoração "horror vacuis" com que as porcelanas estão expostas.

Possuíam ainda os Abrantes uma coleção de numismática[216] iniciada pelo Marquês que, igualmente deixou uma obra manuscrita so bre o assunto e que se perdeu: Numismographia Lusitana", apontamentos que contém somente os nomes e a qualidade das moedas, que tem havido neste reino"[217]. Era intenção do Marquês organizar um catálogo para

---

[213] J. Leite de Vasconcelos, Da Numismática em Portugal, ob.cit., pg. 177 e nota 2.
[214] Maria Teresa de Andrade e Sousa, Inventário dos Bens do Conde de Vila Nova, D. Luis de Lencastre, 1704, Lisboa, Instituto de Alta Cultura, Abril, 1956, pg. 17.
[215] Ob.cit., pg. 52.
[216] J. Leite de Vasconcelos, ob.cit., pg. 96.
[217] Ob.cit., pg. 100.

oferecer aos académicos. Tinha ainda "museu de raridades" conforme testemunha o filho, em "medalhas antigas, moedas modernas, inscrições gregas e romanas, e as outras veneranadas relíquias dos tempos mais escuros, tudo ficaria ilustrado se a vida lhe durasse tanto, como há-de durar a lembrança da sua vastidíssima erudição. Subsistem ainda no Brasil no Palácio de Itamarati, peças de mobiliário e de cerâmica que lhe pertenceram[218].

Do Brasil trouxera o Marquês várias espécies com que enrique ceu as suas colecções "de mineralogia e de outros produtos naturaes"[219].

13. O conde de Assumar académico da Academia Real da História possuiu colecções de moedas e medalhas e de história natural.

Propôs-se escrever um tratado de numismática a que chamava Memória Metallica, mas que não chegou a ser publicado[220].

14. D. Diogo de Mendonça secretário de D. João V compra na Junqueira, a 6 de Julho de 1731, um palácio que não ficou danificado com o terramoto[221].

Depois de várias vicissitudes do proprietário e dos seus descendentes, este Palácio é legado, em testamento à Misericórdia de Lisboa. Do inventário consta que as salas "estavam forradas com magníficas sedas e chitas da India e da Itália, e algumas delas ornamentadas com muitas e delicadas peças de loiças boas da China, do Japão, da Saxónia, tais como leões, de louça branca, pratos, canecas, jarras, pagodes, tigelas, bules, garrafas, açucareiros etc ... estando cada peça colocada na sua prateleirazinha. Não faltavam cómodas, cadeiras, armários, bufetes e mesas de pau santo e outras madeiras de fora e talhas da China"[222].

---

[218] Palácio de Itamaraty, Resenha Histórica e Guia Descritivo, Rio de Janeiro, Ministério das Relações Exteriores, 1942, s. p.
[219] L. de Vilhena Barbosa, Museus ... ob.cit., pg. 30.
[220] J. Leite de Vasconcellos, ob.cit., pg. 101 e 102.
[221] Artur Lamas, A Quinta de D. Diogo de Mendonça, no sítio da Junqueira, Lisboa, Tipografia do Comércio, 1924, pg. 9.
[222] Ob. cit., pg. 21 e sgts.

"No quarto de dormir havia no leito de pau santo com embutidos de madeira de Sebastião de Arruda e de pitiá amarelo, cuja armação, que constava de arrel, cortinas, rodapés, e duas colchas, era de finíssima chita da India, não tendo as cortinas avesso por serem pintadas em ambas as faces. As paredes estavam forradas de chita da India mas com lavores diferentes dos da cama[223].

As pratas, inumeradas, foram avaliadas em 1152$447 reis. Da coleção de pintura de vária proveniência, francesa, holandesa e portuguesa e italiana exposta em gabinetes destaca-se "um retrato em meio corpo do Principe Mauricio, original do famoso Mestre Wandique, um debuxo de Vieira Lusitano, que representara o Padre Eterno, com moldura de pau santo e vidro na frente, novo e sem defeito algum, quatro góticos , "um original de Fº Varius, dois originais de Lucas Jordano, pintor napolitano, conforme atestação de Fº Vieira Lusitano, do sacrificio de Abel e Caim e o sacrificio de Abraão, tendo o primeiro tres figuras e o segundo seis, dois originais de Rosa e muitos outros, incluindo na capela um painel que he o principal por sima do altar qº representa a nonciação da Sta. seu aotor Quillard tem de altura 8 palmos e l/4 e de largo 6 p.mos l/4 com sua moldura dourada perfeito - 400$00"[224].

15. D. Juan de Cabrera foi ministro de Carlos II e nomeado pelo mesmo, embaixador de Espanha, em Paris. No entanto, veio para Lisboa, pensando assim organizar melhor a luta entre o Duque de Áustria contra os Bourbons. Aqui morreu, em 1705, tendo destinado os seus bens à formação de um colégio da Companhia de Jesus. No seu testamento havia uma clausula: "Se Filipe de Anjou fosse o favorecido pela sorte das armas, o Colégio fundar-se-ia, em Lisboa; no caso contrário, dada a suposição de que Carlos III alcançasse o trono de Espanha, o Noviciado fundar-se-ia em Madrid. Foi o primeiro que se deu" e "aos testamenteiros competia a execução do enterro e a feitura imediata de um inventário de todos os

---

[223] Ob.cit., pg. 22.
[224] Ob.cit. ,pg. 26, 22, 25 e 23.

bens, os quais deveriam ser depositados no Colégio de Santo Antão da Companhia de Jesus"[225].

O inventário, transcrito por Gustavo de Matos Sequeira, constava de: "alfaias de casa, roupas brancas, de vestuário, peças de veludo, fazendas, relógios, caixas de tabaco, botões de oiro, arcas escrevaninhas, cabos de bastão, varas de fita, peças de ló, prata e oiro em bruto, cofres, alfinetes, aneis, salvas e outras miúdezas, quarenta e dois cavalos, dezanove mulas, sete machos, dois burros, vinte e quadro selas diferentes, um coche, três liteiras, um carro, correias, telizes e outros acessórios, tapeçarias de arrás, entre as quais uma, em doze panos com a história de Eneias, e outra em dezasseis, com a de Moisés, afora outras mais com assuntos pastoris, guerreiros e venatórios, tendas de campanha, espadas, punhais e pistoletes, estanho de cozinha, prata lavrada, (vendida a el-rei D. Pedro II), pedras preciosas: seiscentas esmeraldas, novecentos berilos, mil e trezentos diamantes, afora safiras, crisólitas, ametistas, crisoprazos, e outras joias, em número considerável, vendidas ao arquiduque Carlos, trinta telas de Ticiano, nove de Corrégio, duas de Miguel Angelo, Ramarata, três de Brugaro, duas de Júlio Cejas, vinte e seis de Van-Dick, trinta e quatro de Tintureto, vinte e duas de Rubens, uma de Alberto Duri, cinco de Paulo Veranese, vinte e seis de Bassano, três de Giordano, e muitas outras de menor renome, e outros objectos diferentes ... o que produz um total de 155 668$960, o qual, junto ao dinheiro em moeda encontrado no espólio, prefaz a soma de 226 907$818". Estas colecçoes foram vendidas quase todas para fora do país, tendo sido a pintura comprada por Carlos II, por 40 000$000, além das jóias e outros haveres[226].

Ainda, em Lisboa o consul francês Duverger aqui deixara a sua coleção de pintura, que D. Joao V comprara. Deslocara-se o rei, "acompanhado de artistas e peritos a visitar a casa de campo do falecido consul francês e ali fizera aquisição de quarenta e um pai neis além do

---
[225] Gustavo de Matos Sequeira, Depois do Terramoto, Subsídios para a história dos Bairros Ocidentais de Lisboa, vol. I, Lisboa, Academia das Sciências de Lisboa, 1916, pg. 338 e 339.
[226] Ob.cit., pg. 340 e sgts.

retrato de Luis XIV", retrato que o embaixador, abade de Mornay, havia deixado em poder do referido consul[227].

D. João V comprara aliás outra coleção francesa, a já re ferida encomenda a João Mariette, entre a qual "vinha incluida a co lecção de pintura de Mr. Fraula, conselheiro de Estado e Presidente do Tribunal de Contas da França"[228].

Além das citadas colecções e galerias de arte, outras havia em Portugal, e que foram descritas por Pietro Guarienti no Abecedário Pittoresco, publicado em Veneza em 1753, por Pellegrino Antonio Orlanda. Este italiano esteve no nosso país entre 1733 e 36, mas o seu livro encontra-se na Biblioteca Nacional de Paris, razão por que não pode ser consultado.

16. Os Duques de Aveiro possuíam casa em Azeitão, onde constituiram colecções de arqueologia romana com muitas peças, provenientes de Troia, que eram recolhidas no local, sem muita dificuldade[229].

O Inventário desta Casa, em que se incluiam espécies de todas as residências dos Aveiros, espalhadas pelo país, era constituido por 157 jóias, 56 peças de ouro, 471 de prata, 38 de prata dourada, 4 de marfim, 27 medalhas, 818 porcelanas, mais 159 louças da Xassonia e outra à imitação, 125 miudezas de Xassonia, 292 figuras, 29 candieiros em louça e metal, 50 tapeçarias (entre alcatifas, panos de raz e armação) 72 cobres, 290 móveis, 10 imagens, 39 objectos de pedra (pilares, figuras e outros) e 167 pinturas de várias proveniências, incluindo estampas: "seis painéis de 9 palmos de comprido por seis e meio de Alto dois dos ditos são de Batalhas, originais de Grassiano e dois de Marinhas da Escola napolitana .."[230]

Este inventário realizado, em 1759, e exaustivamente transcrito por Luís de Bivar Guerra, revela um notável recheio de casa senhorial

---

[227] Luis Xavier da Costa, As Belas Artes Plásticas em Portugal, durante o Século XVIII, Lisboa, J. Rodriques,1935, pg. 40.
[228] Ob.cit., pg. 41.
[229] Antonio Coelho Gasco, Das Antiguidades da Muy Nobre Cidade de Lisboa, ob.cit., pg. 158.
[230] Luis de Bivar Guerra, Inventário e Sequestro da Casa de Aveiro, em 1759, Lisboa, Edição do Arquivo do Tribunal de Contas, Lisboa, 1952, pg. 21 a 4.

da segunda metade do séc. XVIII e a variedade e diversidade das suas coleções.

17. A Casa dos Marqueses de Penalva, sujeitas a sequestro, pelo Marquês de Pombal, foram inventariadas e avaliadas em 1758, pelo pintor Francisco Vieira Lusitano.

Entre as suas colecções de originais e cópias figuravam 229 Pinturas com 20 retratos, havendo "um oratório portátil, obras raríssima, pintura a óleo sobre cobre e "huma duzia de paineis Indianos ou Chinezes em panno branco, estimadas em 1.200 cada hum, que por todos fazem 14.400 reis"[231]. Esta coleção mereceu um reparo critico de José-Augusto França, em Lisboa Pombalina e o iluminismo[232].

18. As casas de Távora e Atouguia, em idênticas circunstâncias, foram igualmente, sujeitas a inventariação, avaliação e leiloadas em 1759. Do recheio dos Atouguias no Palácio Galveias poucas peças se enumeram, supondo-se que esta casa tivesse reduzido recheio[233].

As suas colecções eram constituídas por livros, roupas, vestidos e entre os móveis "hum canapee e onze cadeiras, são de talha madeira pintada de verde, duas comodas de mogno, uma banquinha redonda, e pees de trempe", entre as louças, "4 talhas da India de dous palmos cada uma das suas tampas e duas mangas Iemans", 38 peças de ouro e pedras, compondo as jóias, numerosas pratas de baixela, arreios telizes e armaria com "hum espadim florete de prata" entre outras peças[234].

Era ainda mencionado o oratório e todos os bens que possuíam nas Indias e dispersos pelo país.

---

[231] Francisco Vieira Lusitano, Inventário das Pinturas que em 1758 possuía a Casa dos Marqueses de Penalva, Lisboa, Instituto para a Alta Cultura, Centro de Estudos de Arte e Museologia, 1945, pg. 6 e pg. 15 e pg. 15.
[232] José-Augusto França, Lisboa Pombalina ..., ob.cit., pg. 329 e nota 77.
[233] Luis de Bivar Guerra, Inventários e Sequestros das Casas de Távora e Atouguia, em 1759, Lisboa, Edição do Arquivo do Tribunal de Contas, 1954, pg. 33.
[234] Ob.cit., pg. 4 e pg. 95.

19. O Palácio de Palhavã foi mandado construir pelo Conde de Sarsedas "imprimindo-lhe manifesta sumptuosidade, encomendando ao famoso escultor Bernini, artísticas estátuas (na decorassem a moradia e ornassem os jardins, planejando uma residência principesca"[235]. Aqui viveram os filhos bastardos de D. João V, por isso chamados os "Meninos de Palhavã", D. José e D. Gaspar, que foram posteriormente Arcebispos de Braga. Em 1787, Beckford descreve o interior desta mansão: "o andar nobre era formado por uma série de bem proporcionadores salões, de grande pé direito e uniformemente revestidos de damasco de mais intenso carmesim. No topo de cada salão um pesado docel de veludo tomava a parede e era acompanhado à direita e à esquerda, por longas filas de alterosas cadeiras forradas do mesmo estofo. Nem esplhos, nem quadros, nem dourados, nem ornatos alguns, somente pesadas tapeçarias, debaixo das quais as proprias mezas vergavam, lançando sem rival o seu peso reflexo sobre tudo. Num salão, junto à parede, entre duas mezas carregadas de pannos de velludo lavrado, encontram-se as poltronas d 'onde Suas Altezas falavam aos santos ministros de Deus"[236].

Como Beckford sublinha este Palacio tinha uma decoração muito antiquada e as suas colecções constavam sobretudo de tapeçarias e mobiliário.

20. O Palácio do Correio-Mor em Loures, com formato em U, foi mandado construir por Luis Gomes da Mata, correio-mor de Filipe I. Possui notaveis azulejos, sobretudo na cozinha, de temas alusivos à gastronomia, do que é réplica dos, do Paço Episcopal do Tojal.

Os tectos das quatro salas do andar nobre - "Salas da Fama, da Música, dos Troféus e das Estações, apresentam uma esplendida decoração em estuques "rocaille", datáveis do reinado de D. José e dos melhores exemplares do género em edifício civil português."[237]

---

[235] Manuel José dos Santos Farinha, O Palácio de Palhavan, Lisboa, Livraria Editora, 1923, pg.10
[236] Ob.cit., pg. 17 e sgts.
[237] Matilde Pessoa de Figueiredo, O Palácio do Correio-Mor, em Loures, Lisboa, pg. 103.

Nos tectos e nas sobre-portas existem ainda em molduras pinturas de iconografia respeitante a cada um dos temas acima enunciados, sendo os mais interessantes os da Sala da Caça.

Compõe-se, portanto, as colecções desta casa de estuques e pinturas e azulejos que subsistem, tendo sido restaurados, há poucos anos.

Do mobiliário, nada que recheia actualmente o palácio nem os azulejos do picadeiro anexo, são das primitivas colecções do Correio-Mor. Matilde Pessoa de Figueiredo revelou em trabalho inédito três interessantes construções museológicas da copa.

21. O Palácio dos Marqueses da Fronteira possui talvez a maior coleção de azulejos da arquitectura civil no país, facto que só tem paralelo, nos da Bacalhoa, renascentista, de Afonso de Albuquerque, e nos holandeses, da Casa da Figueira da Foz, para não falar dos do Paço de Sintra que para José Queirós constituem "um verdadeiro museu de azulejos"[238].

Os azulejos desta casa de Benfica, são de varia proveniência, entre portugueses, espanhóis e holandeses, seiscentista e ainda medalhões de faiança de Della Robia mandados colocar por D. João de Mascarenhas, 2º Conde da Torre e 1º Marquês de Fronteira[239].

"É da tradição, que o palácio foi inaugurado com uma merenda ao rei D. Pedro II, seguida de uma caçada, e que a louça da India que serviu nesse banquete, foi propositadamente quebrada, para que mais ninguém se servisse dela, e com os seus fragmentos, fazendo desenhos bizarros, se embelezaram fontes, grutas e pavilhões."[240]

Contra os gastos excessivos e os hábitos perdulários, se insurgiu, na mesma época, Duarte Ribeiro de Macedo[241]. Aliás as porcelanas da China, vinham aos caixotes, e muita dela servia também na cozinha ou,

---

[238] José Queirós, Cerâmica Portuguesa, Lisboa, pg. 234.
[239] José Cassiano Neves, Jardim e Palácio dos Marqueses da Fronteira, Lisboa, Câmara Municipal de Lisboa, 1944, pg. 16.
[240] Ob.cit., pg. 211.
[241] António Lourenço Caminha, Obras Inéditas de Duarte Ribeiro de Macedo, Lisboa, Imprensa Régia, 1817, pg. VII.

como no caso de Vila Viçosa, até há bem pouco tempo, nos Asilos, através da oferta régia.

Os jardins do Palácio Fronteira, além de uma série de bustos de mármore que formam a Galeria dos Reis, e um conjunto de estátuas mitológicas e existem doze quadros de azulejos[242] representando as estações do ano. Sobre o lago doze painéis do mesmo material representando titulares desta casa Senhorial[243] ou os Doze de Inglaterra, conforme outras opiniões. Anexo aos jardins, mandaram os marqueses, plantar um Jardim Botânico, dos primeiros de Lisboa.

O Terraço da Capela tem nove nichos e outras tantas estátuas de mármore, de temas mitológicos, encimados por medalhões de imperadores romanos, cujo conjunto é enquadrado entre painéis de azulejos representando, o Tacto, a Poesia, o Gosto, a Vontade, O Entretenimento, a Memória, a Astronomia, a Geometria, a Retorica, a Dialectica e a Música e a Aritmética[244].

Interiormente o Palácio foi refeito após o terramoto e é decorado igualmente com estátuas, azulejos e ainda com pinturas, mobiliário e porcelanas. Das várias salas, sujeitas a tema, destaca-se a das Batalhas, a dos Paineis, com retratos assinados por Pellegrini e Sequeira e a Sala de Jantar cujos frescos das paredes são de Pedro Alexandrino[245].

Todo o andar era revestido a azulejos, incluindo a Galeria com colecções de retratos gravados de personagens reais. Murphy refere ainda que: "a gentleman of the family of the Mascarenhas, who had traveled in Italy , and acquired a taste for the fine arts, collected, from different parts about the town of Mertola, Twelve ancient statues, with a view to place them in pedestals in his country side: but as he lived not to complete his intentions, the admirable products of Roman Art, the venerable representations of heroes and sages were hurled into a limekilm to make ciment for the chapel of St. John[246].

---

[242] José Cassiano Neves. ob.cit., pg. 54 e sgts.
[243] Ob.cit., pg. 58.
[244] Ob.cit., pg. 50.
[245] Ob.cit., pg. 47.
[246] James Murphy, Ageneral View ... , ob.cit., pg. 129.

Parece, pois que era intenção deste fidalgo, criar um núcleo de estatuária romana, em Benfica, certamente, à semelhança do que vira em Itália.

22. O Solar de Mateus, em Vila Real, da autoria de Nicolau Nazoni, é ainda hoje pertença da família Sousa Botelho e está, em parte, transformada em museu.

Possui uma importante biblioteca e gravuras originais de Fragonard e Gerard, autores que ilustravam os "Lusíadas", edição patrocinada por D. José Maria de Sousa Botelho, em 1758. Compõem ainda as suas colecções numerosa prataria, mobiliário, porcelana, paramentaria e arte sacra.

À semelhança desta casa, muitos outros solares situados ao longo do ...... Douro, do Porto ou do Minho e nas Beiras constituiram notáveis conjuntos sumptuários e tiveram as suas galerias de retratos senhoriais, normalmente de fraca qualidade, tendo alguns deles subsistindo até hoje, como os da Casa da Ínsua.

23. No Funchal, a residência fortaleza dos Donatários e Capitais-Generais da Madeira, hoje, Palácio de S. Lourenço, foi reformado no século XVIII.

Possuía "sala própria em armação de seda carmesim, em dossel, e debaixo dele a Real/Efígie dos Senhores Reis de Portugal, aonde em dias solenes dos faustossínimos anos de S. S. Magestades e Altezas, concorrem sempre a Noberza, Clero e Autoridades Militares e civis descolónia... onde mandei ornar como convém ao seu destino e como aquela que guarda em si o retrato de El-Rei Nosso Senhor D. João VI o qual retrato mandei fazer em grande e com moldura correspondente, por artista portuense, Joaquim Leonardo da Rocha[247].

Nos Açores, possuiam os Condes da Praia fabuloso recheio sumptuário, bem como o Palácio dos Capitaẽs-Generais.

---

[247] José Leite Monteiro, O Palácio de S. Lourenço, Madeira, Junta Geral do Instituto Autónomo do Funchal, 1950, pg. 45.

Do mesmo modo, o palácio do governo de Luanda e sobretudo, o Palácio setecentista de S. Paulo da Ilha de Moçambique, tiveram precioso recheio de porcelanas, alguma iconografia régia, colchas e notável mobiliário indo-português.

24. Fora do país, formou o Marquês de Marialva embaixador na corte de Luis XVIII, uma importante colecção que foi leiloada e dispersa[248].

José Augusto França recolheu o respectivo catálogo, publicado em França, em 1824[249]. O gabinete de pinturas "ía de Domenico a Crespi e a Maratta, e a Rysdael e Teniers, e até Grenze e David, o que constitui um fenómeno totalmente alheio aos hábitos em que a Corte então se definia"[250].

25. O Marquês de Pombal constitui também no seu Palácio em Oeiras, importante núcleo artístico. Nos jardins, bustos de Imperadores Romanos e, na Cascata dos Poetas, de Homero, Virgilio, Tasso e Camões[251]. Do catálogo da exposição realizada em Oeiras, por deferência da nunciatura apostólica, ali se reuniram muitas das peças que tinham pertencido ao Marquês, "entre quadros, gravuras, Estampas, móveis, esculturas, adornos e outros objectos de arte."[252] O Marquês decorara os seus salões por temas, Sala do Trono, dos Reis, dos Principes e da Música, do Presépio e a cada uma delas correspondia a correspondente iconografia de várias atribuições a Vieira Lusitano, Grão Vasco, Corneille, Bosch, às escolas de Rubens, Velasquez, holandesa, italiana e portuguesa e uma a Ticiano ou Ucelli, sendo a galeria de reis quase toda atribuida a Vieira Lusidano. Entre as muitas porcelanas, 1 prato de faiança antiga, e

---

[248] José-Augusto França, A Arte em Portugal no Século XIX, vol. I, Lisboa, Livraria Bertrand, 1966, pg. 154.
[249] Ob.cit., pg. 188 e vol. II, pg. 389, nota 451.
[250] Ob. cit., vol. I, pg. 188.
[251] Hugo Raposo, O Palácio do Conde de Oeiras, Lisboa, 1962, pg. 10, Separata de Olisipo, nº 100, outubro de 1962.
[252] Catálogo de Quadros, Gravuras, Estampas, Móveis, Esculturas, Adornos e outros objectos de arte do Palácio do Senhor Marques de Pombal, em Oeiras, Lisboa, Exposição no Palácio ex-camarido, por amável e honrosa cedência da Nunciatura Apostólica, Lisboa, 1939.

um serviço de almoço em alabastro, alguns relógios, um bufete em que o Marquês estudara os planos de reedificação de Lisboa, (representado em pinturas e gravuras da época), uma mesa chinesa, lacada com pinturas douradas, que serviu de despacho a D. José, quando esteve doente, no Palácio e um cravo inglês com embutidos e teclas de marfim[253]. Este instrumento musical é nota curiosa desta coleção, pois sabendo-se que a corte tinha escola de música, tendo havido, mesmo, sucessivamente dois teatros de Ópera, raramente se referem instrumentos musicais.

26. Muitas outras pequenas colecções se formaram nos finais do século XVIII

Murphy refere que o Marquês do Lavradio trouxera ao Brasil para as suas colecções de história natural, uma "spider that also yiels silk"[254].

Ao cultivo do bicho de seda se dedicava, aliás atenção, havendo algumas casas senhoriais de Trás-os-Montes que se dedicavam ao cultivo da seda, como a Casa Grande da Aldeia de Tó e também na Casa de Bragança em Vila Viçosa, onde se executavam bordados a seda e ouro, ou seda e lã.

Em Benfica, um negociante estrangeiro, Devisme, vizinho do Marquês da Fronteira, organizou uma Coleção de história natural, que foi posteriormente comprada e aumentada pelo Marquês de Abrantes. O Palácio, quinta e Museu foram vendidos em 1834 à infanta D. Isabel Maria que aqui residiu. "Este museu" composto por produtos dos três reinos da natureza, e de antiguidades, curiosidades e artefactos (deverá querer dizer, etnografiam possivelmente do Brasil), tem sido aumentado por S. A"[255].

Gustavo de Matos Sequeira indica como hipótese ter pertencido ao Monteiro-Mor, D. Francisco de Melo, O Palácio da Trindade, afundado com o terramoto. Do inventário de D. Francisco figuravam 45 paineis de montarias, afora 117 paineis e 17 gravuras. "Quanto ao recheio da

---

[253] Ob.cit., pg. 67 e passim.
[254] J. Murphy, ob.cit., pg. 94.
[255] I. de Vilhena Barbosa, Museus ... ob.cit., pg. 34.

casa, encontro jóias (ouro e brilhantes), loiças, colchas, roupas de linho e bretanha, pratos de água para as mãos e salvas de prata. Quanto a móveis citam-se "espaldeiras ao divino" (cadeiras de rezar), espaldeiras de barba rapada, escartoninhos, uma cama de casquinha de engouços, arcas, cofres, armários, bufetes, cadeiras de pregaria, tamboretes, atamaradas e bentos (?) de charão. Inventariou-se igualmente uma "Casa de Armar"[256].

Vilhena Barbosa indica ainda a existência de núcleos zoológicos no Palácio dos Condes de Castelho Melhor, na casa de Adolfo Lindemberg, na rua Formosa, a de Jorge Rey e no Convento do Espirita Santo do Pe João Faustino, ao Chiado[257]. Julio de Castilho refere o Palácio de Fernando Palha de Faria Lacerda que "nas suas salas acumulou verdadeiras riquezas artísticas e bibliográficas, bem conhecidas dos amigos e até dos leitores do catálogo impresso[258].

Há ainda a considerar as colecções dos Pombeiros com casas em Lisboa e Coimbra[259], as do Povolide que guardava "uma famosa baixela de Cellini" e as dos Condes de Borba[260].

José-Augusto França indica ainda a existência de pinturas nos Palácios dos titulares de Tancos, Lavradio e Alegrete[261]. Acompanhando D. João VI para o Brasil, muitas destas colecções se dispersaram "assim se perdendo obras do património cultural português"[262].

Existiram ainda no âmbito das colecções científicas os já referidos gabinetes particulares de história natural, os gabinetes de física do Marquês de Tancos, à Costa do Castelo, o de Tibério Le Blanc, na rua Nova de Jesus, o de João Diogo de Barros Carvalhosa, na sua quinta no cabeço em Sacavém e um laboratório de Quimica de António de Sousa da Silva Alcoforado em Guimarães[263].

---
[256] Gustavo de Matos Sequeira, O Carmo e a Trindade, ob.cit., pg. 27.
[257] I. de Vilhena Barbosa, Apontamentos para a leitura das colecções e dos estudos de Zoologia em Portugal, ob.cit., pg. XIV.
[258] Julio de Castilho, Aribeira de Lisboa, Coimbra, Imprensa da Universidade, 1940, vol I, pg. 150.
[259] A. Nogueira Gonçalves, O Paço dos Senhores de Pombeiro na cidade de Coimbra, Albergaria-a-Velha, 1959.
[260] José-Augusto França, A Arte em Portugal no Século XIX, ob.cit., vol I, pg. 187 e 188.
[261] Ob.cit., pg. 187.
[262] Ibidem.
[263] J. Silvestre Ribeiro, ob.cit., vol III, pg. 348.

Cyrillo e Taborda referem a existência de algumas peças existentes em casas particulares. Crê-se que o núcleo do Marquês de Borba tenha sido mais importante: "São testemunhas authenticos desta verdade os copiosos monumentos que por toda a parte offerece o Palacio de Vossa Excellencia e em raras preciosidades de inestimável valor o genero, e com particular na Arte de minha profissão; rico depósito de bom gosto pelo numero, estcolha, e variedade rarissima de originaes, e outros primorosos quadros assim de nacionaes como de estrangeiros, que sendo de admiração aos olhos do Sabio, e do Artista, são ao mesmo tempo, e serão sempre publicos pregoeiros dos louvores que se devem, assim como aos inclitos Avós de Vossa Excellencia que os souberam adquirir , assim dos muitos que a Vossa Excellencia he também a pátria credora por lhos conservar, e apreciar[264].

---

[264] José da cunha Taborda, Regras da Arte da Pintura, Lisboa, Impressão Régia, 1815, dedicatória Ainda existem referencias às colecções particulares em: Cyrillo Volkmar Machado, Collecção de Memorias relativas as vidas dos pintores, escultores, architetos e gravadores portugueses, Lisboa, Imprensa de Vitorino Rodrigues da Silva, 1823, passim Ainda: José-Augusto França, Lisboa Pombalina, ob.cit., pg. 244.

Capítulo VI

Colecções das Academias e de Outras Instituições

1. FORMAÇÃO DAS ACADEMIAS

O movimento académico inicia-se em Portugal, no século XVII, e torna-se um fenómeno característico do século XVIII. É uma instituição paralela ao "cabinet", no domínio da museologia. As muitas academias que se foram criando e desfazendo ao longo de seiscentos e de setecentos eram de pendor literário[1], tal como a que aparece sob a designação de Academia Portuguesa, entre os papéis inéditos, de Cenáculo, na Biblioteca Pública de Évora[2].

As Academias são "uma das manifestações mais caras da cultura mundana que se desenvolve nos grandes centros cosmopolitas e nas cortes, sucedendo-se ao espírito académico renascentista, mas adulterando-o em favor da moda e do conceitualismo convencional"[3].

No domínio da museologia, algo de semelhante acontece. Enquanto os gabinetes do século XVII são herdeiros das colecções dos humanistas, no século XVIII, aparece o "gongorismo" coleccionista, sobretudo de moedas e raridades, testemunhada pelo grande número de curiosos, mais ou menos ligados à Academia da História, e caricaturados pela comédia, "A Família do Antiquário", publicada em 1773[4].

Enquanto as colecções particulares não ultrapassam o ciclo de amigos e eruditos, as colecções das academias são organizadas, como núcleos instrumentais das actividades que pretendem divulgar, no domínio da arqueologia, da história ou da ciência.

---

[1] João Palma Ferreira, Academias Literárias dos séculos XVI e XVIII, Lisboa, Biblioteca Nacional 1982.
[2] Manuscrito da Biblioteca Pública de Évora, B. P. E. Cód. CIX/1-18, peça 45.
[3] Joio Palma Ferreira, ob.cit., pg. 19 e 20.
[4] A Família do Antiquário, Lisboa, na officina de Francisco Sabino dos Santos, 1773 (s. a.) O Conde Anselmo absorto na sua camara "em vários bofetes, estatuas, bustos e outras couzas antigas" deixa-se ludibriar por um seu criado Marçal, "que lhe vende gato por lebre ... " (apêndicie nº 5) Esta peça de literatura de cordel e, muito provavelmente adaptação de uma italiana, pois os personagens, a que não falta uma Columbina, têm por apelidos Renginelli e Terrazoni.

Numa lenta evolução, desde a Academia particular dos Ericeiras, onde se realizaram conferências de eruditos e se desenhou o espírito das "luzes". Nesta academia ainda se tratou museologicamente das coleções na medida em que se ordenaram, classificaram e sistematizaram as colecções, no sentido de as tornar úteis, não só aos investigadores, mas com funções pedagógicas e um carácter semi-público.

2. COLECÇÕES DA ACADEMIA REAL DA HISTÓRIA

Esta Academia, procurando rectificar as concepções historiográficas do século anterior, constituiu as suas colecções de numismática e de arqueologia.

Leite de Vasconcelos é de opinião que esta Academia projectava a criação de um Museu Nacional de Arqueologia, ideia que é também expressa, embora menos definida, pelo Marquês de Alegrete, na sua História da Academia[5].

Os acadêmicos reuniram as moedas que foram encontrando, tendo realizado outras actividades museológicas, como a investigação, a propaganda e conservação do património cultural e a classificação e decifração de inscrições e de outros vestígios, sobretudo romanos. Publicaram extensa bibliografia e catálogos. Redigiram a primeira lei de salvaguarda do património cultural, no sentido de "dar providência" para se conservarem os monumentos antigos que podem servir para illustrar, e testificar a verdade da mesma História"[6]. Esta foi publicada, a 13 de Agosto de 1721, um ano depois de ter sido criada a Real Academia.

Teve esta Academia como promotor, D. Manuel Caetano de Sousa, que foi o seu primeiro presidente. Os 50 sócios reuniam-se nos vazios Paços dos Duques de Bragança, em Lisboa.

---

[5] Ob.cit., pg. 96 e 175.
[6] Notícias da Conferência que a Academia Real da História Portuguesa fez em 14 de Agosto de 1721, in Colecçam de Documentos e Memórias (1721-1736) Apêndicie nº 6.

Propunham-se os académicos realizar, segundo os estatutos, várias publicações sobre a história em geral e sobre a história eclesiástica do país, edições que ainda hoje são obras clássicas da historiografia portuguesa.

Todos os académicos, através das actas das conferências se revelam interessados na arqueologia, da moeda à medalha, da inscrição à estátua e aos cipos. Realizaram notável trabalho de recolha e de decifração de textos epigráficos, organizando as suas reuniões como um verdadeiro centro de estudos de história e arqueologia.

"Refiro o Marquês de Abrantes ... (director) que se não descuidava das moedas Portuguesas, dando à Academia, à limitação dos Catalogos, huma synopsis de mais de cento e vinte moedas dos nossos Reys, cunhadas nos tres metaes ..."[7].

"O Doutor Manuel Pereira da Sylva Leal ... lhe constara que em huma Aldea da Guarda fizera hum rústico há poucos tempos fundir hum Idolo de Osiris de bronze dourado, pouco maior de dous palmos que se desenterrou de hum campo, como também várias moedas de diferentes metaes"[8]. O Pe. Fr. Afonso de Madre de Deus Guerreiro dá notícia de huma medalha de ouro de Trajano"[9].

Pela redacção das Conferências depreende-se que os académicos, além de "darem conta dos seus estudos", distribuíam entre si as moedas que encontravam: " Deu conta o Director que recebera carta do académico Gaspar Leitão da Fonseca, e com ela comunicara dous livros manuspcritos, huma moeda de prata, que modernamente se achou no distrito da Villa de Thomar, e huma medalha de ouro do Emperador Theodosio, as quais se entregaram ao Académico, a que tocavam"[10].

No entanto, apesar desta distribuição, a que deveria presidir, como critério, a área de estudo a que o académico estava adstrito, a própria Academia constitui um mealheiro.

---

[7] Conferência de 13 de Agosto de 1722, in ob.cit.
[8] Conferência de 5 de Novembro de 1722, in ob.cit.
[9] Conferência de 28 de Junho de 1724, in ob.cit.
[10] Conferência de 27 de Janeiro de 1724, in ob.cit.

A Gazeta de Lisboa divulgou a par e passo as actividades da Academia, aparecendo a primeira notícia a 29 de Maio de 1721: "Com as novas ordens que S. Mag. passou a favor da Academia Real se tem descuberto em várias partes do Reyno muytas inscrições columnas, & vestígios de edifícios antigos, de que até agora se não tinha notícia, & de que se mandam copias, & debuxos; & nos Cartorios muytos documentos curiozos, & Importantes, de que vão chegando os treslados".

Assim, a Gazeta de Lisboa vai informando sobre o aparecimento de vestígios arqueológicos, sítios[11], monumentos[12] e conjuntos[13]. Foi a Gazeta de Lisboa o primeiro órgão de informação a interessar-se por estas questões, visto que já, anteriormente, se tinham publicado Gazetas e Mercurios.

Continuamente, aparecem notícias de achados arqueológicos, transcrevendo-se muitas vezes as inscrições aparecidas, como as da Igreja Catedral e Primacial de Braga[14] e noticiando-se o seu envio à Academia[15].

Ainda a descoberta, em Almeida "de uma cruz de pedra tosca que se pensa existir há mais de 300 anos"[16], e outra num penedo chamado de Castelino, termo da Villa de Aguiar da Beira[17], ou um Castello do tempo

---

[11] Até à aprovação dos estatutos do ICOMOS (Conselho Internacional dos Monumentos e Sitias), realizada em Cracóvia, 2 '33 a 14 de outubro de 1980, os sitias, os monumentos e conjuntos sitio: incluíam-se na categoria de museus. "toda a zona topográfica ou paisagística devida ao homem, a natureza ou ã obra conjugada do homem e da natureza, que tem um valor especial devido ã sua beleza ou ao seu interesse sob o pinto de vista arqueológico, histórico, artístico, etnológico ou antropológico. Estão compreendidos nesta definição os jardins e os parques históricos.

[12] Monumento: "toda a construção (incluindo a sua envolvência, os bens imóveis por natureza ou por destino e os bens móveis que lhe estão intimamente ligados) que se distingue pelo seu interesse histórico, arquitectónico, artístico, científico ou etnológico. São compreendidos nesta definição as obras de escultura ou de pintura monumentais, ou elementos e estruturas de carácter arqueológico, as inscrições, as grutas e os grupos compostos pelos elementos pertencentes às categorias precedentes".

[13] Conjunto: "todo o grupo de construções isoladas ou reuni das que, em função das suas arquitecturas, da sua unidade ou da sua integração na paisagem, tem um valor especial do ponto de vista histórico, científico, social ou etnológico, bem como o seu espaço envolvente, construído ou natural

São exclusivos destas definições:

" - Os bens móveis conservados em monumentos e que fazem parte das coleções dos museus

- As coleções arqueológicas conservadas em museus ou espólios organizados nos sitias arqueológicos ou históricos

- Os museus ao ar livre".

[14] Gazeta de Lisboa, 26 de Novembro de 1722.

[15] Gazeta de Lisboa, 18 de Março de 1723.

[16] Gazeta de Lisboa, 12 de Junho de 1727.

[17] Gazeta de Lisboa, 9 de Janeiro de 1728.

dos Romanos em Villa de Ferreira[18], bem como pedidos de informação sobre as "antas" ou "altares" que se acharem no Reyno"[19].

Notícias de achados, na Freguesia de Sta. Catarina, a uma légua de distância da cidade de Braga, onde se encontravam duas panelas cheias de medalhas dos Imperadores Diocleciano, Maximino e Constantino[20], e outros em Beja[21], Viseu[22], Braga[23], Évora[24], Torres Novas[25], Lisboa[26], Faro[27] e Trancoso[28].

Em relação às actividades da Academia Real das Sciências, posteriormente instituída, e fundada por D. Maria I, a Gazeta continua, no mesmo espírito de divulgação dos seus trabalhos[29], como aconteceu na descoberta do teatro romano de Lisboa[30].

3. COLECÇÕES DE ACADÊMICOS E OUTROS

Alguns académicos como os já referidos Marquês de Abrantes e Conde de Assumar formaram coleções pessoais de numismática e, eventualmente, de outras peças de arqueologia romana.

1. D. Manoel Caetano de Sousa (1658-1734) viajou pela Itália onde viu muitas livrarias, museus e coleções numismáticas[31], visitou entre outros o Museu do Pe. Kircher[32], onde figurava o barro vermelho de Estremoz entre as "Curiosidades" expostas, pelas suas virtudes de "bezoartica e alexifarma, com que se extenuaõ as qualidades de veneno".

---

[18] Gazeta de Lisboa, 18 de Junho de 1733.
[19] Gazeta de Lisboa, 3 de Setembro de 1733.
[20] Gazeta de Lisboa, 22 de Maio de 1738.
[21] Gazeta de Lisboa, 20 de Setembro de 1742.
[22] Gazeta de Lisboa, 11 de Dezembro de 1742.
[23] Gazeta de Lisboa, 3 de Julho de 1743 e 27 de Junho de 1748, 5 de Novembro de 1750.
[24] Gazeta de Lisboa, 30 de Janeiro e 7 de Junho de 1744.
[25] Gazeta de Lisboa, 16 de Março de 1748.
[26] Gazeta de Lisboa, 5 de Agosto e 5 de Novembro de 1782.
[27] Gazeta de Lisboa, 27 e 29 de Outubro de 1786.
[28] Gazeta de Lisboa, 26 de Dezembro de 1789.
[29] Gazeta de Lisboa, 26 de Maio de 1797.
[30] Gazeta de Lisboa, 7 de Julho e 23 de Novembro de 1798 e 12 de Março de 1799.
[31] Leite de Vasconcelos, Da Numismática em Portugal, ob.cit., pg. 100.
[32] Ob.cit., pg. 100, nota 1.

Barro que "em muitos Gabinetes de Monsenhores, e Princípes de Itália constituem naõ pequeno adorno"[33]. Foi coleccionador de numismática, deixando um trabalho manuscrito: Numismographia Lusitana[34].

2. O Dr. Nicolau Francisco Xavier da Silva teve igualmente uma coleção de moedas portuguesas e talvez também de moedas romanas de que, segundo Leite de Vasconcelos, possuía uma "colecção de quatro estampas": Os Imperadores, As Imperatrizes, Os Tiranos e Suas Mulheres, as quais, contendo muitos frisos de moedas gravadas por Carlos Rochefort, filho (1733), deveriam ser a ilustração de uma projectada obra, História das Moedas[35].

3. Bento Morganti, nascido em Itália (1789) e filho de coleccionador, reuniu moedas e medalhas, tendo publicado um tratado dedicado a D. João V sob o título, Numismalogia ou breve recopilaçaõ de algumas Medalhas de Emperadores Romanos de ouro, prata e cobre, que estaõ no Museo de Lourenço Morganti. Obra ilustrada de gravuras, entre as quais figura uma de Vieira Lusitano[36].

4. Existe um outro tratado manuscrito, na Biblioteca Pública de Évora, com algumas variantes, também intitulado Numnismalogia das moedas que "se conservaõ em vários Gabinetes desta Corte de Lisboa"[37]. E da autoria de Fr. João de Sousa, arabista e coleccionador que fazia parte do grupo de eruditos e amigos de Frei Manuel do Cenáculo.

---

[33] João Bautista de Castro, Mappa de Portugal, Tomo Primeiro, Lisboa, na officina Patriarcal de Francisco Luis Amaro, 1762, pg. 175.
[34] Leite de Vasconcelos, ob.cit., pg. 100.
[35] Ob.cit., pg. 105.
[36] Ob.cit., pg. 107.
[37] Manuscrito da B. P. E. Cód. C XII/1-5, Nummismalogia in Breve recopilação de algumas Medalhas de ouro, e de prata dos Califas, e dos Reis Arabes da Ásia, África e de Hespanha, aq quaes forão achadas neste Reino de Portugal, e se conservao em varios gabinetes desta Cor te de Lisboa. E de outras que ultimamente se acharão no Termo da Villa d'Allagoa no Reino do Algarve em 19 de Fevereiro de 1781.

5. Como numismatas havia ainda Félix Caetano da Silva, Frei Lourenço do Vale, Frei Vicente Salgado e o Desembargador João do Vidal[38].

Não sendo acadêmicos, este grupo de coleccionadores possuía Idêntico espírito de averiguação, tendo redigido ainda catálogos.

6. Frei Vicente Salgado redigiu três que deixou manuscritos, um *Catálogo das Moedas* que havia no Museu do Snr. Bispo de Beja em 1772, e dois do Museu Maynense do Convento de Jesus (1795 e 1796)[39].

Escreveu ainda as Memórias Eclesiásticas do Algarve publicadas em 1786 e é possível que na qualidade de Prelado, em que foi empossado, e consequentemente, com mais recursos, aí tenha reunido outras colecções de arqueologia romana, pelas muitas referências epigráficas que faz e transcreve na obra atrás referida e na Colecção dos Monumentos Romanos descobertos no Reino de Portugal e do Algarve, extraída de vários autores e da curiosidade do colector, com um discurso no princípio sobre a mesma matéria, 1796[40].

Frei Vicente Salgado foi o percussor de Estácio da Veiga, que projectou a criação do Museu Arqueológico do Algarve de curta duração[41].

7. Da Academia Real da História foi um dos mais notáveis autores D. António Caetano de Sousa (1674-1759), que inclui na sua *História Genealógica*, várias memórias sobre a numismática e sobre a história, fabrico e legislação das mesmas. Foi também coleccionador, tendo herdado ainda, a coleção do seu tio[42].

A importância dada por Sousa aos numofilácios e à arqueologia, é testemunhada pela inclusão, na sua obra, de uma lista de coleccinadores

---

[38] Leite de Vasconcelos. ob.cit., pg. 119.
[39] Ob.cit., pg. 116. nota 3 e pg. 124, nota 1.
[40] Os manuscritos de Frei Vicente Salgado encontram-se no Biblioteca da Academia das Ciências de Lisboa, a quem o autor as doou.
[41] Maria Luisa da Veiga Affonso dos Santos, o Museu Archeologico do Algarve (1880-1881) Subsídios para o estudo da Museologia no século XIX, Seprata dos Anais do Municipio de Faro, Faro, 1981.
[42] Leite de Vasconcelos, ob.cit., pg. 10.

da época, e à referência a outras colecções de raridades e curiosidades, que inclui na biografia de pessoas régias e outras personalidades.

8. João Bell, comerciante inglês e académico, reuniu colecções de moedas e escreveu uma Taboa do valor da moeda de ouro e prata do reino de Portugal desde D. Duarte até D. Maria[43].

Dos finais do século XVI e até ao aparecimento de Teixeira de Aragão, com que se inicia um novo período da numismática, organizaram-se outras pequenas e grandes colecções: em Coimbra, a de João de Magalhães Avelar; no Porto, a do Visconde de Balsemão; em Braga, a de Vicente José Maria Reboredo; em Setúbal, a de António José Bons Anos; em Rio de Moinhos, a do Abade António Dâmaso de Castro; e em Lisboa, a de João Vidal da Costa, do poeta Cruz e Silva, do Pe. Manuel António de Lemos, de José Freire Monterroyo Mascarenhas, de Manuel José Maria da Costa e Sá, do Marquês do Louriçal, do conselheiro Francisco José de Horta Machado, do desembargador Manuel de Lemos e Castro, do Pe. António de Almeida, de Valério Pinto de Sá, Gregório de Freitas, Manuel Cardoso, Dr. Magalhães, médico em Lamego, Luís António de Barros Fragoso, Francisco Martins de Sampaio, Fr. Bernardo de Esperança e D. Sancho de Faro e Sousa, 6º Conde de Vimieiro[44].

9. Residentes no nosso país, Guilherme Good, escocês, e Cesar Famin, consul da França em Lisboa, igualmente constituíram colecções de moedas e medalhas. O medalheiro pertencente a este último foi vendido ao ministro plenipotenciário da Rússia no nosso país e, acabou em parte, por vir a ser incluído nas colecções do Ermitage, nos meados do século XIX, depois da compra ter sido recusada pelo Duque de Palmela e pelo Governo de então[45].

D. Tomás Caetano do Bem, conquanto fosse sócio das duas Academias, da História e das Ciências, pertence, para Leite de Vasconcelos,

---
[43] Ob.cit., pg. 114.
[44] Ob.cit., pg. 186, 187, 140. 186, 184, 177, 144, 178, 177 e pgs. 178 e segts.
[45] Ob.cit., pg. 177 e 178.

"por espírito e educação, mais aquela que a esta"[46]. Foi coleccionador e autor de trabalhos sobre numismática.

10. Lopes Fernandes e Teixeira de Aragão são os personagens de charneira, que desenvolveram as suas actividades, no domínio da numismática, em período posterior ao que se propôs tratar.

Esta vaga coleccionista de académicos e outros foi satirisada pela comédia atrás citada, que é uma crítica aos hábitos sociais do coleccionismo-moda-maníaca que atinge o Conde Anselmo que se endivida para comprar "uma pérola de Cleôpatra, uma trança de Lucrécia Romana. um Astrolábio de Arquimedes e trinta pernas da Fenis da Arábia ... tudo por trinta moedas, regateadas"[47].

Esta peça, de autor anônimo, documenta ainda o coleccionismo sem critério, e as duas grandes áreas dos objetos apreciados neste final de século: a arqueologia, e a história natural.

Enquanto a Academia da História preferiu o primeiro tipo de objetos, ligados à sua vocação histórica, a Academia das Ciências, preferiu os segundos, muito embora não tivesse descurado a área da arqueologia.

A Academia das Ciências, interessada em divulgar a Ciência Moderna, veio pugnar por concepções, ao tempo, novas e revolucionárias, que não são, de maneira nenhuma caricaturáveis, antes pelo contrário.

Já não se trata de colecções reunidas ao acaso, mas fruto de labor e pesquisa experimental.

4. COLECÇÕES DA ACADEMIA REAL DAS CIÊNCIAS

A Academia da Ciências foi fundada por D. Maria I, em 1779, por aviso régio de 29 de Dezembro. Foi seu primeiro presidente, o Duque de Lafões que, juntamente com o naturalista Correia da Serra, foram os grandes impulsionadores da Academia.

---

[46] Ob.cit., pg. 131 e segts.
[47] A Fama do Antiquário, ob.cit., pg. 14.

Esta instituição teve, em Portugal, notável trabalho de divulgação cultural e científica, de carácter verdadeiramente enciclopédico; muito influenciado pela monumental obra Francesa (1751-1780), de Diderot e D'Alembert que, inclusivamente foi nomeado sócio correspondente da mesma[48].

Os estatutos previam a criação de um museu e de uma livraria, o que se verificou com a dimensão planeada, após a extinção das ordens religiosas, em 1834, quando a Academia passa a ter como sede o Convento de Jesus recebendo a livraria e o museu do Pe. Mayne.

O Duque de Lafões propôs em 1783, a criação de uma lotaria, cuja terça parte dos lucros revertia em favor da Academia que, consequentemente, obteve os fundos necessários às suas múltiplas actividades, como a criação do Instituto Vaccínio, 1812, para propagação da genial descoberta de Jenner" e a introdução da vacina no país"[49].

"A ella se unirão os poucos sócios que ainda restavam da Academia Real da História Portuguesa", agrupando-se ainda novos académicos[50].

Entre os privilégios da Academia contava-se "poder autorizar pessoas idóneas para descubrimento e arrecadação das Lápides d' inscripções que vagarem em qualquer das províncias do reyno, assim como de mandar fazer as escavações necessárias, sem prejuízo de terceiro, para a busca d'alguns: monumentos, onde se presuma havê-los". (Aviso de 30 de Julho de 1795)[51].

As Memórias da Academia, publicadas desde 1797, incluem trabalhos e notícias sobre Química, Física, História Natural, Astronomia, observações meteorológicas, e "Maravilhas", como a descrição de "hum monstro da espécie humana, existente na cidade de S. Paulo na America meridional" por Bento Sanches Dorta, ou a de "hum feto humano

---

[48] J. Marcadé, Frei Manuel do Cenáculo, ob.cit., pg. 332.
[49] Fidelino de Figueiredo, O que é a Academia das Sciências de Lisboa (1779-1915), Lisboa, Typographia da Imprensa Literária e Typographia, 1915, pg. 10, 11 e 9.
[50] Cristovam Ayres, Para História da Academia das Ciências de Lisboa, Coimbra Imprensa da Universidade, 1927, pg. 16.
51 Ob.cit., pg. 23.

monstruoso nascido, em Coimbra, no dia 28 de Novembro de 1791", por Francisco Tavares, e com ilustrações gravadas por FF delineant[52].

Paralelamente às notícias atrás referidas, e algumas delas ilustradas, pela tipografia da própria Academia, esta foi aumentando o seu espólio de desenhos, gravuras e estampas. O medalheiro, formado por dádivas, teve dois catálogos anteriores a integração das colecções Mayne, e a redacção dos respectivos inventários por Frei Vicente Salgado.

Foram eles o *Catalogo das Medalhas e outros artefactos* (s.m.) de que se tem feito presente a este real museu, e outro de 1793, respeitante ao monetário da Academia[53].

Do museu da Academia das Ciências se falará no capítulo seguinte.

Lafões e Correia da Serra desenvolveram importantes actividades no sentido da divulgação científica, prestigiando a Academia das Ciências no país e no estrangeiro. Não há notícia, ou não tenho notícia de qualquer deles ter criado as suas colecções pessoais, muito embora D. João de Bragança tivesse seguramente, peças sumptuárias e alguma pintura de retrato, inerente ao seu parentesco real, de neto de D. João V.

O Abade Correia da Serra, como assim ficou designado, publicou trabalhos sobre botânica, tendo de se exilar para Londres e mais tarde, para os Estados Unidos, onde, em Filadelfia, foi professor na respectiva Universidade, e conselheiro de Jefferson. As suas obras encontram-se dispersas, por várias instituições científicas portuguesas, inglesas, americanas e francesas[54].

5. COLECÇÕES DE ARTISTAS

Anteriormente à instituição das Academias de Belas Artes do Rio de Janeiro, de Lisboa e do Porto, tinha havido já ensino artístico em Portugal.

---

[52] Memórias da Academia Real das Sciências de Lisboa, Lisboa.
na Typographia da Academia, 1797, passim e tomo II, 1799, pg. 187 e segts. e pg. 296 e segts.
[53] J. Leite de Vasconcelos, Da Numismática em Portugal, ob.cit., pg. 243.
[54] Ob.cit., pg. 181.

As actividades pedagógicas que se desenvolveram em torno à construção das catedrais, tinham um carácter de sigilo. No entanto as oficinas de Mestres Pintores e Escultores, sobretudo a partir da descoberta da imprensa, foram criando núcleos de estampas e gravuras que permutavam entre si, e que íam difundindo as novas fomas artísticas europeias.

Assim se referiram as colecções de Francisco de Holanda, facto sobretudo que se foi repetindo, com outros artistas que viajavam, sobretudo pela Itália.

Parece também possível subentender-se, que aconteceu o mesmo em relação à escultura, isto é, na constituição de colecções de gessos ou modelos, tal como a referida coleção do Infante D. Luís, que no século XVI, encomendara em Roma, modelos de estatuária clássica.

E a estes núcleos de colecções didácticas que Machado de Castro se refere no Discurso sobre as utilidades do Desenho, proferido na Aula de Desenho da Casa Pia de Lisboa.

Neste discurso pronunciado perante D. Maria I e toda a corte, Machado de Castro vai desenvolvendo o seu pensamento sobre a importância do desenho, e referindo à audiência, os modelos existentes na aula. "Consulte-se o Apollo de Belveder; atenda-se à Vénus de Medicis; repare-se no Hércules Farnesiano e outras"[55].

"Estas belas estátuas mostram como aquelles immortaes artistas empregavaõ o gentil mais bello e o membrudo mais perfeito, conformando-se aos sujeitos que representavam" ... "pois he ja muito vulgar entre os Artistas imitar o Antigo" ... "devendo estabelecer o alvo das suas miras dando costas ao amaneirado e sem espírito de eschola..."[56].

Várias aulas do Risco vinham a ser instituídas, desde a de Filipe I, criada em 1594, e de que foi primeiro Mestre, Filipo Terzi.

---

[55] Machado de Castro, Discurso sobre as Utilidades do Desenho, Lisboa, 1778, pg. 21.
[56] Ob.cit., pg. 22.

Estas Aulas constituiram as suas livrarias especializadas, em que se incluíam tratados de Pintura e de Arquitectura, civil e militar, bem como livros de ornatos, gravuras, estampas e desenhos dos grandes Mestres.

Os próprios artistas reuniram colecções pessoais. "Viajando em Itália, aproveitavam os seus magros recursos para comprar quadros, desenhos e sobretudo gravuras"[57].

"Joaquim Carneiro da Silva, ao morrer, em 1818, legou à Academia das Ciências, nada menos de 1689 estampas, Jerónimo de Barros Ferreira anunciava, em 1801, leilão em sua casa, de 407 desenhos de grandes autores (talvez só supostos de Rafael, Miguel Ângelo, Ticiano ...) e de 358 estampas[58]. O arquitecto José da Costa e Silva levaria para o Brasil uma notável colecção de mais de 200 desenhos bolonheses dos séculos XVI e XVII, que o Estado compraria, em 1818, e lá ficaram"[59].

"Vieira Portuense igualmente formou uma colecção onde se gabava de ter representados Albani, Guido, Schedoni e que pretendeu vender ao regente, em 1798"[60].

A mais curiosa coleção de artistas foi a de Teixeira Barreto de que legou noventa painéis ao Mosteiro de Tibães e que vieram a constituir o principal núcleo de pintura do Museu daquele mosteiro. Teixeira Barreto, tal como Vieira Portuense, foi lente da Aula de Desenho, integrada na Academia de Marinha e Comércio do Porto.

Desta aula publicou Pedro Vitorino o inventário completo:

Descripção dos objectos que existiaõ na aula de desenho em 1805[61]. Constava de livros e tratados da especialidade, (Alberti, Vitruvio, Da Vinci, Serlio ...) um cabinet markers guide (s.m.) 11 pinturas flamengas e uma Sta. Apolonia del Prette de Genovese, ainda 5 estátuas de gesso, 52 bustos e alguns fragmentos de estatuária, "tudo tirado ao antigo", duzentos e cincoenta e quatro baixos relevos, entre grandes e pequenos,

---

[57] José Augusto França, A Arte em Portugal no século XIX, ob.cit., vol. I, pg. 790.
[58] Ob.cit., pg. 190 e nota 461 e 462.
[59] Ob.cit., pg. 190 e nota 463.
[60] Ob.cit., pg. 190 e nota 464.
[61] Pedro Vitorino, José Teixeira Barreto, Artista Portuense (1763-1810), Coimbra, Imprensa da Universidade, 1925, pg. 70 e segts.

vários cadernos de estampas, com cerca de 500 gravuras abertas por autores famosos, mas na sua maioria, por Vieira Portuense e Bartolozzi[62].

Este inventário é apresentado como exemplo das colecções reunidas, no âmbito do ensino artístico.

6. COLECÇÕES DAS ACADEMIAS DE BELAS ARTES

A ida de D. João VI para o Brasil, em 1807, proporcionou a criação de vários organismos similares ou inovadores, aos instituídos pelo Marquês de Pombal e por Pina Manique.

Deve-se ao Conde da Barca a criação, por decreto de 16 de Agosto de 1816, duma Escola Real de Ciências, Artes e Ofícios no Rio de Janeiro[63].

O Conde "homem moderno, cientista e poeta, que escrevera tragédias e traduzira já elegias pré-românticas de Gray, diplomata, viajante, amigo de escritores e de artistas, imaginou a criação de uma academia de belas-artes em moldes autênticos de dignidade artística e duma docência útil"[64].

Assim, com a ajuda do embaixador em Paris, Marquês de Marialva, ele também amigo das artes e coleccionador, organizaram uma "missão artística" francesa ao Rio de Janeiro[65].

Nesta academia se constituiram as necessárias colecções didácticas e aqui leccionaram Lebreton, Nicolas de Taunay, pintor de História e de género, Jean-Baptiste Debret e Montigny, entre outros[66].

Esta Escola, que após a morte do Conde da Barca perdeu a dimensão projectada, foi contemporânea da criação de outros núcleos museológicos.

Além das colecções reais que, em parte, foram transferidas para o Rio, a Academia Real Militar possuía um gabinete de mineralogia.

Em 1817, pretendeu esta academia comprar uma coleção de conchas e de agathas "para enriquecer o museu e gabinete de mineralogia". A

---

[62] Ibidem.
[63] José Augusto França, ob.cit., pg. 200.
[64] Ob.cit., pg.s. 199 e 20.
[65] Ob.cit., pg. 202.
[66] Ob.cit., pg.s. 201 e 202.

Junta da academia propôs ao governo a nomeação de uma comissão de naturalistas para apreciar devidamente a compra desta coleção particular, de Francisco António Cabral. Foram eles o Barão de Eschwege, João da Silva. Fr. José da Costa Azevedo e Fr. Leandro[67]. Peritos em História Natural poderiam eles próprios ter as suas colecções ... No capítulo seguinte se falará dos Museus criados no Rio de Janeiro.

As academias de Belas Artes vieram a criar-se uns anos mais tarde, (1836), em Portugal[68].

A Academia Portuense devia reger Desenho Histórico, Pintura, Escultura, Arquitectura, civil e militar, e Gravura Histórica, sendo ainda decretado, que organizaria uma exposição de trabalhos cada três anos.

Pela leitura do decreto, e para a realização do programa de estudo seria necessária a existência de material equivalente ao que foi citado, da Academia de Marinha e Comércio. Além de que os alunos passariam a ter acesso ao récem criado Museu Portuense (1833).

Em Lisboa, e no mesmo ano de 36, idêntica academia se tinha instituído um mês antes, em substituição da Aula de Desenho e Casa do Risco e d'Escultura, suspensas em 1833.

Os decretos de constituição das duas academias, apesar de serem sensivelmente idênticos, tinham as suas particularidades.

A escola do Porto teria a especialidade da preparação da arquitectura naval e do desenho de cartas geográficas enquanto a de Lisboa teria, suplementarmente o ensino da gravura, para o cunho de moedas e medalhas.

Ambas as Academias desenvolvem as suas actividades, em período posterior ao que se propôs tratar no presente trabalho.

Acrescenta-se, todavia, que as funções de reserva de obras de arte, dos extintos conventos (1834), ficaram em Lisboa à guarda da Academia de Belas-Artes e da Real Biblioteca, que se instalaram no mesmo edifício, igualmente dividido, - o Convento de S. Francisco.

---

[67] J. Silvestre Ribeiro, História dos Estabelecimentos Scientíficos, Literários e Artísticos, Tomo IV, Lisboa, Typographia da Academia Real das Ciências, 1874, pg. 390.
[68] Decretos em apêndice nº 8 e nº 9.

7. BIBLIOTECA NACIONAL

Fundada em 1796, por D. Maria I, com os fundos da Mesa Censória e da Junta do Subsídio Literário, a Real Biblioteca Pública da Corte era segundo o decreto da sua criação: "meio mais próprio para conduzir os homens a conseguirem a virtuosa sabedoria, que constitui felicidade e, tranquilidade publica dos Estados, e he inseparavel da Piedade da Religiaõ"[69].

António Ribeiro dos Santos foi o seu primeiro bibliotecário, assumindo igualmente as funções que pertenciam à extinta Academia da História, no respeitante ao património cultural do país.

O decreto de 4 de Fevereiro de 1802 determinava que "a conservação e integridade das Estátuas, Marmores, Cippos, Laminas, e outras peças de antiguidade, em que se achassem figuras, letreiros ou caracteres ... " e "a correspondência com as Camaras sobre os monumentos que se acharem, fiquem pertencendo ao Bibliotecário Maior, da dita Real Biblioteca ... "aí se devendo constituir" ... huma grande colleçaõ de Peças de Antiguidade e raridade ... "[70].

---

[69] EU A RAINHA Faço saber aos que este Alvará virem: Que sendo hum dos objectos, que occupão a Minha Real consideração, o cuidado de promover efficazmente os progressos da Literatura Porlugueza; e conhecendo quanto será util, e vantajoso para se conseguir esse fim, o estabelecimento de huma Livraria Publica, a qual sirva como de hum thesouro de todas as Artes e Sciencias, e onde se achem, com os Livros mais preciosos pela sua raridade, e estimação, os monumentos mais respeitaveis das mesmas Artes, e Sciencias, que. constituão hum riquíssimo deposito, não só de todos os conhecimentos humanos, mas lambem dos meios mais proprios para conduzir os homens a conseguirem a virtuosa sabedoria, que constitue a felicidade, e tranquillidade pública dos Estados, e he inseparavel da Piedade da Religião: Querendo Eu reduzir a effeito este importante objecfo da Minha Real consideração por bum modo efficaz, de que resulte o desejado fim do maior aproveitamento, a que aspirão os Meus. Vassalos, que se dedicão á louvavel cultura das Sciencias, e das Artes, com honra sua, e da Patria em que nascêrão: Sou servida ordenar o seguinte.
Primeiro: Ordeno que na Minha Corte, e Cidade de Lisboa se erija, e estabeleça logo huma Pública, e bem provida Livraria, que se denominará A Real Bibliotheca Pública da Corte.
[70] Eu O PRINCIPE REGENTE Faço saber aos que este Alvará com força de Lei virem: Que por me apresentar o Bibliothecario Maior da Bibliotheca de Lisboa a importancia de que seria não só para o conhecimento das Antiguidades Sagradas e Politicas, e para ilustração das Artes e das Sciencias, mas para ornamento de mesma Biblithrca formar-se nella huma grande collecção de Peças de Antiguidade e raridade que possa servir aos indicados fins; e Querendo que com efeito se forme em utilidade pública a referida Collecção, Hei por bem suscitar a disposição do Alvará de Lei de 20 de Agosto de 1721, pelo qual o Senhor Rei D. João Quinto, Meu Avo, ordenára em beneficio da Academia Real da Historia Portugueza a conservação e integridade das Estatuas, Marmores, Cippos, Laminas, e outra peças de antiguidade, em que se achassem figuras, letreiros, ou caracteres,

No entanto, já anteriormente a esta data, Cenáculo oferecera à Biblioteca além de livros, manuscritos, estampas, plantas, desenhos e "huma numerosa collecção monetária de mais de três mil medalhas, não duplicadas, de cobre, prata e ouro, consulares, imperiais e arábicas, portuguesas e de outras nacões"[71].

A esta se vieram juntar outras dádivas, como a de D. Tomás Caetano de Bem, que possuía "um Museo de antiguidades, rico principalmente em numismática, com diversas séries completas de medalhas tão estimáveis pelo seu número, como pela raridade de algumas dellas[72]. Em 1807, comprou a Biblioteca, o monetário de José Fontenelli, gravador de pedras preciosas, residente em Madrid. Assim se foi formando o gabinete de antiguidades desta instituição, a quem Ribeiro dos Santos legou ainda o seu medalheiro pessoal[73].

Um gabinete se foi formando, "de gravuras, litografias e músicas, provenientes, na sua maioria dos extintos conventos, e de colecções

---

o qual Alvará Mando novamente publicar para se pôr em inteira e plena observancia, a bem da Real Bibliotheca de Lisboa. Determino porém, que as funções do mesmo Alvará declaradas pertencentes ao Secretario da dita Academia, quanto a correspondencia com as Camaras sobre os monumentos que se acharem, fiquem pertencendo ao Bibliothecario Maior da dita Real Bibliotheca; devendo-me tudo presente pelo Conselheiro, Ministro e Secretario de Estado dos Negócios da Fazenda, Inspector Real da Bibliotheca de Lisboa, para Eu ordenar as providencias necessárias, assim a compra das Medalhas, laminas, e outros objectos semelhantes por conta da Minha Real Fazenda, como as conservações dos mesmos objectos, e quaesquer que sejão convenientes nesta materia.
Pelo que. Mando ao Presidente do Meu Real Erario; á Meza do Desembargo do Paço; Regedor da Casa da Supplicação; Junta dos Tres Estados; Concelho da Minha Real Fazenda e do Ultramar; Mesa da Consciencia e Ordens; Senado da Camara; Governador da Relação e Casa do Porto; Ral Junta do Comercio, Agricultura, Fabricas, e Navegação destes Reinos, e seus Dominios; e a todos o os outros Tribunais, Ministros e Officiais de Justiça e de Fazendo, e mais pessoas, a quem o conhecimento deste Alvará com força de Lei pertencer que o cumprão, e guardem, e fação inviolavelmente cumprir, e guardar, como nelle se contém, sem duvida, ou embargo algum, não obstante quaesquer Leis, Regimentos, Alvarás, Disposições, Decretos, ou estilos contrários, que todas, e todos para esse effeito somente Hei por derogados, como se todos, e de cada hum delles fizesse especial, e expressa menção, ficando aliás sempre em tudo o mais em seu vigor. E ao Doutor José Alberto Leitão, do Meu Concelho, e Desembargador do Paço, Chanceller Môr do Reino, Ordeno, que o faça publicar na Cancellaria, e registar em todos os lugares, em que se constumam registar semelhantes Alvarás; e o original se remeta para o Meu Real Archivo da Torre do Tombo, para nelle ser guardado. Dado no Palácio de Queluz em 4 de Fevereiro de 1802. = Com a Assignatura do Principe Regente, e a do Ministro. Regist. na Sec. de Est. dos Negoc. da Faz. a fol. 17 vers. do Liv. 1º de Cartas, e Alvarás, e impresso na Impressão Regia.

[71] J. Leite de Vasconcelos, ob.cit., pg. 118 e nota 3.
[72] Ob.cit., pg. 136 e 137.
[73] Ob.cit., pg. 246.

particulares, compradas ou doadas, como os albuns angariados por Vieira Portuense em Itália, além de cartas geográficas e mapas, e mais de um milhar de desenhos estudados por Ayres de Carvalho"[74].

Nas colecções da Biblioteca Nacional vieram ainda a integrar- se cerca de mil painéis "exceptuando os que estaão em rolo", provenientes dos extintos conventos, conforme testemunha o relatório, publicado por José Feliciano de Castilho, em 1844, sobre esta instituição[75].

As colecções de pintura, a avaliar pela galeria de retratos ainda existente, não deveria ser de muita qualidade, pois a Academia de Belas Artes se deverá ter encarregado de escolher para si as peças mais notáveis.

A Biblioteca Nacional mantém, ainda hoje, os citados gabinetes de numismática e arqueologia[76], cartografia e iconografia, em que se vieram ultimamente a incorporar a fotografia, o cartaz e o bilhete postal. Pelas suas recentes actividades expositivas, a biblioteca recuperou algumas das funções museológicas que entretanto perdera.

João Pedro Ribeiro, além de bibliotecário e coleccionador, exerceu notável acçao pedagógica, pois deu as primeiras aulas de Diplomática, criadas por influência de Cenáculo. Esta aula regida na Biblioteca de Coimbra e no Arquivo da Torre do Tombo, integrava, complementarmente, o ensino da numismática, que mais tarde se autonomizou. Daí que na Biblioteca da Universidade de Coimbra e no Arquivo da Torre do Tombo se hajam reunido pequenas colecções didácticas de moedas e medalhas que visavam a aplicação e a observação prática do ensino aí ministrado.

A Biblioteca Pública de Goa, instituída em 1789, possuía igualmente um gabinete de numismática, com colecções de moedas e medalhas. As

---

[74] Ayres de Carvalho, Catálogo da Colecção de Desenhos, Lisboa, Biblioteca Nacional de Lisboa, 1977. Ernesto Soares, Inventário da colecção de estampas, Lisboa, B. N. de L. 1975.
[75] José Feliciano ou Castilho Barreto e Noronha, Relatório àcerca da Bibliotece Nacional de Lisboa e mais estabelecimentos anexos, dirigidos ao Exo. Sr. Ministro e Secretário d'Estado dos Negocios Do Reino no 1º de Janeiro de 1844, Lisboa, Typographia Lusitana, 1844, Cap. XV, pg. 92.
[76] Jorge Alarcão e Manoela Delgado, Catálogo do Gabinete de Numismática e Antiguidades, Lisboa, Biblioteca Nacional de Lisboa, 1969.

moedas da Índia vinham a ser estudadas desde Afonso de Albuquerque, filho do Vice-Rei, que eventualmente as terá também coleccionado[77].

8. ERÁRIO RÉGIO

O Museu da Casa da Moeda e uma instituição do século XX, no entanto o Marquês de Pombal, ao criar o Real Erário, em 1777, mandara guardar: "Huma moeda de cada cunho e qualidade de metal, que se poderem hir achando, não só deste reino, mas geralmente de todas as partes do mundo. E semelhantemente uma medalha também de todas as qualidades de metaes, que for possível alcançar-se, assim antigas como modernas, para com o decurso do tempo se poder formar uma collecção d'ellas, que hajam de servir a utilidade publica e noticia geral"[78].

"Para a guarda das sobreditas moedas e medalhas se deverão formar Armarias, com gavetas da altura de uma pollegada cada uma, forradas de veludo, com suas pequenas concavidades aonde se accomodem à proporção da maior, ou menor circunferência de cada uma d'ellas; tendo no lugar superior das ditas concavidades manuscripta a inscrição da moeda ou medalha, que n'ella se accomodar. E tendo cada gaveta dois botões, pelos quaes se faça sahir facilmente, ao fim de se ver de um golpe de vista o numero, e qualidade das pessoas que n'ella se accomodarem, advertindo-se que o dito Armario de gavetas ha de ter por fôra uma tabôa de guarda, que as feiche com segurança, não excedendo, nem a cinco palmos de altura, nem a oito de largura, para que se posa chegar com a vista a todas, e a cada uma das ditas gavetas, de que houver de ser formado"[79].

"As ditas moedas e medalhas se hirão lançando em um Livro, que contenha as divisões dos Reinos, e Estados a que pertencerem em respeito de cada um d'elles, a ordem chronologica dos Reis e soberanos, que as

---
[77] A. C. Teixeira de Aragão, Descrição Geral e História das moedas cunhadas em nome dos Reis, Regentes e Governadores de Portugal, III Volume, 2ª edição, Porto, Livraria Fernando Machado, 1880, pg. 123 (78) ob.cit., pg. 101.
[78] Ibidem.
[79] Ibidem.

houverem mandado de cunhar. Estampando-se o seu feitio pela frente, e reversos, e fazendo-se todas as miudas declarações, que mais for possível entenderem-se e acharem-se do seu peso, so seu toque, valor numeral, o motivo por que se cunharam, e a diferença que fazem as moedas a respeito das de Portugal, com todas as circunstâncias que mais possam servir a intelligencia da Historia das sobreditas moedas e medalhas. Bem entendido que este Livro será exceptuado do outro Livro pelo qual se deva fazer a carga da Receita e Despeza do Thesoureiro que as guardar". Assinado Marquez de Pombal, 25 de Janeiro de 1777[80].

Estas regras museográficas, de exposição, registo, inventariação, catalogação, conservação, segurança, fichagem e legendagem das moedas serão, provavelmente, das primeiras a ser escritas no nosso país.

A Casa da Moeda, também chamada "Paços da Moeda", por ter estado instalada nos antigos Paços do rei D. Frenando, ao limoeiro, foi transferida por D. João V, para "nova fábrica", na Rua de S. Paulo, onde trabalhou Quillard, nomeado pelo Magnanimo, para a gravura de cunho[81]. Neste edifício iniciaram-se as colecções de numismática, de maquinaria, e ainda de cunhas e punções de moedas e medalhas portuguesas desde D. João V[82]. Ao núcleo de arqueologia industrial se vieram a acrescentar instrumentos de Química, com que se dotou o respectivo laboratório.

O Erário Régio teve projecto grandioso de Costa e Silva, datado de 1789, para a actual Praça do Príncipe Real, mas que "não ultrapassou a segunda fiada de cantaria acima do solo"[83]. Assim, esta coleção só veio a constituir-se em Museu, em 1933, nas Avenidas Novas de Lisboa.

Ao núcleo inicial, vieram incorporar-se algumas das colecções dos extintos conventos, e o valioso e notável monetário de D. Luís, que no seu conjunto, constituem hoje o Museu Numismático Português, com o melhor acervo destas espécies existentes no país.

---

[80] Ob.cit., pg. 101 e 102.
[81] Ayres de Carvalho, D. João V e a Arte do Seu Tempo, ob.cit., pg. 29.
[82] Guia de Portugal, ob.cit., pg. 354.
[83] José-Augusto França, A Arte em Portugal no século, XIX, ob.cit., pg. 45.

9. IMPRENSA RÉGIA

A Régia Oficina Tipográfica foi fundada pelo Marquês de Pombal, em 1768[84] com o objectivo de aí criar um órgão difusor de cultura e instrução. Simultaneamente, criou uma escola de tipografia e gravura, mais uma das instituições inseridas no contexto das reformas do ensino, e no âmbito geral dos princípios das "luzes" ao serviço da educação e da utilidade públicas.

Foi Joaquim Carneiro da Silva o primeiro animador da Aula de Gravura, até 1785, a que se lhe sucedeu Bartolozzi e Gregório Francisco de Queiroz, a partir de 1815[85].

Aqui se constituiram colecções de gravuras e estampas, encomendadas de fora, e outras abertas na própria Imprensa Régia, como a collecção de Estampas, intitulada Ruas de Lisboa. "Contêm figuras iluminadas que representão os diversos trajes e maneiras mais constantes das gentes que servem e habitaõ a cidade de Lisboa, 1826.

Na Aula de gravura se vieram a integrar as colecções da Oficina Calcográfica, Tipoplástica e Literária do Arco do Cego, que executara trabalhos durante os dez anos que durara (1790-1800)[86].

Instalada no antigo Palácio dos Noronhas, possuía ainda a lmprensa, depois Nacional, algumas pinturas de retrato e, tal como o Erário Régio veio a reunir, com o progresso da tipografia um núcleo de arqueologia industrial... ou artesanal[87].

10. COLÉGIO DOS NOBRES

O Colégio dos Nobres, instituído pelo Marquês de Pombal, em 1761 durou até à reforma dos Estudos da Universidade de Coimbra, realizada em 1772.

---

[84] Ernesto Soares, História da Gravura Artista em Portugal. Os artistas e suas obras, Lisboa, Instituto de Alta Cultura, 1940, pg. 22.
[85] José-Augusto França, ob. cit., pgs. 67 e 68.
[86] Ob.cit., pg. 68.
[87] Guia de Portugal, ob.cit., vol. II, pg. 326.

A fundação do Colégio representa para Rómulo de Carvalho aceitação oficial, entre nós, da nova orientação pedagógica, então dominante na Europa, nascida da Filosofia Natural de Newton e das doutrinas de Locke[88].

Possuíu, para fins didácticos, um gabinete de Física Experimental. As aulas desta disciplina só funcionaram de 1768 a 1770, e foi Della Bella encarregado de adquirir os necessários instrumentos, em Inglaterra, tendo outros sido fabricados no país[89].

Um dos fabricantes foi Guilherme Good ou Dugood, escocês, residente no país, e que além de coleccionador de numismática, era especialista em armar pedras magnéticas[90].

Rómulo de Carvalho afirma que há seguras razões para acreditar que o Gabinete de Física Experimental do Colégio do Nobres era o mais completo que então existia na Europa[91]. Terminada a experiência científica no Colégio, esta coleção foi transferida para Coimbra, em 1772, como complemento do ensino universitário da récem criada Faculdade de Filosofia Natural. de que se falará no capítulo seguinte.

Tinham ainda os alunos do Colégio dos Nobres, aulas de esgrima, dança, educação física e um picadeiro, hoje irreconhecível, transformado em ginásio da Faculdade de Ciências.

Para a aula de Desenho que aqui funcionou, constituiram-se as necessárias colecções de gravuras e estampas, tendo havido permutas de professores da vizinha Imprensa Régia, que igualmente colaborou em edições escolares.

Os museus de História Natural e o Jardim Botânico que foram organizados na Escola Politécnica, são posteriores ao período que se pretende tratar no presente trabalho. Aquele Museu Nacional, também conhecido por Museu Bocage, foi quase totalmente destruído por um

---

[88] Rómulo de Carvalho, História da Fundação do Colégio Real dos Nobres de Lisboa (1761-1772) Coimbra, Atlantida, 1959, pg. 11.
[89] Ob.cit., pg. 89.
[90] Ibidem.
[91] Rómulo de Carvalho, A Física Experimental em Portugal no século XVIII Lisboa, Instituto de Alta Cultura, 1982, pgs. 77 e 78.

incêndio, na madrugada de 18 de Março de 1978, perdendo-se espécies das secções de Mineralogia e Geologia, de Zoologia e Antropologia, à excepção de "alguns exemplares de História Natural que se encontravam em gabinetes não atingidos pelo fogo"[92].

11. CASA PIA

Para jovens órfãos, fundou Pina Manique, em 1781, no Castelo de S. Jorge, uma escola de equivalente pedagogia, a Casa Pia.

Aqui foram instituídas Aulas de Desenho e Pintura[93], onde ensinaram celebridades da época, bem como cientistas, no domínio da Farmácia, Química, Anatomia, Obstetrícia e História Natural[94].

Machado de Castro, como se referiu anteriormente, leccionou na Casa Pia, com o auxílio de modelos de gesso, e das inerentes estampas e gravuras. Complementarmente, a cada uma das disciplinas ministradas, constituiram-se colecções com funções didácticas, como eram exigidas pela nova pedagogia. Em Coimbra, possuía ainda a Casa Pia, idêntica escola, embora em moldes mais reduzidos. Pina Manique era, ele próprio, coleccionador de numismática e de História Natural.

Os assuntos científicos e principalmente os da Física, "tiveram um surto e entusiasmo que chegou a alcançar os próprios salões onde a sociedade fátua do tempo se divertia efetuando experiências"[95].

12. ARSENAL DA MARINHA

O decreto de 21 de Abril de 1836 projectava a criação de um Museu Naval Português, facto que só veio a ser concretizado nos finais do século,

---

[92] Carlos Almaça, Que futuro para o Museu Bocage, in Museus Universitários, sua inserção activa na cultura portuguesa, Lisboa, Associação Portuguesa de Museologia, 1982, pg. 35.
[93] José-Augusto França, ob.cit., pg. 66.
[94] Luís de Pina, in História de Portugal, ob.cit., vol. VI, pg. 522.
[95] Rómulo de Carvalho, A Física experimental em Portugal no século XVIII Lisboa, Instituto de Alta Cultura, 1982, pg. 89.

muito embora possuísse já a Escola Naval, valioso recheio que foi quase totalmente destruído por incêndio, em 1916[96].

O Arsenal da Marinha é uma construção pombalina, situada sensivelmente no local da Ribeira das Naus. Acolheu algum espólio recuperado do terramoto, como fragmentos das tapeçarias da História de Alexandre, e peças de Marinharia.

No Arsenal estavam incorporadas as Academias Real da Marinha, Real dos Guardas Marinhas e ainda a Sala do Risco (naval).

Compunham as colecções deste conjunto, além de uma biblioteca, cartas, mapas, globos, rotas, estampas, gravuras e algumas raridades que subsistem no actual Museu da Marinha, como o célebre astrolábio do século XVII[97]. Uma boa parte deste acervo era ainda constituído por maquettes ou modelos miniaturas das antigas embarcações[98].

Esta modalidade, de criação de reproduções, permanece como uma das principais actividades do actual Museu da Marinha, situado no Mosteiro dos Jerónimos.

13. ARSENAL MILITAR

No inventário dos bens de D. Pedro II, publicado por Virginia Rau, incluía-se toda a Casa de Armas do Senhor Rey D. Pedro II[99] e, discriminadamente, a de D. Afonso VI[100].

Compõe-se este inventário de uma longa e exaustiva enumeração de peças de toda a sorte, portuguesas, francesas, italianas, inglesas e da India, sendo muitas delas verdadeiras jóias como "huma espingarda inglesa redonda tauxiada de ouro e prata com duas molduras avaliada

---

[96] António Manuel Gonçalves, ob.cit., pgs. 262 e 263 in Grande Enciclopédia Portuguesa e Brasileira, Vol. XVIII, Lisboa, Editorial Enciclopédia, 1947.
[97] Ibidem.
[98] Guia de Portugal, ob.cit., pg. 213.
[99] Virgínia Rau e Eduardo Borges Nunes, Inventário Post-mortem del rei D. Pedro II. Lisboa, Instituto de Alta Cultura, 1969, pg. 90 e segts.
[100] Ob.cit., pg. 114 e segts.

em quatrocentos mil réis"[101]. Estas colecções acrescidas das de D. João V e algumas não menos preciosas de D. José pereceram no terramoto.

D. João V mandara instalar no Campo de Sta. Clara "novos e bem apetrechados armazens, aumentados com novas obras ao moderno", para a fabricação e recolha das armas e peças de artilharia[102].

Na decoração do Arsenal trabalharam José da Costa Negreiros, Feliciano Narcizo, Baccareli, António Caetano da Silva, José de Carvalho Rosa e o escultor Francisco Antônio que fez peças mitológicas representando Marte, Vulcano e outros[103].

Sobre este edifício que pereceu com o terramoto, iniciaram-se as obras de reconstrução do Arsenal onde, em 1842, se criou o Museu de Artilharia com o recheio de armas, pintura, escultura e a decoração, acentuadamente romântica, que subsistiu até hoje.

Colecções de armas houve também, de carácter didáctico, na Academia de Fortificação, Artilharia e Desenho, onde igualmente se criou livraria especializada, com os inerentes núcleos de gravuras e estampas[104].

Nos princípios do século XIX publicou a Imprensa Régia uma curiosa edição de estampas, de trajes militares, espécies que vieram, posteriormente a constituir uma das secções do actual Museu Militar.

---

[101] Ob.cit., pg. 59.
[102] D. António Caetano de Sousa, História Genealógica, ob.cit., vol. VIII, pg. 259.
[103] Júlio de Castilho, A Ribeira de Lisboa, com anotação de Luís Pastor de Macedo, Vol. Lisboa, Câmara Municipal de Lisboa, 1940, pg. 201.
[104] J. Silvestre Ribeiro, História dos Estabelecimentos Scientíficos, Literários e Artísticos, ob.cit., tomo II, pg. 369.

Capítulo VII

Museus

1. FORMAÇÃO DOS MUSEUS

Entende-se como Museu uma coleção exposta ao público. Até à criação do primeiro museu do Estado liberal (1833), consequentemente aberto a todo e qualquer público, criaram-se em Portugal, o Real Museu da Ajuda, restrito à educação dos príncipes, netos de D. José; o Museu de História Natural da Universidade de Coimbra, dedicado à população universitária; os Museus de Frei Manuel do Cenáculo Vilas Boas, destinados ao seu clero, aos universitários da extinta escola dos jesuítas e aos eruditos; o Museu de Tibães, de limitado acesso a religiosos, o Museu Maynense, para o público que quisesse usufruir das aulas aí ministradas; o Museu da Academia das Ciências, para os académicos e "curiosos"; o Museu do Marquês de Angeja, de carácter privado; e o Museu Lisbonense, que anunciado pela Gazeta de Lisboa, era acessível a qualquer leitor da mesma. O Museu Allen, embora de formação anterior ao Museu Portuense, só abrirá as portas ao público, em 1836.

O projeto de criação do Museu Naval Português, a instituição do Panteão Nacional e das Academias de Belas Artes (1836), juntamente com o Museu Portuense representam os marcos do novo período museológico, a que logo a seguir se acrescenta o Museu de Artilharia (1842).

A geração liberal recebe, à extinção das ordens religiosas (1834), os bens eclesiásticos, acumulados durante séculos, facto que só terá paralelo com a proclamação da República, em 1910. Definem-se assim três grandes períodos da museologia em Portugal, o primeiro, das origens até à criação do Museu Portuense e a extinção das ordens religiosas, o segundo, oitocentista, até a instauração da República e à supressão dos bens da Igreja, que reverteram em benefício das novas instituições civis, que no terceiro período se criam ou restruturam.

2. OS MUSEUS E A NOVA PEDAGOGIA

Procurou o Marquês formar herdeiro para a sua obra, como já se referiu anteriormente, escolhendo um homem de confiança, para perceptor dos filhos de D. Maria e de D. Pedro III, D. José e D. João. O primeiro morreu, e D. João VI veio a beneficiar da educação cultural e científica que lhe foi ministrada.

Para os príncipes criou o Marquês na Ajuda, o Real Museu. Esta instituição palaciana era o fruto da vitória dos Modernos sobre os Antigos, na educação dos infantes, e a valorização do método experimental e da observação da natureza, na sequência do que filósofos e pedagogos vinham a pugnar. Desde Manuel de Andrade de Figueiredo que publicara, em 1722 a Nova Escola para aprender a ler, escrever e contar vinha a desenvolver-se uma literatura pedagógica, com as obras de Martinho de Mendonça (1734), o *Verdadeiro Método de Estudar* (1746) que culminaria, com a reforma dos estudos da Universidade, e as Cartas sobre a Educação da Mocidade, de Ribeiro Sanches (1772)[1].

Martinho de Mendonça advertia nos Apontamentos para a Educação de Hum Menino Nobre que "o verdadeiro método de ensinar os meninos he fomentar-lhes a natural curiosidade de aprender, e inspirar-lhes amor, e inclinação ao que se lhes ensina, e a quem os ensina"[2].

Para a realização desta tarefa seriam necessários livros, que "se devia escrever ou imprimir no melhor papel, e com os melhores caracteres, e encadernar com toda a perfeição, e adorno, usando delle com a mayor suavidade; porque todas estas miudezas, que parecem pouco importantes, conduzem muito para fazer mais agradável o estudo"[3]. Ideias estas concretizadas por Pombal, na Aula de Gravura da Imprensa Régia, onde os melhores abridores realizaram a apresentação gráfica dos livros, considerados também como veículos de educação estética.

---

[1] Rogério Fernandes. *O Pensamento Pedagógico em Portugal*, Lisboa, Instituto de Alta Cultura. 1978, pg. 41 e sgts.
[2] Martinho de Mendonça de Pina e Proença, *Apontamentos para a Educação de um Menino Nobre*, Lisboa, pg. 145.
[3] Ibidem.

"A Livraria para os Meninos, e principiantes deve consistir mais em imagens sensíveis, e agradáveis à vista, que em livros próprios para o estudo, que sempre causa trabalho, além de que a imaginação do que se offerece à vista imprime mais duravelmente as cousas na memoria; e assim os melhores livros para a primeira idade saõ as estampas da Bíblia, as series de retratos estampados dos Papas, Imperadores, e Reys, de que tambem ha medalhas, modernamente cunhadas, que menos despeza, e difficuldade se achaõ completas; os retratos impressos dos Varoens Illustres; as estampas das principaes cerimonias sagradas, e profanas; as das antiguidades Gregas e Romanas, as das cores, e pessas que compoem os Estudos de Armas das principaes familias; as das partes mais notavaes da Architetura Civil e Militar, e os riscos dos Edifícios, e fortificações; os Mappas, Globos, e Esféras; em fim todas as estampas ou pinturas agradavaes, e instrutivas, que os Meninos costumam pedir repetidas vezes, que se lhes mostrem, explicando o Mestre breve e claramente a materia, que ellas oferecem para a instrução"[4].

Do mesmo modo, Ribeiro Sanches programava em três graus os estudos da História Natural, da Política e da Religião[5].

"Entramos em hum Gabinete de Couzas Naturaes: ali notamos o globo terrestre e o celeste; ali notamos os systemas planetários onde se veem o sitio onde existe o sol, os planetas e a terra, o lugar das estrellas fixas e o zodíaco; ali vemos de que modo se movem e em que lugar os vemos; deste modo com a explicação de um intelligente Mestre terá o Menino hua idea clara o que he a Geographia e a Astronomia"[6].

"Neste Gabinete vemos as Aves, os Peyxes, os Animais, os lnsectos, as Arvores, da Azia e da America; e pela mesma separaçaõ vamos notando os Mineraes, as Pedras, os marmores, as Pedras preciosas, os Saes, os Bitumes, os Balsamos, e as differentes terras e barros; esta he a Historia Natural, e como he taõ natural saber para servem estas produções lhes

---
[4] Joaquim Ferreira Gomes, *Martinho de Mendonça e a sua Obra Pedagógica*, Coimbra, Universidade de Coimbra, 1964, pg. 177.
[5] A. N. Ribeiro Sanches, *Cartas sobre a Educação da Mocidade*, nova edição revista e prefaciada pelo Dr. Maximiliano Lemos, Coimbra, Imprensa da Universidade, 1922, pg. 154.
[6] Ob.cit., pg. 161 e 162.

dirá as propriedades e seu uzo na Medicina e nas artes mechanicas e liberaes"[7].

Para o Barbadinho, a Filosofia era "conhecer as coisas pelas suas verdadeiras causas ou conhecer a verdadeira causa das cousas"[8], identificando aquela com a Física Experimental, razão por que na Faculdade de Filosofia de Coimbra (1772), se ensinou a História Natural e ali se integraram instituições científicas, como o Museu de História Natural, o Laboratório de Física, o Laboratório de Química, o Jardim Botânico e o Observatório Astronómico. Daí também a criação da Academia das Ciências, as Aulas do Pe. Mayne, ou ainda a realização de experiências científicas públicas.

Bartolomeu de Gusmão, no dia 8 de Agosto de 1709, em presença de D. João V e de D. Mariana, na Sala dos Embaixadores, da Casa da India, voara...[9]. O inglês Baden, em 1725, na casa do Conde de S. Miguel, na rua da Cordoaria Velha, ensinou a corte "e a todos os curiosos, assim Nacionaes como Estrangeiros, Mechanica, Hydrostatica, Pneumatica, Optica e Metalurgica", com o apoio de 29 instrumentos físicos, de que um "permitia levantar 40 arráteis com um cabelo, e que seria naturalmente uma combinação adequada de máquinas simples"[10]. Outras sessões se realizaram nos Oratorianos, as Necessidades, em 1760, "aonde concorreram a Fidalguia, Nobreza e todas as pessoas curiozas, e bem instruídas, todas as semanas muitas vezes a aprender, e recrear-se no incomparavel divertimento e admirável ensino que se colhe dos repetidos experimentos"[11].

Assim, as colecções científicas, especialmente de Física Experimental, e de História Natural são organizadas como complemento didáctico indispensável ao ensino e simultaneamente, como emblema ou sinal

---

[7] Ob.cit., pg. 162.
[8] Rómulo de Carvalho, *A Física Experimental em Portugal no Séc. XVIII*, Lisboa, Instituto de Cultura e Língua Portuguesa, 1982, pg. 43 e nota 13.
[9] Madalena Braz Teixeira, *A Aviação em Portugal, subsídios para a sua história*, Lisboa, Tap Air Portugal, 1981, pg. 5.
[10] Rómulo de Carvalho, ob.cit., pg. 66 e 68.
[11] Ibidem, ob.cit., pg. 75.

de modernidade. De idêntico espírito foram as já referidas missões de naturalistas, ao nosso país, e ao Brasil e o magnífico Gabinete de Física Experimental da Casa da Senhora das Necessidades dos padres do Oratório, oferecido pelo ouro brasileiro de D. João V, ou as diversas colecções particulares já referidas.

O surto, o entusiasmo e a moda das "machinas", das "Maravilhas" das " curiosidades " ou das " raridades " e, ainda neste contexto, referenciável a citada comédia "A Família do Antiquário" que crítica estes hábitos cortesãos.

No entanto, nem tudo, nem todas as colecções formadas sobre a Ciência Moderna, o experimentalismo de Verney e as ideias pedagógicas de Martinho de Mendonça e de Ribeiro Sanches, podem ser alvo de apreciações menos sérias, pois o surto museológico, deste final do século XVIII, deve-se à modernidade e ao espírito de divulgação com que aquelas colecções foram organizadas e expostas.

3. REAL MUSEU DA AJUDA

Segundo Vilhena Barbosa este Museu estava instalado "em pequeno edifício no fundo do jardim", distanciado do Paço de Madeira, e em construção de pedra e cal[12]. Era constituído por um gabinete de Física, que foi posteriormente, transferido para o actual Palácio da Ajuda, e mais tarde para o Brasil, e uma secção que se reconhece ter estado, ou vindo a instalar-se junto ao Jardim Botânico. Esta secção das colecções reais era a mais notável tendo reunido espécies dos três reinos, e colecções de etnografia.

Beckford, ao descrever uma conversa que tivera com o príncipe D. José refere o gabinete de Física: "A primeira pergunta que Sua Alteza me honrou, foi se eu tinha visitado o seu gabinete de phisica. Respondi-lhe

---

[12] I. de Vilhena Barbosa, Museus ... ob.cit., pg. 31.

que sim, e que me tinham parecido extremamente perfeitas as machinas e instrumentos, que achei n'uma ordem admirável "[13].

Rómulo de Carvalho recolheu dados sobre as colecções do Gabinete que possuía "uma câmara óptica e 187 estampas coloridas, com aspectos monumentais de vários países da Europa, de alguns da América e da India, e cenas de batalhas", mandada por Melo e Castro, embaixador em Londres. "Eu dezejei mandar a Sua Alteza uma collecçaõ taõ completa, que dentro do seu Gabinete, podesse ver, por huma ordem Geográphica, as Cidades, e os Jardins, e Couzas mais notaveis da Europa, e do Mundo, e que isto lhe servisse de agradavel, e ao mesmo tempo de util instrução"[14]. Enviado expressamente para recolher material, João Jacinto de Magalhães despacha de Bruxelas "dezasseis caixões" com destino a Lisboa[15].

A secção de história natural foi crescendo por compras e missões científicas. Alexandre Ferreira foi encarregado "de estudar e descrever as espécies do Real Museu, entre 1779 e 1783, findo o que partiu para o Brasil para novas recolhas[16]. Pela lista realizada pelo naturalista francês Saint Hilaire, que a mandato imperial, saqueia o Real Museu, há notícia de grande parte destas colecções: "1 583 exemplares de mamíferos, aves, répteis, peixes, insectos, crustáceos e conchas, 259 mineraes, 310 herbarios e livros manuscritos, estampas e gravuras[17].

Muitas destas colecções eram recolhidas nas colónias portuguesas. D. Maria envia "instruções" ao Capitão-General de Moçambique, "ordenando-lhe que recolha, acondicione e remeta, por conta da sua Fazenda Real, todas as qualidades de sementes de plantas próprias dessa Capitania, principalmente as de interesse médico ou económico, para o seu Real Museu, conchas, corais, plantas marinhas, cristais, ouro e outros minerais, e tambem os produtos que produz a industria dos homens, particularmente a dos Negros desse distrito; compreendendo-se nesses

---

[13] Rómulo de Carvalho, ob.cit., pg. 82.
[14] Ibidem, ob.cit., pg. 82 e 83.
[15] Ibidem, ob.cit., pg. 83 e 84.
[16] Luís de Pina, in *História de Portugal*, ob.cit., vol. VI, pg. 533.
[17] J. Silvestre Ribeiro, História dos Estabelecimentos, ob.cit., vol. (III), pg. 354 e 355.

produtos armas de tiro ou bater perto, instrumentos músicos, tanto marciais como festivos, vestidos e ornatos, móveis utensílios"[18].

Em 1794, o Governador de Rios de Sena, escreve ao Capitão Geral da Província dizendo que "naõ podendo descobrir raridades que pudessem servir de ornato ao Museu da Sua Magestade, remete noticias de dois reinos de Manica e Monomotapa que daõ suficiente noção do que saõ os ditos reinos, as suas utilidades, usos e costumes"[19].

Outra fonte de angariação de colecções reais eram as embaixadas. D. Maria I encomenda exemplares da Rússia, ao embaixador Horta Machado. Chegaram por várias remessas com "treze grandes caixas das quais cinco com uma colecção valiosissima de 1 664 amostras de minerais e oito com exemplares de animais, mamiferos e aves, em número de 80, entre as quais um lince oferecido pelo Conde de Cheremetiev e um lobo oferecido pelo marechal-general Razonmovski" e mais tarde 50 exemplares de pássaros empalhados[20].

Remessas da Rússia chegaram ainda para o Pe. Mayne. Entre outros, "uma colluna de mineraes do Caucazo, mineraes da Siberia. Huma boceta de caramujos e conxas da Russia"[21].

Anexo ao Real Museu da Ajuda foi criado ainda o Jardim Botânico na sequência do horto já existente, e de que foram sucessivamente directores Vandelli, Alexandre Ferreira e Avelar Brotero[22]. Este Jardim Botânico, além de árvores exóticas, possuía um lago para plantas aquáticas, estátuas, de controversa proveniência, herbários, e estufas para plantas tropicais[23]. Pelo aviso de 2 de Janeiro de 1797, foi ordenado ao governador das ilhas de Cabo Verde, que "mandasse recolher, acondicionar e remeter para o Real Jardim Botânico todas, e quaisquer plantas que fossem naturais das mesmas ilhas, principalmente aquellas que tivessem alguma utilidade

---

[18] Ernesto Veiga de Oliveira, Apontamentos ..., ob.cit., pg. 25.
[19] Ibidem.
[20] Rómulo de Carvalho, *Relações entre Portugal e a Rússia no século XVIII*, Lisboa, Sá da Costa; 1979, pg. 165 e 166.
[21] Ibidem, ob.cit., pg. 167 e 168.
[22] Francisco Câncio, ob.cit., pg. 118.
[23] J. Silvestre Ribeiro, ob.cit., vol. III, pg. 35.

medica ou econômica". Esta exigência ía ao ponto de especificar os cuidados e preceitos de embalagem, e "estendia-se à remessa de animais e de produtos da industria daquelas ilhas"[24].

Os Jardins Botânicos tinham a particularidade de terem um "gravador de história natural", com a imposição de formar discípulos, por decreto de 1800[25].

Pelo menos a partir de 1807, o Museu de História Natural situado na calçada da Ajuda e já depois de D. João VI ter partido para o Brasil, passou esta instituição a ser "franca às quintas feiras"[26]. Parece poder entender-se que estas instalações ficaram dependentes do Jardim Botânico, cujo orçamento, em 1823, incluía o cargo de Director do Museu, na pessoa de Avelar Brotero e, no valor global de 5 200$000[27]. No "Plan pour la formation dun Cabinet d'histoire naturelle d'Arts e Sciences, collection ou medailles et de monoyes, avec l'offre d'y contribuer en grande partie, Proposition que fait a cette cour D. Jean de Villaviçennes e Maldonado", incluem-se gravuras e estampas das várias escolas de pintura europeias (apêndice nº 11).

4. REAL MUSEU DO RIO DE JANEIRO

O Palácio vice-Real, já deveria ter algumas colecções pois dois dos Últimos vice-reis foram sócios da Academia das Ciências, e quase todos

---

[24] Ob.cit., pg. 343.
[25] Ob.cit., pg. 345.
[26] Ob.cit., pg. 347.
[27] Ob.cit., pg. 356.
Orçamento do Museuordenado do director e administrador Felix de Avelar Brotero, e a ajuda de custo a elle arbitrada para renda de casa perto do jardim ... 1.144$000.
1º - O Museu; despeza dos vencimentos de um fiel, de um mestre preparador, de dois praticantes e um porteiro ... 703$200.
2º - Casa da Gravura; pensão vitalícia do gravador João Caetano Ri vara ... 600$000.
3º - Casa de Desenho; despeza de vencimentos de três desenhadores ... 517$920.
4º - Biblioteca e cartorio; vencimentos de um escrevente do cartorio, e escripturação da nomenclatura do museu e jardim ... 149$880.
5º - Jardim Botânico; vencimentos de jardineiros, horticultor, mestre tosquiador, moços jardineiros e despezas de expediente ... 2 .085$000.

os anteriores titulares, o que propiciaria que o Palácio fosse condizente com a dignidade do cargo.

No entanto, é com a chegada de D. João VI ao Brasil, em 1808 que, na política de criação de instituições paralelas às que havia em Lisboa, se cria o Real Museu do Rio de Janeiro, a Biblioteca, a Academia de Marinha, a Imprensa Régia e um teatro de Ópera, réplica de S. Carlos, feito pelo mesmo Costa e Silva. Exceptuando Domingos Bomtempo, todos os músicos e seus instrumentos tinham, alias, acompanhado o rei.

As colecções do Real Museu eram constituídas pelo Gabinete de Física de Lisboa, que fizera embarcar, e por alguns exemplares das colecções de história natural, que seguiram juntamente.

Estas colecções foram consideravelmente aumentadas, com a já referida missão austro-húngara, que acompanhou ao Brasil, a Imperatriz Leopoldina.

O Jardim das Plantas, que já existia anteriormente à chegada de D. João VI. Era dirigido por Frei Leandro, naturalista de mérito[28].

5. MUSEU LISBONENSE

Joan Joseph Solner, holandês, "vem para Portugal, em 1774, e aqui viveu mais de vinte anos"[29]. Era físico experimentado e simultaneamente fabricante de "machinas". Nesta dupla qualidade de perito e comerciante, forneceu à Academia das Ciências, juntamente com Gerard Sant, o material necessário para Alexandre das Neves Portugal, ali efectuar as demonstrações práticas de física de que estava encarregado[30].

Solner cria, em Lisboa, um Museo com as suas "Máquinas de Física", o que foi anunciado pela Gazeta de Lisboa[31]. Organizou um sistema de assinaturas de 32 bilhetes, correspondentes a um curso de Física Experimental, ao preço total de 9 600 reis[32]. Os preços foram

---

[28] J. Silvestre Ribeiro, ob.cit., tomo II, pg. 369.
[29] Rómulo de Carvalho, A Física Experimental. ob.cit., pg. 87.
[30] Ob.cit., pg. 85 e 84.
[31] Ob.cit., pg. 88.
[32] Ibidem.

aumentando, dada a procura que tinham, e Solner ía fabricando e fornecendo aparelhagem, ao mesmo tempo que "procedia a tratamentos por descargas de máquinas electrostáticas, aceitando doentes de gota, paralisia, estupor, surdês e achaques de olhos"[33].

Rómulo de Carvalho, a quem se devem estas referências, indica ainda que Solner percorria o programa de Física e demonstrava "mathematicamente" e por experiências, segundo os principies de Newton, e pelo método de Gravesande & Mischenbrock[34].

A Gazeta de Lisboa de 22 de Junho de 1790, informava que "Segunda-feira, 28 do corrente mês, as 4 horas da tarde, nas casas do Museo ao largo do Carmo defronte ao chafariz, principiaõ as recreçoês fysicas, que ha algum tempo foram annunciadas por editaes". Assim se conclui que o local onde estava instalado o Museu Lisbonense, era ao Largo do Carmo.

Solner tanto agradou à corte que chegou a dirigir e efectuar experiências no Real Gabinete de Física Experimental[35]. O caracter lúdico e circense destas descrições, é ainda fortalecido pela sua actividade como pirotecnico, pois preparou o fogo-de-artifício, que foi lançado no Terreiro do Paço, nas festas que se organizaram em 1793, por ocasião do nascimento da Princesa da Beira, Maria Teresa, filha de D. João VI e de D. Carlota Joaquina[36].

6. MUSEU DO MARQUÊS DE ANGEJA

O Marquês de Angeja, contemporâneo de Pombal, foi primeiro ministro de D. Maria I, e de quem o povo dizia: "mal por mal, antes Pombal". Coleccionador e notável botânico, mandou plantar, na sua casa ao Lumiar, um Jardim de Plantas, hoje chamado do Monteiro-Mor. Na área do Parque do Monteiro-Mor, está hoje instalado o Museu Nacional do Traje, (Palácio Angeja), e um pouco distante, no Palácio do Monteiro-

---

[33] Ibidem.
[34] Ibidem.
[35] Ibidem.
[36] Ob.cit., pg. 89.

Mor, o Museu Nacional do Teatro. Eram irmãos o Marquês de Angeja e o Monteiro-Mor, pelo que habitavam dois palácios, mas partilhavam a mesma quinta de recreio.

O Jardim Botânico realizado por Angeja, é ainda hoje composto por espécies arbóreas exóticas, e pela primeira araucária plantada em Portugal[37]. Nele se incluíam viveiros de "aves raras" e estufas com aquecimento, para plantas tropicais. Este jardim e seus anexos palácios foram adquiridos, no século XIX, pelo Duque de Palmela, que alterou o carácter setecentista, introduzindo-lhe românticas cascatas e substituindo o jardim à francesa de Angeja pelo jardim inglês que se manteve até à atualidade.

O Palácio reconstruído pelo Marquês de Angeja, após o terramoto, sob o edifício seiscentista, encerrou uma das mais interessantes colecções, dos finais do século XVIII visitada por Murphy, que aí viu um mineral Alum que viera do Brasil: "Its colour is yellow as may be seen by a sample which is in the museum of the Marquis d'Angeja"[38].

Além das colecções de mineralogia, possuía o Marquês grande conchiológico, espécies dos reinos animal e vegetal, e ainda uma múmia do Egipto, que foi descrita por Bayer, e se encontrava no palácio, em 1901, pertença da condessa do Lavradio[39].

Esta múmia foi posteriormente, para o palácio do Calhariz, dos Duques de Palmela, donde transitou, por oferta, para a secção arqueológica do Museu da Janelas Verdes e daí para o Museu Nacional de Arqueologia onde, actualmente, se encontra.

O espírito de coleccionador enciclopédico norteou o Marquês a organizar ainda, um núcleo de etnografia, que aliás era considerada pela ciência contemporânea, como fazendo parte da história natural. Descrito por D. Francisco Perez Bayer, director da Real Biblioteca de Madrid e

---

[37] Luís Filipe de Sousa Lara, *Parque do Monteiro-Mor*, Lisboa, Parque do Monteiro-Mor, 1978. Inventário por Amaral Franco, Maria da Luz Afonso e Helena Pereira Dias.
[38] James Murphy, A General View ..., ob.cit., pg. 104.
[39] I. de Vilhena Barbosa, Museus ..., ob.cit., pg. 34.

perceptor dos infantes de Espanha, que, em 1782 viu " armas de los indios, de madera, instrumentos para cortar arboles y labrar..."

"...muchas outras cosas mui raras de que hago memoria copia de piezas de baxilla de cobre esmaltado y con unas dibujos y coloridos excellentes con varias historias profanas e sagradas; Reparé que en todas estava el año en que se hicieron, una tenia el de1556, outra 1558. Outras de China, mui preciosas"[40].

O mesmo Bayer descreve o medalheiro: "El Museo de medallas, si quitarmos la colecciõn de varones illustres en que abunda, y entre los que hai muchissimas medallas de oro y plata y medallones, no es cosa particular"[41]. No numofilácio do Marquês havia também moedas arábicas conforme testemunha Fr. João de Sousa, em carta escrita a Cenáculo, de 2 de Setembro de 1782, em que diz que "o Marquês o convidou para lá ir um dia e dar-lhe volta às medalhas arábicas e outras raridades do seu gabinete"[42].

Aparece frequentemente esta dupla designação gabinete e museu, neste final de século, parecendo que a diferença entre os dois vocábulos não é inteiramente sinónima e que ao museu se atribuía uma maior dimensão ou importância das colecções e ainda não o conceito de instituição com carácter público, como o que se tem entendido no presente trabalho. A Coleção do Marquês não era pública, mas visitável, o que a define, como uma certa extensão de utentes.

No entanto, tinha o Marquês mais voos para a instalação das suas colecções, pois encomendou ao mesmo arquitecto que lhe construiu ou reconstruiu o palácio, uma "Casa" de semelhantes dimensões para expor as suas espécies.

Este projecto, idêntico ao de Costa e Silva para o Erário Régio, compunha-se de dois pisos, em que o primeiro, de cantaria, era sensivelmente igual à arcada do palácio, onde está instalado o Museu

---

[40] J. Leite de Vasconcelos, Da "Viagem de Perez Bayer em Portugal, em 1782", in *O Arqueólogo Português*, vol. XXIV, Lisboa, Imprensa Nacional, 1920, pg. 153 e 154.
[41] J. Leite de Vasconcelos, Da Numismática em Portugal, ob.cit., pg. 180.
[42] Ibidem. O manuscrito citado encontra-se na Biblioteca de Évora, B. P. E. CXXVIII/1-4.

Nacional do Traje. Mais equilibrado que este, o Museu Angeja era concebido com uma cúpula central, tal como o Erário Régio.

O projecto, não assinado, esteve exposto no Museu Nacional do Traje, no dia da inauguração daquela instituição, a 26 de Julho de 1977, como complemento dos trabalhos de reconstituição do jardim Botânico. Compõe-se o referido projecto, apresentado por Natália Correia Guedes, de plantas, alçados e fachadas, encomendado sobre o programa museológico do Marquês, que aí queria expor, em áreas sabiamente doseadas as suas colecções de história natural e uma "galeria de Estatuas e pinturas". Esta galeria em que não há discriminação de peças, consistia num largo corredor - o espaço clássico de exposição de obras de arte -, para a apresentação das artes plásticas do Marquês.

Ultrapassada a galeria, através de um hall que correspondia a cúpula exterior, entrava-se na área destinada ao conchiológico com suas vitrines adaptadas ao espaço, e finalmente em "U" a casa dos Pombos, dos Perus, dos Patos e das Galinhas (empalhadas). Este conjunto era ainda completado por um pequeno jardim à francesa, geometrizado e com estátuas.

Intitulava-se este documento "Casa de História Natural", e era destinado ao local onde está hoje instalado o pavilhão neo-gótico do Duque de Palmela, transformado em restaurante do Museu - o Terraço do Monteiro-Mor.

O Museu Angeja seria dos primeiros a serem projectados de raiz com finalidade, e exclusiva função museológica. Contemporâneo deste, o Museu de História Natural da Universidade de Coimbra foi expressamente construído para albergar as colecções encomendadas a Vandelli. O projecto foi de autoria de Guilherme Elsden e estava integrado no conjunto das reformas pombalinas da Universidade, tendo sido edificado entre 1772 e 1775, sendo o primeiro a ser planeado no país para este feito[43]. Facto quase raro em Portugal, pois será preciso esperar pelo séc. XX, para que tal volte a acontecer, com o Museu Bordalo Pinheiro

---

[43] Guia de Portugal, ob.cit., vol. III, pg. 293.

em 1916 e, posteriormente, o Museu de José Malhoa, 1934, nas Caldas da Rainha e mais recentemente, com o Museu de Calouste Gulbenkian.

Assim, quer o projecto do Marquês de Angeja, quer o realizado de Pombal, mereciam um estudo comparativo, com o Santuário ou "Museu de Relíquias" do Mosteiro de Santa Cruz de Coimbra, o que não é possível fazer, enquanto não for público o primeiro documento citado.

7. MUSEU MAYNENSE

O Pe. Mayne, Geral da Ordem da Penitência, legou ao Convento de Jesus, as suas colecções para que aí se estabelecesse uma Aula pública, após a sua morte em 1792, sob a designação de Instituto Maynense.

Neste Instituto, percursor da Escola Politécnica, leccionava-se história natural. Era aberto a quem se quisesse inscrever, e as colecções complementavam o ensino aqui ministrado. Além do núcleo científico, possuía ainda o Pe. Mayne, um medalheiro e uma galeria de pintura.

Bayer, que visitou o Convento de Jesus achou "cosa pobríssima a excepcion de un monton de medallas Egypcias (medalhas e moedas) de Hadriano y Antonino Pio, todas de gran bronze, halladas, segun parece, todas de una vez, y en sitio, por las quales se podrá formar la serie chronologica del reynado de este principe (de Hadriano, digo, que de Antonino no hai tantas)"[44].

A galeria de pintura estava instalada numa grande sala do segundo andar do Convento, muito embora na portaria régia de 1834 fosse designada por gabinete: "O Padre Mestre Frei José Mayne, religioso da ordem de S. Francisco, aplicara em sua vida algumas propriedades provenientes de seus ordenados para o acrescentamento e manutenção da Livraria do Convento de Jesus, para a criação e estabelecimento de um Museu e gabinete de Medalhas e Pinturas e para as despezas de uma cadeira de História Natural aplicada à demonstração dos atributos de Deos..."[45].

---

[44] J. Leite de Vasconcelos, Da Numismática em Portugal, ob.cit., pg. 181.
[45] Álvaro Neves, *Notícia dos Quadros e Esculturas existentes na Academia das Sciências de Lisboa, em 1834 e em 1917*, Coimbra, Imprensa da Universidade, 1918, pg. 5 e sgts. Do mesmo autor, "Livraria

O núcleo de pintura era composto de "mais de quatrocentos quadros, entre os quais algumas paisagens de Pillement, retratos de Batoni, fogos de Diogo Pereira, e várias cópias de objetos naturais de Joaquim Manuel da Rocha"[46]. Assim, "naturezas mortas, quadros religiosos, "de género", paisagens, entre originais medíocres e cópias", compunham a temática desta galeria de pintura[47].

O próprio Convento possuía os seus retratos e o tecto da Livraria mandado executar por Cenáculo, a Pedro Alexandrino, e uma serie de bustos de personalidades régias, filósofos, cientistas, naturalistas, historiadores e humanistas portugueses completavam a decoração da biblioteca.

Como se infere, a coleção de história natural era a mais considerada, mas todo o conjunto passou à posse da Academia das Ciências, em 1834, inclusivamente as próprias instalações, que até hoje, continuam a ser a sede da dita Academia.

8. MUSEU DA ACADEMIA DAS CIENCIAS

Anteriormente a incorporação das espécies do Museu Maynense, possuía já a Academia das Ciências, o seu núcleo museológico.

"Hum dos primeiros cuidados da Academia fora formar em Lisboa hum Museu Nacional onde se juntassem e conservassem os produtos ao menos os mais notáveis que se achavaõ dentro do reino e das suas colonias, pertencentes às diversas espécies da Animais, vegetais e Minerais; para este fim dirigiu aos seus correspondentes humas breves instruções, que foram publicadas em 1781, e que tinhaõ por objeto naõ só a boa escolha, preparação e remessa destes productos, mas também a communicação das noticias pertencentes à História Natural, ou a outras notaveis e curiozas do terreno onde se achaõ os ditos productos, ou finalmente à

---

do Convento de Nossa Senhora de Jesus, Documentos para a sua história", in *Boletim Bibliográfico da Academia das Sciências de Lisboa*, 1923, 2ª série, vol. I, pg. 194.
[46] Ob.cit., pg. 4.
[47] José-Augusto França, *A Arte em Portugal no século XIX*, ob.cit., vol. I, pg. 190.

religiaõ e costumes dos Povos que os habitam"[48]. Estas "Breves Instruções para formar um Museo Nacional" são o documento comprovativo das intenções da Academia de criar um Museu, com as características de Nacional, que deveriam ter espécies representativas de todo o extenso e diversificado território, do ponto de vista natural e etnográfico[49].

Nas Memórias da Academia Real das Ciências aparecem constantes referências a dádivas de história natural, de numismática, e por vezes de arqueologia, vindas de vários pontos do país, que iam acrescentando as colecções daquela instituição.

O Gabinete de Física teve 308 máquinas. Foi apetrechado por Joseph Solner e por Gerard Sant, cujas aquisições terminaram em 1794 e ainda, por espécies provenientes da França, da Inglaterra e de construtores portugueses[50].

Como foi referido anteriormente, fizeram-se catálogos das colecções da Academia, em que se incluíam os "Artefactos". Estes objetos etnográficos provinham do Brasil e em menor número de Africa, pois as missões naturalistas dirigiam-se sobretudo para a América. Com este núcleo inicial, e com o fruto de recolhas oitocentistas, fundará, em 1893, Leite de Vasconcelos, o Museu Etnográfico, que esteve instalado na sede desta Academia.

Em 1834, com a extinção das ordens religiosas, passa a academia a ser "Administradora e Directora" dos bens culturais do Convento de Jesus, dos seus estabelecimentos científicos e "suas rendas"[51].

A 27 de Agosto de 1836, estas colecções foram ainda aumentadas com o Real Museu de História Natural da Ajuda que passam à guarda da Academia[52].

---

[48] Christovam Ayres, *Para a História da Academia das Ciências de Lisboa*, Coimbra, Imprensa da Universidade, 1927, pg. 25 e nota 1.
[49] J. Silvestre Ribeiro, *História dos Estabelecimentos scientíficos Literários e Artísticos de Portugal*, vol. II, Lisboa, Typographia da Academia Real das Sciências, 1981, pg. 121.
[50] Rómulo de Carvalho, *A Física Experimental*, ob.cit., pg. 85.
[51] Álvaro Neves, ob.cit., pg. 5 e sgts.
[52] Christovam Ayres, ob.cit., pg. 24 e sgts.

No entanto, o museu da Academia das Ciências acabará por ser muito empobrecido, especialmente nas suas colecções científicas, com a criação da Escola Politécnica e a fundação do Museu Nacional de História Natural, em 1858, para onde se transferem as principais e mais representativas espécies das colecções científicas[53].

9. MUSEUS UNIVERSITÁRIOS

As áreas da Universidade compunham-se museologicamente de três ramos, a Física, a História Natural e o Jardim botânico[54], acrescendo-se ainda o medalheiro que esteve depositado no gabinete de Física e foi posteriormente transferido para a Biblioteca, as colecções de gravuras e estampas da Biblioteca e da Imprensa da Universidade, e as colecções de pintura, constituídas pela galeria dos reis e a dos reitores, que se têm vindo a continuar até à actualidade[55]. O tesouro da capela constitui hoje o Museu de Arte Sacra da Universidade de Coimbra, como foi referido anteriormente.

A Reforma do ensino de Pombal de 1772, e os novos Estatutos, em que as ciências e o método experimental foram revolucionarmente alargados, levaram à criação da Faculdade de Filosofia Experimental, no âmbito da qual se instituíram, o Laboratório de Química, o Museu de História Natural, o Gabinete de Física e o Jardim Botânico, como complementos prácticos daquela matéria.

Assim, e depois da ensaiada experiência do Colégio dos Nobres, iniciou-se com os novos institutos, o primeiro ensino universitário das ciências naturais. A actualidade deste ensino e a utilização das colecções pela Universidade, foi ainda recentemente defendida por Bragança Gil, que definiu Museu Universitário "o que, além de depender de

---

[53] Ibidem.
[54] Joaquim Augusto Simões de Carvalho, *Memoria Histórica da Faculdade de Philosofia*, Coimbra, Imprensa da Universidade, 1872.
[55] A Real officina da Universidade foi instituída em 1759 e a partir de 1772, passou a designar-se por Imprensa da Universidade. Esta instituição tinha colecções e funções idênticas a Imprensa Régia, mas adstrita às matérias universitárias.

uma Universidade, colabora estreitamente nas, actividades docentes, científicas e culturais, desenvolvidas no âmbito dos planos de acção dos departamentos universitários afins"[56].

10. MUSEU DE HISTÓRIA NATURAL

O Museu de História Natural reconstruído sobre o antigo colégio dos jesuítas, é um edifício pombalino, da autoria de Guilherme Elsden, como já foi anteriormente referido. No frontão triangular que o encima, apresenta figuras alegóricas das ciências, esculpidas por Machado de Castro.

As suas colecções constituíram-se com o legado de José Rollem van Deck, que as doou "em benefício e utilidade pública da nação portuguesa"[57]. No entanto, o principal núcleo foi a doação de um "Ganinetto d'Istoria Naturale presentato all'Illustre e Celebre Universitá di Coimbra dal Dr. Domenico Vandelli 1772", manuscrito da Biblioteca Pública de Évora, que se transcreve em apêndice. Este documento contém a catalogação das espécies dos três reinos e ainda um herbario ou "orto seco".

Estas colecções foram sendo acrescidas por aquisições "nos países estrangeiros por alguns professores, que foram encarregados de viagens científicas. Também se organizaram trabalhos de campo no país, como o de Joaquim Veloso e António José de Figueiredo que,

em 1779, se deslocaram, para recolher espécies às Serras da Estrela e Gerez[58].

No Museu incluíam-se ainda "algumas antiguidades, grande porção de armas, que se diz terem servido no glorioso cerco de Diu, e muitas curiosidades de produtos da America e das possessões da Africa e Asia.

---

[56] F. Bragança Gil, *Museus de Ciências Exactas no âmbito dos Museus Universitários*, in Museus Universitários, sua inserção na cultura portuguesa, Lisboa, Associação Portuguesa de Museologia, 1982, pg. 84.
[57] Joaquim Augusto Simões de Carvalho, *Memoria Histórica da Faculdade de Philosophia*, Coimbra, Imprensa da Universidade, 1872, pg. 209.
[58] Ibidem, ob.cit., pg. 81.

Também havia uma pequena colecção de medalhas e moedas, que hoje existe na biblioteca da Universidade"[59].

Este relato é feito no centenário da fundação do Museu, não podendo, todavia, ser consideradas as colecções de 1872 como sendo as iniciais. No entanto, com o espírito enciclopédico que norteava a organização das colecções que se têm vindo a descrever é muito possível que algum núcleo de arqueologia e etnografia, fosse anterior. Até porque, em relação a coleção de numismática, que aliás tem menos relação com a história natural, Teixeira de Aragão refere a sua existência no gabinete de Física, ao historiar a colecção da Universidade[60].

O Museu de História Natural, subdividiu-se em vários sectores, em Julho de 1885[61], que formam actualmente três instituições: os Museus e Laboratórios Antropológico, o Mineralógico e Geológico e o Zoológico.

O Gabinete de Física, à data da sua fundação, encontrava-se integrado no Museu Pombalino. As suas colecções provenientes do extinto ensino da Física, do Colégio dos Nobres, foram elogiadas pelo próprio Marquês: "o mais completo que hoje tem a Europa, porque sendo o melhor delles o de Padua, não tem mais que 400 machinas, passando o nosso de 500 e tantas"[62]. Desta coleção científica, formada por instrumentos pombalinos, e organizada por Della Bella, existe inventário completo manuscrito em latim.

O remanescente desta coleção é hoje o Museu e Laboratório de Física da Universidade de Coimbra[63].

O Laboratório de Química instalou-se em edifício fronteiro ao Museu de História Natural, onde trabalhou Vandelli. Os seus alunos aí repetiram, com êxito, experiências aerostáticas, semelhantes às dos irmãos Montgolfier, noticiadas pela Gazeta de Lisboa de 25 de Junho de 1784.

---

[59] Ob.cit., pg. 213 e 214.
[60] Teixeira de Aragão, ob.cit., vol. I, pg. 100.
[61] Henrique Gouveia, *Museus de Coimbra - Da Exposição Distrital a organização do Museu de Machado de Castro*, in Publicações do Museu Nacional da Ciência e da Técnica, Coimbra, 1979, pg. 39 e 40.
[62] Joaquim Augusto Simões de Carvalho, ob.cit., pg. 201.
[63] Rómulo de Carvalho, *História da Fundação do Colégio Real dos Nobres de Lisboa*, ob.cit., pg. 140.

Neste Laboratório estiveram depositadas as colecções de mineralogia de Andrada e Silva até o ilustre professor e político ter regressado à sua terra natal - o Brasil[64].

11. JARDIM BOTÂNICO

A criação do Jardim Botânico vinha programada desde os "Estatutos", nos seguintes termos:

"Ainda que no gabinete de história natural se incluam as produções do reino vegetal, como porem, não podem ver-se as plantas senão nos seus cadaveres, secos, macerados e embalsamados, será necessario para complemento da mesma história o estabelecimento de um Jardim Botânico, no qual se mostrem as plantas vivas" "se cultive todo o Género de plantas e particularmente aquelas, das quais se conhecer ou esperar prestimo na medicina e nas outras antes; havendo o cuidado e providencia necessaria, para se ajuntarem as plantas dos meus dominios ultramarinos, os quais têm riquezas imensas no que pertence ao rei no vegetal"[65].

Vandelli projectava criar um jardim à italiana, decorado de estátuas, o que o Marquês recusou, devendo-se aos esforços do reitor, o Bispo-Conde D. Francisco de Lemos, a grandiosidade com que o jardim acabou por ser delineado[66].

Em 1822, foram todas as plantas etiquetadas, segundo o sistema de Lineu, com os seus nomes científicos e vulgares, tendo Correa de Campos elaborado, três anos depois, o respectivo catálogo[67]. Foi no entanto Avelar Brotero quem recolheu, classificou e descreveu 1 900 espécies, que foram publicadas na sua obra Flora Portuguesa[68], tendo feito "herborizações por todo o reino"[69].

---

[64] Guia de Portugal, ob.cit., vol. III pg. 293.
[65] Joaquim Augusto Simões de Carvalho, ob.cit., pg. 283.
[66] Ibidem, ob.cit., pg. 234 e sgts.
[67] Ibidem, ob.cit., pg. 87 e 89.
[68] Luís de Pina, in História de Portugal, ob.cit., pg. 531.
[69] Joaquim Augusto Simões de Carvalho, ob.cit., pg. 237.

Este Jardim é hoje, no seu conjunto o Museu, Laboratório e Jardim Botânico (Instituto Botânico Dr. Júlio Henriques), da Universidade de Coimbra.

12. MUSEU SESINANDO CENÁCULO PACENSE

O Museu Sesinando Cenáculo Pacense foi criado por Frei Manuel do Cenáculo na cidade de Beja, e na Igreja de S. Sesinando, próxima do Paço Episcopal, em 1791[70].

Este Museu de Beja, tem vindo a ser considerado entre numerosos autores, como o primeiro museu português, facto que, com o presente trabalho se procurou demonstrar que, anteriormente à instituição do Museu Pacense, outros foram criados, e simultaneamente existe um movimento museal e coleccionista em que Cenáculo se integra. Apesar da sua notável obra museológica, não pode, de maneira nenhuma ser considerado, nem o primeiro, nem o único, nem o principal museólogo dos finais do século XVIII.

Todavia, não poderá deixar de se exaltar esta notável figura sob o ponto de vista político, social, apostólico e cultural, com vasta influência em todos estes campos, como exaustivamente demonstrou J. Marcadé, na sua monografia sobre o Bispo de Beja e Arcebispo de Évora[71].

Com a criação deste Museu, procurou Cenáculo homenagear S. Sisenando, Mártir e natural de Beja, e a reinstituição na sua pessoa, da antiga prelazia romana de Pax Julia (Beja). Assim nasceu o Museu Sisenando Cenáculo Pacense, inaugurado solenemente, no dia 15 de Março de 1791[72].

---

[70] A. Filipe Simões. "O Museu do Bispo de Beja", in *Archivo Pittoresco*, vol. XI, Lisboa. Typographia de Castro Irmão, 1868.
[71] J. Marcadé, *Frei Manuel do Cenáculo Vilas Boas, Évêque de Beja, Archevêque d'Évora (1770-1814)*, Paris, Centro Cultural Português, Fundação Calouste Gulbenkian, 1978.
[72] J. Leite de Vasconcelos, "Discurso da Inauguração do Museu Cenáculo em Beja, em 1791", Lisboa, Imprensa Nacional, 1898. Separata de *Archeólogo Português*, vol. IV, nº 10 a 12, Outubro a Dezembro de 1898.

O discurso de apresentação do museu, embora não assinado, é atribuído por Leite de Vasconcelos, a Frei Lourenço de Valle, amigo e colaborador de Cenáculo[73]: "O estudo do Museo he huã disposição para qualquer homem ser completamente sabio. Huã raridade deve preparar para outra raridade"... "Já nos parece ver idolos mudos...ler as antigas inscrições, ver as urnas, ver gigantescos pedaços de colosso, cuja perfeição faz saudoso desejo dos restos que não aparecem, entender as medalhas, e contemplar peças esquisitas da arte, admirar as diversas produções da natureza, sua força ligada na perturbação dos monstros (s. m.) e sua beleza na ordem perfeita[74].

Frei Lourenço indica as áreas museológicas do Museu Pacense, nele se incluindo o que se designava por "Maravilhas" ou seja, fenómenos estranhos da natureza humana ou animal.

Neste discurso Cenáculo é exaltado... "tendo de várias partes do mundo alcançado cousas curiozas, e desenterrado no nosso país raridades (s. m.) ... passando com toda esta acção a "ministrar aos investigadores, matéria de estudo (s. m.)[75], Alude-se aqui, às escavações realizadas por Cenáculo e ã utilidade didáctica das colecções.

Por outro lado, na linha do que tem sido uma constante cultural portuguesa, as colecções guardavam-se numa Igreja desafecta ao Culto, tal como ainda hoje acontece, por exemplo, na Igreja de S. João de Alporão, em Santarém; ou na Igreja das Mercês, em Évora; como nos claustros das Sés de Viseu, do Porto e de Lisboa; ou em edifícios de antigos conventos onde estão instalados os Museus de Carlos Machado de Ponta Delgada; no museu Arqueológico e Lapidar do Infante D. Henrique, de Faro; ou na Biblioteca-Museu Municipal de Albano Sardoeira, de Amarante.

Cenáculo recebe em 1782, o esclarecido e curioso Bayer. Mostra-lhe o monetário e oferece-lhe, para espanto do espanhol, uma moeda de metal desconhecido[76].

---

[73] Ob.cit., pg. 3.
[74] Ob.cit., pg. 5.
[75] Ibidem.
[76] J. Leite de Vasconcelos. O Archeólogo Português, vol. XXIV, pg. 123.

Leite de Vasconcelos, a quem se deve a transcrição da viagem de Bayer, inclui todas as inscrições que este copiou do Museu. Refere uma "Hebrea que estubo otro tiempo en la sinagoga de Lisboa, con otras traidas del territorio de la misma Corte, y de sus circanias"[77]. Esta lápide fazia parte das colecções que Cenáculo organizara no Convento de Jesus, e encontra-se hoje no Museu de Évora.

O serão de despedida consistiu numa recitação de poesias e de epigramas dedicados a Bayer, e ainda em cânticos, e num concerto de violino[78].

De volta para Lisboa, Bayer passa por Évora onde admira o grande templo, e é-lhe mostrado o quintal de André de Resende, onde ainda se encontravam algumas lápides de que se transcreve três inscrições. Passados dois séculos, ainda se mantinha viva, a memória do "famoso Eborense que dicen que huvo otro tiempo en ella muchas antiguidades"[79].

O iluminado Murphy decide-se a visitar Beja, em 1789, onde lhe tinham dito haver "several vestiges of Roman Antiquites"[80]. Ao fazer o relato destas viagens, que é publicado, em 1795, Murphy incluiu em gravura algumas das peças do Museu Pacense e transcreve algumas inscrições. De entre os exemplares vê "espadas e punhais (hoje reconhecidos como espetos da Idade do Bronze), utensílios de estilo etrusco, um tijolo romano, uma estátua mutilada retirada de escavações feitas sob a orientação de Cenáculo"...[81].

As colecções do Museu Pacense, incluíam, além da secção lapidar e da numismática, várias espécies de arqueologia, e exemplares de "etnografia selvagem moderna" e produtos de história natural[82].

Cenáculo quer nos seus livros, sobretudo nos *Cuidados Literários do Prelado de Beja*, ou no *Sisenando* Mártir e Beja sua Pátria, ou ainda no diário, que deixa manuscrito, faz constantes referências às escavações a

---

[77] Ob.cit., pg. 127.
[78] Ob.cit., pg. 129.
[79] Ob.cit., pg. 134.
[80] James Murphy, Travels in Portugal ...; ob.cit., pg. 290.
[81] Ob.cit, pg. 298 e sgts.
[82] J. Leite de Vasconcelos, discurso de inauguração ... ob.cit., pg. 4.

sítios arqueológicos como Troia, aos achados, feitos por ele ou por outrém, revelando ainda, através das cartas que recebe de todo o mundo, os seus múltiplos interesses culturais, verificando-se que estava permanentemente actualizado sobre o que se passava em Itália, França, Inglaterra, Rússia, Países Baixos, Austria, Constantinopla, Estados Unidos, Pequim, Macau, nas diversas colônias portuguesas de Africa, nos Açores, Brasil, Espanha e nas Canárias[83].

Cenáculo pugna pela "assistência frequente em Livrarias e Museos onde concorraõ sabios a quem se escute, pois estas casas são na verdade feliz escola de aprender costumes e erudiçaõ, e de se convencerem os homens ser-lhes necessario ter olhos ajustados aos objetos, seja nas Faculdades Maiores, seja nas Boas Letras, seja nas ocasiões de verem pintura, obras de escultor e quaesquer outros objetos da Ordem Física, de engenho e de imaginação".

"Isto lhes será bastante para quando passearem nos campos saberem entender-se com as creaturas em sua propria linguagem: para fazerem diferença nos objectos scientificos do que lhes seja substancial ou accidental, e a tudo ajustar os devidos conceitos"[84].

Eis como Cenáculo expressa o seu pensamento sobre a utilidade das instituições de cultura, e sobre a necessidade da existência nos museus de colecções com extensa e diversificada gama de objetos, todos eles contribuindo, para um melhor conhecimento e observação da realidade.

Com este espirito enciclopédico Cenáculo reune uma plêiade de amigos e eruditos em reuniões literárias ou académicas, como a que vem referida no Diário, e efectuada em 1780[85], em que cada um participa com a área da sua especialidade, procurando sempre abarcar todas as zonas

---

[83] Das 2.941 cartas manuscritas, recebidas por Cenáculo e catalogadas por Armando Nobre de Gusmão. ob.cit., fez J. Marcadé na obra citada, pg. 320, a seguinte percentagem: - 93, 7% de Portugal (2389), e o mundo português (17 do Brasil, 6, de Macau, 4 da África portuguesa, 2 dos Açores); 10,8% do mundo espanhol (308 de Espanha e 10 das Canárias); 5,5% do estrangeiro (142 de Itália, em que 114 são de Roma, 6 de França, 5 da Grã-Bretanha, 2 da Rússia, Gibraltar, e Provincias Unidas, 1 dos Países Baixos, da Austria e dos Estados Unidos.
[84] Frei Manuel do Cenáculo, Cuidados Literarios do Prelado de Beja Em Graça do Seu Bispado, Lisboa, na Officina de Simão Thaddeo Ferreira. Anno 1791, pg. 166. Manuel Delgado, Sisenando Martir e Beja sua Patria, in Arquivo de Beja, vol VI, fasc. III e IB, 1949, passim.
[85] B. P. E. CXXIX/ 1-18, vol. 36.

do conhecimento, sem privilégio de qualquer disciplina que não fosse a Teologia.

Cenáculo é nomeado em 1802, Arcebispo de Évora, para onde parte, com a maior parte das suas colecções e livraria.

"As lápides votadas ao abandono, umas se danificaram, por terem-nas os cónegos aplicado em obras particulares, como se de vulgar material de construção se tratasse, outras se perderam, destruidas, ou até agora havidas por extraviadas"[86].

Ao paciente trabalho de Leite de Vasconcelos e de Hubner se deve a recuperação, a reconstituição e a transcrição de algumas peças do Museu Pacense, tidas como desaparecidas[87]. Outras foram recolhidas por Filipe Simões em 1869, e remetidas para Évora[88]. Ainda Abel Viana, mais recentemente, procurou, com êxito, vestígios da coleção lapidar do Museu Pacense, as quais estão hoje expostas no Museu da Rainha D. Leonor, em Beja[89].

13. LIVRARIA ECLESIÁSTICA PÚBLICA

Cenáculo cria em Évora, em 1805, uma biblioteca, mas só lhe dá Estatutos, em 21 de Setembro de 1811, com a designação de "Livraria Eclesiástica Pública"[90].

No dia 25 de Março de 1 8 o 5, Cenáculo regista no seu Diário: "fui por o primeiro livro nas estantes da minha livraria" não sem ter já colocado o painel do Senhor entre os doutores no templo... "por ser o orago da casa e do museu, e festejei assim o anniversário da minha sahida de Lisboa"[91].

---

[86] Abel Viana, Museu Regional de Beja, secção lapidar, in Arquivo de Beja, vol. I, fase IV, 1944, pg. 349
[87] Ob.cit, vol. II, fase. I, 1945, pg. 116.
[88] Abel Viana, *As Pedras de Cenáculo*, in Arquivo de Beja, vol. IX, fase. I-IV. Beja, 1952, pg. 3.
[89] Ob.cit, pg.5.
[90] Túlio Espanca tem no prelo um estudo sobre a Biblioteca Pública de Évora. No mesmo sentido, Túlio Espanca, "O Antigo Paço Episcopal de Évora" in *A cidade de Évora*. vol. III-VIII, ano número 25-26, Évora, Boletim da Comissão Municipal de Turismo de Évora.
[91] Gabriel Pereira, Biblioteca Pública in Estudos Eborenses, História e Arqueologia, 19 vol., Évora, Edições Nazareth, Évora, 1947, pg. 113.

Tal como no Convento de Jesus e em Beja, Cenáculo funda mais uma biblioteca, anexando-lhe um Museu. Esta instituição e denomina da pública, sendo no entanto restrita a eclesiásticos, a eruditos e curiosos que a desejassem visitar.

As colecções compunham-se de uma secção lapidar, com grande parte das peças trazidas de Beja e outras que foi recolhendo e escavando, de medalheiro, de exemplares de história natural e etnografia, e ainda de "maravilhas", raridades, e colecções de arte, por ele encomendadas ou compradas, além das que já existiam no Arcebispado provenientes do primitivo retábulo quinhentista da Sé, a que deu especial atenção, como à referida tábua flamenga, que fez encimar a sua "sedes sapientiae".

À sua livraria, onde reuniu preciosidades com o cuidado de bibliófilo que era, chegou-lhe, em Janeiro de 1786, as *Reflexões* de Winckelmann, o que denota a actualidade e a modernidade de Cenáculo em relação a recente Ciência do Belo, apoiada em moldes neo-clássicos, de que esteve próximo ao encomendar a decoração para o enquadramento da livraria.

A relação das pinturas de Cenáculo, juntam-se em anexo, por transcrição da inventariação realizada por Cunha Rivara. Esta coleção, constava de originais e cópias portugueses e estrangeiros, de retratos, naturezas mortas, batalhas e pintura religiosa. Teve o cuidado de mandar "reformar" toda a coleção da primitiva capela-mor da Sé a Mathias José de Castro, e mandá-las colocar numa das salas do Paço Episcopal. Entre várias proveniências da sua coleção de arte, que crescia, citam-se duas compras feitas a particulares de que há notícia, através de muita correspondência inédita de Cenáculo.

A estima em que os artistas o tinham é testemunhada pelas cartas que Machado de Castro lhe endereça, dando-lhe conta das suas obras, do seu Estudo e das suas colecções, dedicando-lhe um soneto, e noticiando o andamento da Academia do Nu.

Semelhantemente, o naturalista Correia da Serra informa-o das publicações da Academia e de "huã carta dos Authores da Enciclopedia que a tornaõ a reimprimir, pedindo à AC. (das Ciências) Luzes e correcçoes para tudo o que respeita Portugal naquella obra".

O Baron de Hupsch de Lontzen dirige-se-lhe de Colónia com o pedido de realizarem permutas entre "amadores". Idêntico pedido lhe faz o numismata João Vidal da Costa e Souza. O mesmo faz o próprio Cenáculo, a um arabista espanhol, Hodan pedindo-lhe que lhe traduza os caracteres das moedas árabes da sua coleção.

De Espanha recebe Cenáculo o pedido de decifração de grafia ibérica e o envio de moedas, entre as quais "la dezeada paz julia" e "cuatro ldolos de barro... cuatro camafeos y cinco pedras gravadas...". De Moçambique anuncia-lhe Manuel Domingues que lhe sera remetido as "conchas e outros brincos". Tal como da aldeia portuguesa de Brunheira, José Guerreiro Ares de Contreiras, lhe envia a transcrição e topografia de uma lápide achada perto de Ourique.

Notícias museológicas chegavam a Cenáculo pessoalmente através dos eruditos estrangeiros que não deixavam de passar por Beja, ou mais tarde por Évora, e pelo correio. Ambrozio Joaquim José dos Reys escreve-lhe de Madrid "pasmado das preciosodades que ha em pinturas e raridades. A colecção de mineraes no gabinete de historia natural he admiravel; mas mais que tudo a de antiguidades".

Francisco José Maria de Brito dá notícia a Cenáculo do Museu do Dr. Hunter, em Oxford e do Museu Britânico onde viu "um bracelete similhante ao que V. Exa. possui com duas cabeças de serpente" e do conservador da Biblioteca de Paris, Millin "que se propõe colligir, e publicar a collecção de todos os monumentos da arte antiga e moderna, que escaparaõ ao vandalismo revolucionário..."[92]

O mesmo Brito presenteia Cenáculo com quatro estampas, de que três são "a maior novidade literária do momento, que contem as inscrições de huma lapide trazida de Rozetta pelos Ingleses, e de que os franceses só tirarão copia..."[93].

---

[92] Nuno Daupias D'Alcochete, *Humanismo Diplomacia* e Correspondência Literária de Francisco José Maria de Brito com Dom Frei Manuel do Cenáculo, 1890-1804, Paris, Fundação Calouste Gulbenkian, Centro Cultural Português, 1976, pg. 32, 71 e 45.
[93] Ob.cit., pg. 71.

Pina Martins crê que l'il faudrait aussi souligner son remarcable sens esthétique et la curiosité insatiable avec laquelle il suit les progres scientifiques accomplis de son temps"[94].

As colecções de Cenáculo sofrem um rude golpe com as invasões francesas, que nos dias 29, 30 e 31 de Julho de 1808, saqueiam a cidade e o Paço, tendo desaparecido livros, manuscritos, quase toda a colecção numismática e muitas peças do Museu[95].

Passado este mau bocado, resolve então Cenáculo instituir a Livraria Pública tendo avaliado então (1811), a "biblioteca e Museu em 300 000 cruzados. "Não podia deixar à cidade e à sua diocese jóia nem mais util nem de mais valor"[96], - diria este Prelado alentejano cujas colecções fazem hoje parte do Museu de Évora, instalado no Paço Episcopal.

14. MUSEU DE TIBAES

O Museu de numismática de Tibães, foi organizado pelos monges negros do Mosteiro de S. Martinho, nos arredores de Braga. Teve catálogo, que existe manuscrito, na Biblioteca Nacional. Está dividido em duas partes:

I - "Primeira parte do Catalogo das Medalhas imperiais do Museu do Mosteiro de Tibaens, feito em 1819, sendo D. Abade Geral da Congregação o Revmo. P. M. Fr. Francisco de S. João Baptista, Jubilado em Filosofia, - por Fr. Bento de Sta. Gertrudes, Cartorário Mor da Congregação e Sacio da Academia Real das Sciências de Lisboa"[97].

Uma das curiosidades deste catálogo e indicar o modo de conservação das moedas: "Depois de ter decifrado, e impapelado (s. m.), a maior porção de medalhas deste Museo, tornei a este Mosteiro, em 1819, e executei o meu projecto de as descrever em hum Catalogo,

---

[94] J. Marcadé, ob. cit., prefácio do prof. José V. de Pina Martins, pg. XIII.
[95] José Joaquim da Silva, Évora Lastimosa pela deplorável catástrofe do fatal triduo de 29, 30 e 31 de Julho de 1808 Memoria Historica ... Lisboa na Impressão Régia. Anno 1814, passim.
[96] Gabriel Pereira, ob.cit., pg. 114.
[97] J. Leite de Vasconcelos. Da Numismática em Portugal, ob.cit., pg. 190.

absolutamente necessario, tanto para a sua conservaçam em boa ordem (s. m.), como para nelle se ver a importancia do mesmo Museo, pelos sabios conhecedores destas preciosidades"[98].

Era ainda aos religiosos, e aos conhecedores que se destinavam as colecções deste Museu.

II - "Segunda Parte do Catalogo das Medalhas imperiaes do Museo do Mosteiro de Tibaens, desde o estabelecimento dos dous imperios, Oriental e Occidental, feito em 1819... "[99].

Leite de Vasconcelos, a quem se deve esta transcrição, anota ainda, que no Mosteiro estiveram moedas coligidas por Fr. Francisco de S. Luís e que o próprio Fr. Bento de Sta. Gertrudes possuía o seu medalheiro, vendido pelos herdeiros, à data da sua morte (1846) por 800 000 reis[100].

Assim, e enquanto a organização da secção de numismática ficou a cargo de Frei Bento, a de artes plásticas foi entregue ao pintor Joaquim Rafael, "encarregando-o tambem de alguns trabalhos de decoração"[101].

Testemunha o Bispo-Conde D. Francisco que "Com eles (os quadros) deu princípio ao Museu instituido naquela Casa Beneditina, para onde eu tambem concorri, com todas as medalhas, que tinha podido ajuntar e assisti à fundação e colocação das pinturas"[102].

Grande parte das colecções de pintura a que D. Francisco se refere é o legado de José Teixeira Barreto, ex-beneditino, e pintor que, a data da sua morte, em 1810, doou noventa pinturas ao Mosteiro de Tibães. Redige, aos 47 anos, já tuberculoso, o testamento em que deixa "á Tam Santa, e Benemérita Congregação, o precioso que possuo que vem a ser: a collecção das minhas pinturas que constão de noventa quadros cujo

---
[98] Ibidem.
[99] Ibidem.
[100] Ob.cit., pg. 190 e nota 1, e pg. 187.
[101] Pedro Vitorino, José Teixeira Barreto, artista Portuense (1763-1810), Coimbra, Imprensa da Universidade, 1925, pg. 32.
[102] Bispo-Conde D. Francisco (de s. Luís), Lista de alguns artistas portugueses, coligida de escritos e documentos, Lisboa, Imprensa Nacional, 1839, pg. 18.

rol se acha fechado por minha mao e assinado inteiramente com o meu nome..."[103].

Determina ainda que outras "por serem fabulosas ou profanas (s. m.) ainda que de grande valor por seus autores, as mande para Inglaterra ou para onde achar melhor, a fim de que reduzidas a dinheiro se possa beneficiar o novo Colegio das Meninas Dezamparadas..."[104].

Este último legado destinava-se a ser vendido para Londres, à semelhança do que o Arcebispo de Braga, D. Frei Caetano Beirão fizera com as colecções dos "meninos de Palhavã".

Os contactos comerciais com a Inglaterra e o estabelecimento da feitoria inglesa, no Porto - de que adviriam também consequências artísticas, arquitectónicas e museológicas, como adiante se tratará - explicam este escoamento de obras de arte. Desde 1744 e 1776, se tinham já estabelecido as célebres casas Sotheby e Christie's, que fixaram o comércio de arte, em Londres, sobretudo a partir da Revolução Francesa, em 1789[105].

Do "Rol da colecçaõ de Pinturas que por minha morte deixo à respeitável Congregação de S. Bento com os preços e A.A.: e rogo aos mesmos Religiosos que, em recompensa da minha lembrança resem pela minha Alma ..."[106], constam as ditas noventa pinturas devidamente avaliadas, entre originais e cópias, de autores portugueses, franceses, italianos e flamengos.

Destacam-se: Familia Sacra - original d'André del Sarte 7 200; J. M. J. original de Sequeira, 6 400; original Flamengo, 14 400; 2 de Pillement por 3 200 cada; original de Rembrant (retrato), 14 400; original Flamengo 19 200; Gerardo de la note 28 800; uma copia de Poussin 30 000; um S. Lourenço, sem a indicação de autor 48 000; Agostinho Carache 72 000; e dois Teixeira por 72 000 e 96 000, os mais cotados do conjunto.

---

[103] Pedro Vitorino, ob.cit., pg. 16 e 17.
[104] Ibidem, ob.cit., pg. 17.
[105] Germain Bazin, ob. cit., pg. 109.
[106] Pedro Vitorino, ob.cit., pg. 37 e sgts.

Esta avaliação feita por Teixeira Barreto, merece um reparo crítico, pois o seu critério parece muito mais ditado por razões afectivas que por preferências estilistas ou picturais.

A recente Ciência do Belo, A estética, publicada em 1750, por Baumgarten, as Reflexões de Winckelmann, 1756, e a *Crítica do Juízo* de Kant, 1790, em que o filósofo analisou o juízo estético e o problema do gosto, tardam em entrar no pensamento português, pelo que os critérios de Teixeira Barreto ainda não se podem considerar à luz de opções teóricas, mas referir apenas a sua sensibilidade e formação romana, onde os artistas íam trabalhar, desde D. João V, através da Academia Portuguesa em Roma, a que se sucedeu o Colégio Português de Belas Artes, 1791.

Uma outra via de teorização do "gosto", era a França, onde bienalmente, desde 1737, se vinha criando uma opinião, e a Crítica de arte de Diderot. Os seus comentários, publicados em 1759, informavam e formavam o "bom gosto", tal como um ensaio sobre a pintura, incluido na "Enciclopédie", (1751-1780), cuja divulgação foi veloz.

Teixeira Barreto, ao avaliar as suas colecções aparece ainda e só romanizado, destacando-se a si próprio e à "maneira" de Carrachi, sem preocupações teóricas. O critério das atribuições é-lhe alheio, não distinguindo ainda originais e cópias, numa miscelânea sem contornos definidos; e sem uma justa aferição de conceitos.

A obra de arte e os seus duplos são noções que ainda estão ausentes no pensamento de Teixeira Barreto. Idêntica é a atitude perante a História, pois só com Alexandre Herculano, nascerá a crítica historiográfica, e a distinção entre o documento verdadeiro e o falso. Do mesmo modo, nas artes plásticas, a distinção entre o autêntico e a cópia só virá com oitocentos.

Ao confrontarem-se todos os inventários atrás citados, verifica-se, pois, não uma atitude falsária, mas uma imprecisão de autorias, ditada pela inexistência de uma crítica de arte, e de uma opinião que não fosse a opção entre o "grego e o bárbaro" em que "a excepção - uma amostra de excepção é Vieira Portuense"[107].

Aliás, o olhar de "expert", de Lord Carnevon, em 1836, equaciona melhor o problema do valor das pinturas de Tibães: "This Monastery contains some pictures of considerable merit. Two are said to have been executed by Rubens, and have little doubt that one at least is an original. There is also one by Raphael, and some others called Italian, which may, I think, be safely ascribed to the Bologna School..."[108].

As colecções de pintura de Tibães eram constituídas, sobretudo por temas religiosos e algumas históricas (Carnevon alude a duas pinturas sobre o tema da Inês de Castro), alegóricas e retratos "representando filhos da ordem beneditina: que como pinturas eram detestáveis ..."[109].

Além da coleção Teixeira Barreto havia ao todo, mais de 250 painéis, pois na lista organizada pelo Bispo-Conde D. Francisco refere-se uma, com o número 258: "No Museu de Pinturas do Mosteiro beneditino de S. Martinho de Tibães, existia um belo quadro, que representava a Família Sagrada, notado com o nº 258..."[110].

"Tinha ainda este Mosteiro huã grande e escolhida livraria..., muitas preciosidades em antiguidades, e ricos ornamentos de Casa e Igreja, pela extinção dos Religiosos, em 1834, tudo se dispersou dando applicação aos diversos objectos para Estabelecimentos Públicos e Nacionaes "[111].

Este manuscrito, coevo e transcrito por Pedro Vitorino, refere o destino dado ao Museu de Tibães. É, ao Mosteiro de S. Martinho, que o guarda do Museu Portuense virá buscar as citadas colecções, de que muitas se vieram a extraviar. O remanescente encontra-se hoje no Museu de Soares dos Reis, do Porto.

---

[107] José-Augusto França, o Romantismo em Portugal, vol. I, Lisboa, Livros Horizonte, 1974, pg. 62.
[108] Henry John George Herbart, 3.rd Earl of Carnavon, Portugal and Gallicia with a review of the social and the political state of the Basque Provinces, and a few remarks on Recent Events in Spain, I vol. London, John Murray, 1836, pg. 255.
[109] Pedro Vitorino, ob.cit., pg. 33.
[110] Ob.cit., pg. 32.
[111] Ob.cit., pg. 30.

15. MUSEU ALLEN

Este museu só abriu ao público, em 1836 e portanto em data posterior à criação do Museu Portuense, e ao período que se pretende tratar no presente trabalho. No entanto, as suas colecções foram reunidas desde a primeira década de oitocentos por João Allen (1785-1848). Allen fizera os seus estudos na América do Norte, em Georgetown, e tinha uma formação clássica, como se depreende dos seus desenhos ingrescos[112].

Era filho do consul britânico em Viana do Castelo, onde iniciou a recolha das suas colecções. Além de 540 quadros de várias proveniências, retratos, marinhas, paisagens, naturezas mortas e de temas religiosos, possuía 24 peças de escultura entre mármores, madeiras, porcelanas e esmaltes[113].

"Um rico medalheiro e outras coisas muito curiosas" testemunha D. José de Urcullu, como "antiguidades e fossis ..."[114].

"Armas de diversos povos, medalhas e louças curiosas", foi Allen pouco a pouco adquirindo e congregando, muitos outros artigos em grande parte recolhidos durante as suas repetidas viagens por França, Inglaterra e Itália passando muito tempo em Roma na intimidade do nosso pintor Sequeira, e adquirindo por bom preço vários quadros dos melhores que ornam a galeria..."[115]. Possuía ainda conchiológico, sendo algumas das conchas "lavradas e guarnecidas de prata"[116]."As colecções historico-naturaes abrangem: uma colecção geral de minerais, não abundante mas com ricos e até alguns raros exemplares"[117]. "Um ou outro utensílio de populações selvagens, quatro machados prehistoricos de

---

[112] Alfredo Ayres de Gouveia Allen, "Apontamentos sobre a Família Allen", in *Boletim Cultural da Câmara Municipal do Porto*, fasc. e- 4, vol. XXI, Setembro - Dezembro, 1958.
[113] Joaquim Pedro Ribeiro Vitorino, *Os Museus de Arte no Porto (notas históricas)*, Coimbra, Imprensa da Universidade, 1930, pg. 95 e sgts.
[114] Ob.cit., pg. 91.
[115] Ob.cit., pg. 93.
[116] Ob.cit., pg. 117.
[117] Ob.cit., pg. 169.

bronze e dois de pedra, um sarcophago romano, vasos estruscos e pouco mais"[118].

Assim se compunham as diversas secções de arte, arqueologia, história natural e etnografia, e um curioso e inovador núcleo de artes, decorativas com "alguns leques e pentes, pequenos objetos esculpidos em marfim e outras substâncias, três pratos hispano-mouriscos, diminutos padrões de azulejos"[119].

Este Museu, muito embora venha na sequência do "enciclopedismo" dos museus descritos até aqui, contêm algumas particularidades e até colecções, e objetos que representam já a concepção oitocentista e romântica da museologia.

É um gosto, "inglês", que no Norte do país se vinha a desenvolver, tendo dado origem á arquitectura do "Port Wine" e ao próprio edifício da Academia de Marinha e Comércio concebida pelo anglo-palladianismo portuense.

Ao edificar, em anexo a sua residência, uma casa especialmente concebida para albergar as suas colecções, e para as tornar públicas, aos domingos, com três salas de luz zenital, João Allen, ultrapassava o enciclopedismo das suas coleções, para, através dos novos objetos recolhidos, medievais e quinhentistas, refrescar com peças góticas, "os trilhos romanos e áulicos" em que a museologia vogava[120].

A museologia romântica vem por caminhos ingleses, quer no Sul com o Parque de Monserrate de Devisme, quer com o Museu Allen no Porto.

O Museu Allen veio a ser comprado pelo Município tendo mais tarde sido integradas as suas colecções no Museu Portuense. Estas duas instituições deram origem ao actual Museu Nacional de Soares dos Reis.

---

[118] Ob.cit, pg. 167.
[119] Ibidem.
[120] José-Augusto França, O Romantismo em Portugal, ob.cit., pg. 62.

16. JARDIM BOTANICO DO PORTO

O Jardim Botânico do Porto foi instituido por portaria de 24 de Setembro de 1836, "com o fim de promover a instrução pública em um dos ramos das sciencias naturaes, aproveitando a amenidade do clima, que tanto favorece ali a vegetação das plantas"[121].

A fundação deste Jardim é já liberal, e corresponde à dotação de equipamento e estruturas necessárias ao ensino da botânica.

Tal como o Jardim da Ajuda ou o da Universidade de Coimbra, vieram a criar-se os complementares museus, herbários e estufas para plantas aquáticas e tropicais.

O Jardim Botânico do Porto é hoje, no seu conjunto, o Museu do Instituto de Zoologia Dr. António Nobre, instalado no Jardim da Cordoaria.

17. MUSEU PORTUENSE

O Museu Portuense é gerado durante o cerco do Porto de 1832-1833, é portanto uma criação liberal e revolucionária.

João Baptista Ribeiro, professor de Desenho da Academia de Marinha e Comércio, ê chamado ao Paço, em pleno cerco, por João Baptista da Silva d'Almeida Garrett, no dia 28 de Outubro de 1832.

"Tenho a satisfacção de lhe anunciar da parte de S. Excellencia o Sr. Ministro e Secretario d'Estado dos Negocios do Reino, que de Ordem de Sua Magestade Imperial, deve comparecer amanhã de manhã neste Palacio para receber as Ordens do Mesmo Augusto Senhor"[122].

É de admitir que Garret não fosse alheio à matéria do ofício que, na qualidade de secretario do ministro, enviou ao criador e dinamizador do Museu Portuense, pois publicara já o controverso *Retrato de Vénus*, em 1821 ou 22, em que incluía uma história da pintura, em verso, e um

---

[121] J. Silvestre Ribeiro, História dos Estabelecimentos ... , ob.cit., vol. VII, pg. 395.
[122] Joaquim Pedro Ribeiro Vitorino, Os Museus de Arte do Porto, ob.cit., pg. 9.

ensaio de juventude, sobre o mesmo tema. No entanto, ainda não era o romântico de *Camões* (1825) e *D. Branca* (1826), que se expressa nos referidos textos, mas um neo-clássico, pois a sua preferência era "David, que não e só o primeiro pintor eschola francesa, mas por ventura o primeiro do mundo, Raphael"[123].

Ao incluir, uma história, embora breve, da pintura e citando entre os eruditos Cenáculo e Barbosa, parece revelar-se sobretudo como nacionalista, que admira Pedro Alexandrino, Vieira Lusitano, Teixeira Barreto, Sequeira, e o mais elogiado, Vieira Portuense.

Para José-Augusto França "o programa neo-clássico vinha sem dúvida de uma definição de modernidade ainda inteiramente dependente do pensamento iluminista"[124]. Nesta linha de continuidade se integra o Garrett de 1833, sob o ponto de vista da estética, no domínio pictural, um liberal nacionalista que gostaria de ver a sua terra natal dotada com as instituições que certamente conhecera, exilado, em Londres e em Paris.

Alexandre Herculano está no Porto, na mesma data, tendo optado por ser o 2º bibliotecário da recém-criada Real Biblioteca Pública do Porto, que ficou instalada no mesmo edifício que o Museu Portuense e a Academia Portuense de Belas Artes: o Convento de Sto. António dos Capuchos. É nesta qualidade que acompanha o guarda do Museu, a Coimbra, a recolher a livraria e as colecções dos crúzios, como foi referido anteriormente.

Muito embora Garrett e Alexandre Herculano estejam ligados directa ou indirectamente à formação do Museu Portuense, não é a um pensamento romântico que se deve a fundação desta instituição mas ao movimento liberal que se vivia entusiásticamente, durante o sítio.

Se o pombalino Museu de História Natural, classizante, poderia ter sido um prelúdio para o programa museológico oitocentista, a verdade é que não se dá um passo em frente, para a criação de uma instituição

---

[123] Almeida Garrett, Ensaio sobre a História da Pintura, in Maria Antonieta Salgado, A Polémica sobre o Retrato de Vénus, Lisboa, Imprensa Nacional-Casa da Moeda, 1983, pg. 296, 298, 308 e 309
[124] José-Augusto França, O Romantismo em Portugal, ob.cit., Vol. I pg. 59.

museal, semelhante ao que aconteceu com o Teatro D. Maria, mas aproveitar-se-ão, tanto no Norte como no Sul, os Conventos vazios.

Em Lisboa, como já foi referido, será o convento de S. Francisco o local do ensino, das exposições, e das reservas de obras de arte. No Porto será o Convento de Sto. António, que albergará, a Academia de Belas Artes e o Museu Portuense, com idênticas funções às do convento de Lisboa. Em ambos os extintos conventos, no Norte e no Sul, se anexaram as respectivas Bibliotecas, ficando, logo à partida condenada a expansão de qualquer das duas ou três instituições (no Porto), que liberalmente se juntaram.

No entanto, a função de reserva nacional estava confiada a Academia de S. Francisco de Lisboa, para onde vieram as colecções de todo o país, sem as condições mínimas de espaço, conservação e segurança, pois nas viagens, e no próprio local, incluindo a reserva da biblioteca Nacional, muitas obras se vieram a perder e a extraviar.

"Se os templos das artes, os ateneus, as academias e os museus" tinham sido instituídos "dentro da reconstrução nacional o êxito não acompanhou tais iniciativas"[125].

Não bastaria, pois, o programa liberal de João Pedro de Ribeiro, ao elaborar o Regulamento do Museu Portuense: "O amor da patria a manda que as Bellas Artes apresentem aos coevos e transmitam aos vindouros os assumptos portugueses", para que "os paineis, as estampas, livros próprios d'arte pertencentes ao Museu" tivessem a dinâmica por ele desejada; serem "franqueados e colocados em lugar publico, para ali serem copiadas, analizadas e estudadas em qualquer sentido"[126].

Alheio ou não a ideia da criação do Museu portuense, Garrett introduz no Paço, João Pedro Ribeiro, de que resultará pouco depois a portaria de 11 de Abril de 1833, em que D. Pedro estabelecia a sua intenção de fundar um Museo de Pinturas, estampas e outros objectos de Bellas Artes e ordenava a João Pedro Ribeiro que realizasse as necessárias

---

[125] José-Augusto França, A Arte em Portugal no século XIX, ob.cit., vol. I, pg. 235.
[126] João Pedro Ribeiro, O Regulamento do Museu Portuense, in J. Silvestre Ribeiro, História dos Estabelecimentos ... ob.cit., vol. VI. 1876, pg. 53 e 52.

diligências para a escolha de tudo o que existisse "n'aquelle genero, assim nos Conventos abandonados, como nas casas sequestradas"[127].

Primeiro passo para se realizar o idealizado projecto de Ribeiro, que rapidamente organiza uma lista das espécies a recolher, e logo a seguir redige o regulamento do museu, enaltecendo a função social do mesmo: "A primeira abertura do Museu Portuense formará para sempre uma época memorável na história da Monarquia Portuguesa... A Nação concorrerá ao museu a declarar o seu gosto pelas belas-artes, e a caracterizar deste modo a época actual; as obras magistrais deste que porventura ali estejam, espalharão até nas últimas classes do povo o gosto do belo, o amor e o sentimento das artes. O Governo dando protecção a tal estabelecimento mostrará que marcha na mesma senda das nações civilizadas..."[128].

A instituição deste programa só virá, no entanto, a ser assegurada a 12 de Setembro de 1836, e logo seguida pela criação das Academias de Belas Artes, a que Ribeiro se tinha aliás antecipado, incluindo no museu uma "incipiente academia", sob a orientação de director, mais amigo das artes, tendo sempre em vista o aumento da instrução publica, do que mestre, propriamente dito[129].

Para José-Augusto França, o Museu Portuense cria-se "sob o signo da liberdade, entrincheirada no Porto"[130]. Muito possivelmente será devido à pouca atenção dada a realização de um programa museológico e ou estético, que o Museu acabou por ser integrado na "instrução pública", e não se assumiu como uma instituição de cultura, com um programa de estudo, conservação, exposição e divulgação das obras de arte que lhe foram confiadas.

As colecções que aqui foram reunidas eram constituídas sobretudo por pinturas, na sua maioria provenientes de Tibães, e das colecções de Santa cruz de Coimbra, e ainda por "varios livros e cadernos de estampas de grande utilidade para as artes em geral: alguns poetas clássicos,

---

[127] Joaquim Pedro Ribeiro Vitorino, Os Museus da Arte do Porto, ob.cit., pg. 3 e 4.
[128] J. Silvestre Ribeiro, História dos Estabelecimentos ... ob.cit., vol. VI, pg. 49 e José-Augusto França, ob.cit., pg. 233.
[129] José-Augusto França, A Arte em Portugal no Século XIX, ob.cit., vol. I, pg. 233 e 234.
[130] Ibidem, ob.cit., pg. 234.

Viagens, Costumes, Antiguidades, e História de algumas Nações; tudo em edições acompanhadas de estampas, onde os estudiosos podem analizar, comparar, conhecer, e meditar os diversos modos que os desenhadores e gravadores seguirão para caracterizar, desenvolver e exprimir os assumptos que pretenderam tratar"[131].

Do inventário do Museu Portuense feito por Ribeiro, em 1839, constavam 305 pinturas, sobre tela, e 15 sobre cobre, pedra, esmalte, porcelana e uma relação das que tinham sido remetidas ao depósito geral de S. Francisco[132]. Não vêm aqui discriminadas as muitíssimas peças provenientes dos Crúzios, que Rocha Madahil detectou[133]. Facto a que este último autor se refere, pois neste conturbado período que José Luís Porfírio identifica com uma prática revolucionária de "nacionalização de bens culturais", muitas espécies se vieram a perder[134].

Não fora o excesso de espécies disponíveis, e a falta de preparação e até de espaço para exposição das obras de arte, poderia esta vaga artística ter feito evoluir a criatividade no domínio das artes plásticas.

Não basta porém decretar, para que se verifiquem as consequências desejadas. A história vai ensinando que são quase sempre as gerações seguintes que realizam as esperanças e os ideais da anterior. Assim, os herdeiros destas confusas miscelâneas e acreteriosas colecções vão sobretudo ter de escolher, acertar conceitos e critérios para organizar e expor condignamente, o involuntário caos legado pela boa vontade liberal.

O Bispo-Conde D. Frei Francisco de S. Luís, ministro em 1835, nomeou uma comissão para escolher, classificar e colocar os quadros vindos dos conventos no depósito criado em S. Francisco[135].

---

[131] João Pedro Ribeiro, Exposição histórica da creação do Museo Portuense, com documentos officiaes para servir à História das Bellas artes em Portugal, e a do Cerco do Porto, 1836, in Joaquim Pedro Ribeiro Vitorino, os Museus de Arte do Porto, ob.cit., pg. 6.
[132] Joaquim Pedro Ribeiro Vitorino, Os Museus ... ob.cit., pg. 64 e sgts.
[133] Rocha Madahil, lnventário do Mosteiro de Santa Cruz de Coimbra, à data da sua extinção em 1834, in o Instituto, vol 101º, Coimbra, Grâfica de Coimbra, 1942, pg. 523 e sgts.
[134] José Luís Porfírio, Museu Nacional de Arte Antiga, Lisboa, Verbo, 1977, pg. 9.
[135] José-Augusto França, ob.cit., pg. 231 e 232.

Esta tentativa demorará a ver os seus frutos, enquanto este trabalho, no Porto, tinha sido logo realizado por Ribeiro. Pena foi que a sua obra não tivesse continuadores. No entanto,

João Pedro Ribeiro, ao criar em 1835, a Associação Portuense dos Artistas de Pintura, Escultura e Arquitectura, ou dos "Amigos das Artes", procurou agremiar os artistas responsáveis, num trabalho comum de divulgação e participação colectiva do enorme esforço que tinha representado a criação do Museu Portuense.

"Era a primeira do género em Portugal, e a rainha declarou-se protectora de tão patriótico estabelecimento"[136]. João Pedro Ribeiro compreendera já que sozinho não conseguiria empreender o desejado programa previsto no regulamento de 1833:

"4 - Para lhes dar todo o desenvolvimento, e formar artistas capazes de produzir obras originais que acreditem a Nação Portuguesa, convirá que depois de se ter estudado as bellezas dos quadros do Museu comparando as escolas, aproveitando a melhoria de cada uma d'ellas, fortificando o espírito de leitura dos melhores mestres, discutindo entre si os estudiosos, os pontos interessantes da theoria, e tendo preparado com a lição dos poetas clássicos, estudem o modelo vivo, desenhando-o, pintando-o, modelando-o em barro, ou em outra qualquer materia apropriada, a fim de obterem ideas verdadeiras, firmes, exactas, sobre os artistas o que é da ultima importância das Bellas Artes; então será desterrado d'entre os artistas portugueses o pessimo costume de trabalharem sobre principias puramente tradicionaes, por isso que lhes é vedado o conhecimento da verdade, isto é, o estudo do nu".

"5 - A casa de estudo do Museu será provida de modelos naturaes, como armas antigas e modernas, vestiduras, alfaias, tecidos exquisitos apropriados aos costumes para guiar o artista na composição dos quadros históricos, obras de escultura, e decorações de architectura civil. Este é o unico methodo para conseguir produções de verdadeiro merecimento, por isso que derivam da propria verdade. Os depositos dos objectos

---

[136] Ibidem, ob.cit., pg. 234.

que pertencerem aos conventos extintos, fornecerão à casa de estudo o que o Director requesitar para preencher um bem de tamanha utilidade publica"[137].

Este programa museológico de utilização das colecções para o estudo, e para a formação do gosto e da técnica do artista nao seria classizante, pois:

"3 - O Director poderá guiar os estudos em qualquer género de trabalho, sem comtudo tomar o caracter de mestre, mas de amigo das artes, tendo sempre em vista o aumento da instrução publica, nao só deixando desenvolver a indole, caracter, e o genio dos estudiosos, mas até evitando o estylo escolar e amaneirado, sempre nocivo á originalidade, que tamanho valor tem dado na republica das Bellas Artes"[138].

Mas não era só aos artistas e estudiosos que o Museu se destinava: "O Museu recolherá proveitosamente a sentença do homem velho, o pensamento do menino, o juizo do literato, o dito do homem do mundo, e os propositos do povo..."[139].

Assim, e com estas características de estudo, conservação e exposição com fins didácticos abriu ao público em 1840 o Museu Portuense.

Este Museu veio a fundir-se com o Museu Allen dando origem ao atual Museu Nacional de Soares dos Reis.

---

[137] J. Silvestre Ribeiro, História dos Estabelecimentos, pg. 52 e 53.
[138] Ibidem, ob.cit., pg. 52.
[139] Ibidem, ob.cit., pg. 51.

Conclusão

A Museologia tem uma recuada existência no tempo. Anteriormente a formulação dos primeiros museus, houve formas culturais que prefiguraram a instituição museal.

O museu foi analisado, do ponto de vista conceptual, tentando entender-se os elementos fundamentais: a coleção e a exposição. Encarou-se a formação do objeto e as diversas categorias dos mesmos, anteriores à constituição da ideia de coleção e, analogamente, sistematizaram-se as faces das mostras de carácter privado e público.

Estes elementos decisivos concorreram gradualmente, para a formação do museu, mantendo-se ainda hoje, como formas autónomas de expressão cultural. No museu, adquirem uma feição especial de linguagem própria do mesmo, como estímulos de comunicação com o público.

A preservação dos objetos que, no museu, é ainda atitude fundamental, tem as suas raízes no tempo, na constituição dos tesouros, nos períodos romano e medieval, como na formação das coleções nos Paços Reais, Episcopais, nos Conventos, Mosteiros e Igrejas, nas Academias, Bibliotecas e outras instituições e ainda nas casas particulares.

Guardar objetos é também, a atitude do erudito, na organização do seu gabinete, como exibi-los esteve presente, desde o cerimonial das pessoas-objetos-instituições, até à galeria de aparato.

Por outro lado, tanto se pode entender a coleção em sentido lato, na sepultura pré-histórica, em que os objetos estão agrupados segundo um determinado esquema, com a intenção de, na sua gleobaliidade, serem úteis para além da morte, como nas cabeceiras das Sés, no recheio sumptuário e prestigiador, das diversas classes sociais, até à organização e sistematização da coleção do " conhecedor " do artista ou do académico.

A evolução dos tesouros reais e eclesiásticos e o percurso cronológico das coleções reais, da Igreja, das instituições civis e dos particulares, foi a forma de entender o sucessivo alargamento das diferentes categorias de objetos que se recolheram e colecionaram, até 1833.

As grandes áreas dos objetos museológicos, até ao período tratado, foram a Arqueologia, a Arte, a Ciência e, em muito menor grau a Etnografia. Persistindo, todavia, os tesouros, é a partir do século XV, que as coleções, a que posteriormente se vão acrescentar os gabinetes e as galerias, ganham, em Portugal, uma dimensão cultural, como formas preferenciais de agrupamento de objetos privilegiados. Os humanistas, no século XVI, e os Iluminados, no século XVIII, contribuíram decisivamente, para a atenção dada à arqueologia e à ciência.

Paralelamente, a arte esteve, em Portugal, e até ao século XVI, especialmente ligada aos edifícios públicos de carácter religioso. À exceção de Damião de Goes, e dos núcleos organizados nas oficinas de Mestres Pintores, Escultores e Gravadores, é só, em setecentos, que se criam as galerias de aparato do Marquês de Pombal, ou dos Marqueses de Borba e de Fronteira. Até lá, as "salas de Reis" de Alcobaça ou dos Jerónimos, ou a sala dos Tudescos de Vila Viçosa, bem como as galerias de D. João III e de D. João V centraram-se em torno das pessoas régias.

Por sua vez, a importância das coleções de arte religiosa sobreleva qualquer outra forma de expressão cultural. Os desmembramentos a que estão sujeitas as coleções particulares, nomeadamente, por morte do colecionador, explica a sua descontinuidade no tempo, enquanto as coleções da Igreja, permaneceram, até 1834, em acréscimos constantes e renovados.

O terramoto destruiu a quase totalidade das coleções lisboetas reunidas até 1775, incluindo as dos Paços da Ribeira, facto que criou uma lacuna importante no panorama museológico do país. Nos museus portugueses existem hoje, as peças salvas do saque que acompanhou as invasões francesas e, fundamentalmente, a recolha organizada em 1834, após a extinção das ordens religiosas, acrescida do produto de escavações arqueológicas posteriores.

A formação e a criação dos primeiros museus portugueses está ligada ao iluminismo, com o consequente intuito pedagógico de divulgação das ciências e a vaga enciclopedista com o renovado interesse por todos os ramos do saber.

O Museu de Tibães e o único Museu de Arte que se formou no país, até que o liberalismo, através da criação do Museu Portuense, e da extinção das ordens religiosas, desse acesso público, às coleções de arte, acumuladas durante séculos.

Do Objeto ao Museu, tema deste trabalho, consistiu essencialmente a aferição dos conceitos e das origens da Museologia em Portugal.

Bibliografia Citada

A Família do Antiquário, Lisboa, na officina de Francisco Sabino dos Santos, (s. a.) 1773.

A. C. Teixeira de Aragão, D. Vasco da Gama e a Villa da Vidigueira, Lisboa, Typografia Universal, 1871.

A. C. Teixeira de Aragão, Descrição Geral e História das moedas cunhadas em nome dos Reis, Regentes e Governadores de Portugal, III Volume, 2ª edição, Porto, Livraria Fernando Machado, 1880.

A. de Magalhães Basto, A sé do Porto, Documentos inéditos relativos à sua Igreja, Porto, Edições Maranus, 1940.

A. de Sousa e Silva Costa Lobo História da Sociedade em Portugal no século XV, Lisboa, Imprensa Nacional, 1904.

A. Filipe Simões. O Museu do Bispo de Beja, in Archivo Pittoresco, vol. XI, Lisboa. Typographia de Castro Irmão, 1868.

A. H. de Oliveira Marques, A Sociedade Medieval Portuguesa, Lisboa, Sá da Costa, 1971.

A. H. Oliveira Marques, Damião de Goes e os mercadores de Dantzig, Instituto da Defesa Nacional, 1976.

A. N. Ribeiro Sanches, Cartas sobre a Educação da Mocidade, nova edição revista e prefaciada pelo Dr. Maximiliano Lemos, Coimbra, Imprensa da Universidade, 1922.

A. Nogueira Gonçalves, O Paço dos Senhores de Pombeiro na cidade de Coimbra, Albergaria-a-Velha, 1959.

A. P. de Paiva de Ponã, SS.G.L., Dos Primeiros trabalhos dos Portugueses no Monomopata, o Padre D. Gonçalo da Silveira, 1560, Lisboa, Imprensa Nacional, 1892.

A.C. Correia da Silva, Inventário de uma Botica Conventural do séc. XVIII, Separata dos Avais da Farmácia do Porto, volume XXXII, Porto,1972.

A.de Magalhães Basto, Apontamentos para um Diccionário de Artistas e Artífices que trabalharam no Porto do séc. XV ao séc. XVIII in Boletim da Câmara Municipal do Porto, vol XXI, Porto, Empresa Industrial Gráfica do Porto, março-junho-1958.

Abel Montenegro Flórido, Tapeçarias Flamengas do Museu de Lamego, Lamego, Museu de Lamego, (s.p), 1974.

Abel Viana, As Pedras de Cenáculo, in Arquivo de Beja, vol. IX, fase. I-IV. Beja, 1952.

Abel Viana, Museu Regional de Beja, secção lapidar, in Arquivo de Beja, vol. I, fase IV, 1944, pg. 349 (87) ob.cit., vol. II, fase I, 1945.

Adriano de Gusmão, Pintura, in Arte Portuguesa, Lisboa, Excelsios, s.d.

Alberto Correia e alia, Ex-votos do distrito de Viseu, Catálogo de Exposição, s.d.

Alberto Feio, Coisas Memoráveis de Braga. Desaparecidas riquezas artísticas in Diário do Minho, Braga, 1956.

Alexandre Herculano, Opúsculos tomo VI, Lisboa, Tavares Cardoso & irmão, 2ª. edição, 1897.

Alexandre Herculano, Opúsculos VI, Aspecto de Lisboa ao ajuntar-se e partir a armada d'Alcácer-Quibir, 1758.

Alfredo Ayres de Gouveia Allen, Apontamentos sobre a Família Allen, in Boletim Cultural da Câmara Municipal do Porto, fasc.m4, vol. XXI, Setembro - Dezembro, 1958.

Almeida Garrett, Ensaio sobre a História da Pintura, in Maria Antonieta Salgado, A Polémica sobre o Retrato de Vénus, Lisboa, Imprensa Nacional-Casa da Moeda, 1983.

Álvaro Neves, Livraria do Convento de Nossa Senhora de Jesus, Documentos para a sua história, in Boletim Bibliográfico da Academia das Sciências de Lisboa, 1923.

Álvaro Neves, Notícia dos Quadros e Esculturas existentes na Academia das Sciências de Lisboa, em 1834 e em 1917, Coimbra, Imprensa da Universidade, 1918.

Américo da Costa Ramalho A introdução do Humanismo em Portugal, Coimbra, Faculdade de Letras da Universidade de Coimbra, Instituto de Estudos Clássicos, Separata de Humanistas vols. XXIII-XXIV, 1972.

Américo da Costa Ramalho, D. Diogo de Sousa e o Introdutor do Humanismo em Portugal, Braga, Delegação da S.H.I.P., Separata da revista Bracara Augusta vol. XX-Fase, 1966.

Andre de Resende, História da Antiguidade da Cidade de Évora, Oficina de Simão Tadeu Ferreira, 1783

André de Resende. Obras Portuguesas. Prefácio e notas do Prof. José Pereira Tavares, Lisboa, Livraria Sá da Costa, 1963.

António Baião, o Manuscrito de Valentim Fernandes, Lisboa, Academia Portuguesa de História, 1940.

António Caldeira Pires, Hist6ri.a do Palácio Nacional de Queluz, 2 vols. Coimbra, Imprensa da Universidade, 1925.

António Coelho Gasco, Das Antiguidades da Muy Nobre Cidade de Lisboa, imperio do mundo e princesa do Oceano, Coimbra, Imprensa da Universidade, 1924.

António de Oliveira de Cadornega, Descrição de Vila Viçosa, introdução, proposta de leitura e notas por Heitor Gomes Teixeira, Lisboa, Imprensa-Nacional Casa da Moeda, 1982.

António Lourenço Coimbra, Obras Inéditos de Duarte Ribeiro de Macedo, Lisboa, na Impressão Regia anno de 1817.

António Manuel Gonçalves, ob.cit., in Grande Enciclopédia Portuguesa e Brasileira, Vol. XVIII, Lisboa, Editorial Enciclopédia, 1947.

António Nogueira Gonçalves, As pratas da Se de Coimbra no século XVII, subsídio para o estudo da secçao de ouriversaria do Museu Machado de Castro, Coimbra, Coimbra Editora, 1944.

Anttónio Lourenço Caminha, Obras Inéditas de Duarte Ribeiro de Macedo, Lisboa, Imprensa Régia, 1817

Armando de Lucena, A Arte Sacra em Portugal Empresa Contemporânea de Edições. Lisboa. 1946-1950

Armando Nobre de Gusmão, Catálogo da Correspondência dirigida a Fr. Manuel do Cenáculo Vilas-Boas, Évora, Biblioteca Pública e Arquivo Distrital de Évora, 1944.

Arndrey F. B. Bell, o Humanista Dom Jerónimo Osório, Coimbra, Imprensa da Universidade, 1934.

Arquivo Histórico Português, Lisboa, 1903-1917.

Artur Anselmo, Origens da Imprensa em Portugal, Lisboa, Imprensa Nacional-Casa da Moeda, 1981.

Artur Lamas, A Quinta de D. Diogo de Mendonça, no sítio da Junqueira, Lisboa, Tipografia do Comércio, 1924.

Artur Magalhães Basto, IV Congresso das Misericórdias, tese apresentada pela Misericórdia do Porto, Braga, 1936.

Artur Nobre de Gusmão, A expansão da arquitectura borgonhesa e os mosteiros de Cister em Portugal, Lisboa, 1956.

Artur Nobre de Gusmão, A Real Abadia de Alcobaça, estudo histórico-arqueológico, Lisboa, Ulisseia, 1948.

Artur Nobre de Gusmão, Vitrais de Santa Maria de Alcobaça, Lisboa, 1960. Comunicação na Academia Nacional de Belas Artes, em sessão extraordinária, de 26 de fevereiro de 1960.

Augusto da Silva Carvalho, Garcia d'Orta, Coimbra, Imprensa da Universidade, 1934.

Ayres de Carvalho, Catálogo da Colecção de Desenhos, Lisboa, Biblioteca Nacional de Lisboa, 1977.

Ayres de Carvalho, D. João V e a Arte do seu Tempo, Edição do Autor, 1962.

Ayres de Carvalho, Palácio da Ajuda, Lisboa, Secretaria de Estado da Informação e Turismo, 1973.

Balthasar de Monconys, Journal de Voyages de Monsieur de Monconus, chez Horace Boissat & George Remeus, Lyon 1665-1666, III.

Barbosa Machado, Biblioteca Lusitana, Coimbra Atlântida Editora, 1965,

Bento de Jesus Farinha, Colleçam de Antiguidades de Évora. História da Antiguidade da Cidade de Évora fecta por maestro Andree de Resende. Terceira Edicam fielmente copiada da segunda, que se fez em Évora em 1576, a qual foy ainda emendada pelo autor. Lisboa, Na of. de Simão Thaddeo Ferreira, Anno 1783.

Bernardino Sena Freitas, Memórias de Braga, Imprensa Catholica, 1890.

Bernardo Ferrão de Távares e Távora, Imagens de Malines em Portugal, Porto. Separata da revista Museu, segunda série, n° 16- 17, Julho, 1975.

Bernardo Gomes de Brito, História Trágico-Marítima, Lisboa Occidental officina da Congregação do Oratório, 1736, por Fernando Ribeiro de Melo, História Trágico-Maríma, vol. II, Lisboa, Afrodite, 1972.

Bispo-Conde D. Francisco (de s. Luís), Lista de alguns artistas portugueses, coligida de escritos e documentos, Lisboa, Imprensa Nacional, 1839.

Carlos Almaça, Que futuro para o Museu Bocage, in Museus Universitários, sua inserção activa na cultura portuguesa, Lisboa, Associação Portuguesa de Museologia, 1982.

Carolina Michaelis de Vasconcellos, A Infanta D. Maria e Suas Damas, Biblioteca Nacional Lisboa, 1902.

Carolina Michaelis de Vasconcellos, Lucius Andrea Resendius Lusitanus in Arquivo Histórico Português, vol. III, Lisboa, 1905.

Catálogo de Quadros, Gravuras, Estampas, Móveis, Esculturas, Adornos e outros objectos de arte do Palácio do Senhor Marques de Pombal, em Oeiras, Lisboa, 1939.

Christovam Ayres, Para a História da Academia das Ciências de Lisboa, Coimbra, Imprensa da Universidade, 1927.

Colecção dos Documentos, Estátuas e mais Memórias da Academia Real da História Portuguesa, Catálogo Alfabético dos Prelados Portugueses, Dezembro de 1725.

Conde de Ficalho, Garcia da Orta e o seu tempo, Lisboa, Imprensa Nacional, 1886.

Conego Manuel de Aguiar Barreiros, Catálogo e Guia do Tesoiro da Sé Primaz de Braga, Porto, Edição de Marques Abreu, 1954.

Correia Borges, O Mosteiro do Lorvão, Coimbra, Epartur, 1977.

Cristovam Ayres, Para História da Academia das Ciências de Lisboa, Coimbra Imprensa da Universidade, 1927.

Cyrillo Volkar Machado, Collecção de Memórias, Lisboa, Imp. de Victorino Rodrigues da Silva, 1823.

D. António Caetano de Sousa, Provas da História Genealógica da Casa Real Portuguesa, Tomo I-VI, Coimbra, 1948.

D. António Caetano de Sousa, Provas da História Genealógica dos Reis de Portugal, Tomo III,

D. de Pinho Brandão, A Igreja do Mosteiro de Leça, os Paços do Balio e as Capelas da Baliagem, numa descrição de 1734. Separata do Boletim da Biblioteca Pública Municipal de Matozinhos, nº 11, Agosto, 1964.

D. Fhrancisco Manuel de Melo, D. Teodósio II, Tradução e prefácio de Augusto Casimiro, Porto, Livraria Civilização, 1944

D. Jeronimo Contador de Argote, Memorias a Historia Ecclesiastica do Arcebispado de Braga, Primaz das Hespanhas titulo I tomo II, Academia Real, Lisboa, na officina de Joseph António da Silva, 1734.

D. Rodrigo da Cunha, História Ecclesiástica da Igreja de Lisboa, Lisboa.na off.de António Isidoro da Fonseha, Anno de 1740.

D. Rodrigo da Cunha, História Ecclesiástica dos Arcebispos e dos Santos & Varões illustres, que florescerão neste Arcebispado, II parte, Braga, 1635.

Dagoberto Markl, Fernão Gomes, Um Pintor do Grupo de Camões, A Pintura maneirista em Portugal, Lisboa, Comissão Executiva do IV Centenário da Publicação "Os Lusiadas", 1973.

Damião de Goes, Chronica d'El-Rei D. Manuel. vol. XI, Lislboa, Biblioteca de Clássicos Portugueses, 1911.

Damião de Goes, Chronica do Principe Dom Ioam, Coimbra, Imprensa da Universidade, 1905.

Damião de Goes, Lisboa de Quinhentos, Tradução de Raul Machado, Lisboa, 1937

Descripção dos quadros remettidos pelo gravador francês Mariette in Jornal de Bellas Artes, nº 6, Lisboa, Tipographia Progresso, Junho 1857.

Diccionário de História de Portugal, dirigido por Joel Serrão, Livraria Figueirinhas, 1971.

Diogo Mendes de Vasconcellos Vida do licenciado André Rezende in Bento José de Farinha, Coleçam de Antiguidades de Évora Lisboa. Na oficina de Filipe da Silva e Azev., 1785.

Domingos Mauricio Gomes dos Santos S.J., O Mosteiro de Jesus de Aveiro in Estudos de História (Ultramarino e Continental), Museu, do Dundo, Companhia de Diamantes de Angola, Lisboa, Serviços Culturais Dundo-Luanda Angola, vol III, Lisboa 1963.

Don Eduardo, Leal Conselheiro, Lisboa, Livraria Bertrand, 1942.

Doutor João de Barros, Geographia d'entre Douro e Minho e Trás-os-Montes. Porto, Tipographia Progresso, 1919.

Dr. José da Silva Fernandes, Os Peninsulares nas Guildas de Flandres, Lisboa, Editorial Presença, 1942.

Dr. M. Gonçalves Cerejeira Renascimento em Portugal, Clenardo e a Sociedade Portuguesa do seu tempo, Coimbra, Coimbra Editora, 3ª edição, 1949.

Dürer, Lettres, Ecrits Thêoriques et Traité des Proportions, presentation par Pierre Vaisse, Editions Miroir de l'art Paris, Hermann, 1964.

Eduardo Pires de Oliveira, Isabel Fernandes, O Museu D. Diogo de Sousa e os Museus de Braga, trabalho inédito a publicar pelo Museu D. Diogo de Sousa

Emilio Hubnea., Noticias Archelogicas de Portugal, Lisboa, Typograhia da Academia Real das Sciências, 1871.

Epitome das Festas que se fizeram no casamento do Sereníssimo Príncipe Don Joaõ, deste nome segundo, & Octavo Duque de Bragança: com a Excellentíssima Senhora Dona Luiza de Gusmão unica filha do Duque de Medina Sydoniao, Ao Senhor D. Alexandre por DIOGO FERREIRA Figueiroa, Em Evora por Manoel Carvalho impressor da Universidade, 1633.

Ernesto Soares, História da Gravura Artística em Portugal, Os artistas e as suas obras, Lisboa, Instituto de Alta Cultura, 1940.

Ernesto Soares, Inventário da colecção de estampas, Lisboa, B. N. de Lisboa. 1975.

Ernesto Soares, o enxoval de uma princesa portuguesa no seculo XVIII, in Antiqualhas, História e Arte, Lisboa, Edição dos autores, 1952.

Ernesto Veiga de Oliveira, Apontamentos sobre Museologia, Museus Etnológicos, Lisboa, Junta de Investigação do Ultramar, 1971.

F. Bragança Gil, Museus de Ciências Exactas no âmbito dos Museus Universitários, in Museus Universitários, sua inserção na cultura portuguesa, Lisboa, Associação Portuguesa de Museologia, 1982.

Fernando Augusto da Silva, Sé Catedral do Funchal. Funchal, edição do autor, 1936.

Fernando Castelo Branco, Lisboa Seiscentista, Lisboa, Câmara Municipal de Lisboa, 1956.

Fernão Lopes, Crónica de D. Pedro I, Porto, Livraria Civilização, 1965.

Fidelino de Figueiredo, O que é a Academia das Sciências de Lisboa (1779-1915), Lisboa, Typographia da Imprensa Literária e Typographia, 1915.

Flávio Gonçalves, A construção da atual casa do cabido da Sé do Porto, Porto, Livraria Fernando Machado, 1970.

Flórido de Vasconcelos, D. Pedro da Costa, Subsídios para a biografia de um Bispo do Porto do século XVI, Porto 1979, separata da "Revista de História, vol. II - Centro de História da Universidade do Porto, 1979.

Fortunato de Almeida, História da Igreja em Portugal, Porto Portucalense Editora, 1930.

Francisco Adolfo Varhagen, História Geral do Brasil, Rio de Janeiro, E. e H. Lammert, 1854.

Francisco Câncio, O Paço da Ajuda, ed. Autor, Lisboa, 1955,

Francisco de Holanda, De la Pintura Antigua, edição de Manuel Denis de Real Academia de Belas Artes de San Fernando, Madrid, 1921.

Francisco de Hollanda, Da Pintura Antigua, Livro I, Ponte Theorica-Livro II Diologos em Roma. Primeira edição completa commentada por Joaquim de Vasconcelos, Porto, Edição da Renascença Portuguesa, 1918.

Francisco Ernesto de O. Martins, os Mestres da Sé de Angra e da Escultura Espanhola nos Açores, Separata do volume XL do "Boletim do Instituto Histórico da Ilha Terceira, Gráfica Maiadouro, Novembro, 1982.

Francisco Ernesto de Oliveira Martins Subsidias para o Inventário Artistico dos Açores, Angra do Heroismo, Direção Regional dos assuntos Culturais, 1980.

Francisco Ernesto de Oliveira Martins, Mobiliário Açoriano, Elementos para o seu estudo, Região Antónoma dos Açores, Direcção Geral dos assuntos Culturais, 1981.

Francisco Leitão Ferreira Noticia da vida de André de Resende in Arquivo Histórico Portugués,

Frei Manuel do Cenáculo, Cuidados Literarios do Prelado de Beja Em Graça do Seu Bispado, Lisboa, na Officina de Simão Thaddeo Ferreira. Anno 1791.

Gabriel de Paiva Domingues, um Discurso de André de Resende, Coimbra, 1945.

Gabriel Pereira, Biblioteca Pública in Estudos Eborenses, História e Arqueologia, Évora, Edições Nazareth, Évora, 1947.

Gabriel Pereira, Estudos Eborenses, História e Arqueologia vol.39, Évora, Edições Nazareth, 1950.

Garcia de Resende, Cronica de D. João II, Miscelânea, Lisboa, Imprensa Nacional-Casa da Moeda, 1973.

Gaspar Estaço, Várias Antiguidades de Portugal, Lisboa off. dos Herdeiros de António Pedrozo Galvão, 1774.

Gazeta de Lisboa 1 de Abril de 1786.

Gazeta de Lisboa, 11 de Dezembro de 1742.

Gazeta de Lisboa, 12 de Junho de 1727.

Gazeta de Lisboa, 16 de Março de 1748.

Gazeta de Lisboa, 18 de Junho de 1733.

Gazeta de Lisboa, 18 de Março de 1723.

Gazeta de Lisboa, 20 de Setembro de 1742.

Gazeta de Lisboa, 22 de Maio de 1738.

Gazeta de Lisboa, 26 de Dezembro de 1789.

Gazeta de Lisboa, 26 de Maio de 1797.

Gazeta de Lisboa, 26 de Novembro de 1722.

Gazeta de Lisboa, 27 de Junho de.1748, 5 de Novembro de 1750.

Gazeta de Lisboa, 27 e 29 de Outubro de 1786.

Gazeta de Lisboa, 3 de Julho de 1743.

Gazeta de Lisboa, 3 de Setembro de 1733.

Gazeta de Lisboa, 30 de Janeiro e 7 de Junho de 1744.

Gazeta de Lisboa, 5 de Agosto e 5 de Novembro de 1782.

Gazeta de Lisboa, 7 de Julho e 23 de Novembro de 1798 e 12 de Março de 1799.

Gazeta de Lisboa, 9 de Janeiro de 1728.

Germain Bazin, Le Temps des Musées, Liége, Desoer, s. d.

Gilberto Ferraz, o Brasil, de Thomas Ender 1817, Rio de Janeiro, João de Moreira Salles, 1976.

Guia de Portugal vol. I Biblioteca Nacional de Lisboa, 1924.

Gustavo de Matos Sequeira, Depois do Terramoto, Subsídios para a história dos Bairros Ocidentais de Lisboa, vol. I, Lisboa, Academia das Sciências de Lisboa, 1916.

Gustavo de Matos Sequeira, O Carmo e a Trindade, vol II, Lisboa, Publicação da Câmara Municipal de Lisboa, 1939

Gustavo de Matos Sequeira, O Castelo de Vila Viçosa, Lisboa, Fundação da Casa de Bragança, 1961.

Gustavo de Matos Sequeira, O Palácio Nacional de Ajuda, Lisboa, oficinas Ramos Afonso & Moita, 1961.

Henrique Gouveia, Museus de Coimbra - Da Exposição Distrital a organização do Museu de Machado de Castro, in Publicações do Museu Nacional da Ciência e da Técnica, Coimbra, 1979.

Henry John George Herbart, 3rd Earl of Carnavon, Portugal and Gallicia with a review of the social and the political state of the Basque Provinces, and a few remarks on Recent Events in Spain, I vol. London, John Murray, 1836.

Hugo Raposo, O Palácio do Conde de Oeiras, Lisboa, 1962, Separata de Olisipo, nº 100, outubro de 1962.

Ignácio de Vilhena Barbosa, Apontamentos para a História das Colecções e dos Estudos de Zoologia em Portugal, Lisboa, Typ. de Christovão Augusto Rodrigues, Edição da Sociedade do Jardim Zoológico e de Acclimatização em Portugal, 1885.

Ignácio de Vilhena Barbosa, Estudos Históricos e archeologicos, Tomo II, Lisboa, Typogarphia Castro Irmão, 1875.

Ignáciode Vilhena Barbosa, Estudos históricos e Arqueológicos tomo I, Lisboa; Typographia Castro Irmão, 1874.

Ignáciode Vilhena Barbosa, Museus creados em Portugal até ao fim do século XVIII, in Boletim da Real Associação dos Architectos e Archeólogos, tomo IX, nº 10, 4ª série, Lisboa, 1907.

Irisalva Moita, O Culto de Santo António na Região de Lisboa, Lisboa, Câmara Municipal de Lisboa, 1981.

J. T. Montalvão Machado, D. Afonso 8º Conde de Barcelos fundador da Casa de Bragança, Guimarães, 1963, 15 Separata da revista de Guimarães. vol. LXXIII, 1963.

Jacques Marcadé, Frei Manuel do Cenàculo Villas-Boas, Evêque de Beja, Paris, Centro Cultural Português, Fundação Calouste Gulbenkian, 1978.

Jaime cortesão, Carta de Pero Vaz de Caminha, Rio de Janeiro, Livros de Portugal, 1943.

James Murphy, A General View of the State of Portugal, London T. Cadell Jun. W. Davies, 1798.

João Baptista de Castro, Mappa de Portugal, tomo segundo, Lisboa, Na Officina Patriarcal de Francisco Luiz Ameno, 1743.

João Couto, A Rainha e os Artistas, in A Rainha D. Leonor, Lisboa, Fundação Calouste Gulbenkian, Dezembro de 1958.

João de Barros, Ásia, Quarta Década, Lisboa, Agência Geral das Colónias, 1946.

João Palma Ferreira, Academias Literárias dos séculos XVI e XVII, Lisboa, Biblioteca Nacional 1982.

João Pedro Ribeiro, Exposição histórica da creação do Museo Portuense, com documentos officiaes para servir à História das Bellas artes em Portugal, e a do Cerco do Porto, 1836.

João Pedro Ribeiro, O Regulamento do Museu Portuense, in José Silvestre Ribeiro, História dos Estabelecimentos Scientíficos, Literários e Artísticos, Lisboa, Typographia da Academia Real das Ciências, 1876.

Joaquim Augusto Simões de Carvalho, Memoria Histórica da Faculdade de Philosofia, Coimbra, Imprensa da Universidade, 1872.

Joaquim de Vasconcelos, Albrechs Durer e a sua influência na Peninsula, Coimbra, Imprensa da Universidade, 2ª edição, 1929.

Joaquim de Vasconcelos, Arte Religiosa em Portugal, volume I, Porto, Emilio Biel Cª 1914-1915,

Joaquim Ferreira Gomes, Martinho de Mendonça e a sua Obra Pedagógica, Coimbra, Universidade de Coimbra, 1964.

Joaquim Pedro Ribeiro Vitorino, Os Museus de Arte no Porto, Coimbra, Imprensa da Universidade, 1930.

Joaquim Veríssimo Serrão, André de Resende, o Humanista e o Eborense in "A cidade de Écora, boletim da Câmara Municipal de Turismo de Évora, Ano XXXII, Nº 58, 1980.

Jordão de Freitas, Paço Real de Alcântara com uma introdução e aditamentos de A. Vieira da Silva, Lisboa, Amigos de Lisboa, Editorial Império, 1946. Separata de Olissipo, nº 36, outubro de 1946.

Jorge Alarcão; e Manoela Delgado, Catálogo do Gabinete de Numismática e Antiguidades, Lisboa, Biblioteca Nacional de Lisboa, 1969.

Jorge Cid, S. Roque e o seu Museu, A Arte, os Monumentos, a Paisagem, os Costumes, as Curiosidades, Portucalense editora, Barcelos, s.d.,

Jorge H. Pais da Silva, Paço dos Duques em Guimarães, Separata de "Palácios Portugueses", 19 volume Lisboa, Secretaria de Estado da Informação e do Turismo, 1973.

Jorge Segurado, Damião de Goes e a Casa de Bragança, em 1571, Lisboa, Academia Nacional de Belas-Artes, 1978.

Jorge Segurado, Damião de Goes, Lisboa, Separata da Academia Nacional de Belas-Artes nº 28-29, 1975.

Jorge Segurado, Francisco d'Ollanda, Lisboa, Excelsior, 1970.

Jorge. Alarcão, Portugal Romano, in História Mundi, Lisboa, Verbo, 1974.

José Augusto França, A Arte em Portugal no Século XIX, vol. I, Lisboa, Livraria Bertrand, 1966.

José Augusto França, Lisboa Pombalina e o Iluminismo, Lisboa Livraria Bertrand, 1977.

José Augusto França, o Retrato na Arte Portuguesa, Lisboa Livros Horizonte,1981.

José Augusto França, o Romantismo em Portugal, vol. I, Lisboa, Livros Horizonte, 1974.

José Cassiano Neves, Jardim e Palácio dos Marqueses da Fronteira, Lisboa, Câmara Municipal de Lisboa, 1944.

José da cunha Taborda, Regras da Arte da Pintura, Lisboa, Impressão Régia, 1815.

José Feliciano ou Castilho Barreto e Noronha, Relatório àcerca da Bibliotece Nacional de Lisboa e mais estabelecimentos annexos, dirigidos ao Exo. Sr. Ministro e Secretário d'Estado dos Negocios Do Reino no 1º de Janeiro de 1844, Lisboa, Typographia Lusitana, 1844.

José Garcia Mercadal, Viajes de extrangeros por Espanã e Portugal, Madrid, Aguilar, 1952.

José Joaquim da Silva, Évora Lastimosa pela deplorável catástrofe do fatal triduo de 29, 30 e 31 de Julho de 1808 Memoria Historica, Lisboa na Impressão Régia. Anno 1814.

José Leite de Vasconcelos, Da "Viagem de Perez Bayer em Portugal, em 1782", in O Arqueólogo Português, vol. XXIV, Lisboa, Imprensa Nacional, 1920.

José Leite de Vasconcelos, Da numismática em Portugal, Arquivo da Universidade de Lisboa, vol. IX, Lisboa, 1923.

José Leite Monteiro, O Palácio de S. Lourenço, Madeira, Junta Geral do Instituto Autónomo do Funchal, 1950.

José Luís Porfírio, Museu Nacional de Arte Antiga, Lisboa, Verbo, 1977.

José Queirós, Cerâmica Portuguesa, Tipografia do Anuário Comercial, Lisboa, 1907.

José Silvestre Ribeiro, História dos Estabelecimentos Scientíficos, Literários e Artísticos, Lisboa, Typographia da Academia Real das Ciências, 1876.

José Stichini Vilela, Francisco de Holanda, Vida Pensamento e Obra, Lisboa, Instituto de Alta Cultura, 1982.

José. Leite de Vasconcelos, Discurso da Inauguração do Museu Cenáculo em Beja, em 1791.Lisboa, Imprensa Nacional, 1898. Separata de Archeólogo Português, vol. IV, nº 10 a 12, Outubro a Dezembro de 1898.

Júlio de Castilho, A Ribeira de Lisboa, 2ª edição, com anotações de Luís Pastor de Macedo, vol. II, Lisboa, Câmara Municipal de Lisboa, 1941.

La jornada que la Magestade Catholica del Rey Don Phelippe III de las Hespãnas al Reyno de Portugal; el Triumpho, y la pompa con que le recebió la insegne ciudad de Lisboa, el ano de 1619. Compuesta en varios romances por Francisco Rodriguez Lobo, Em Lisboa, Por Pedro Crasbeeck, Impressor del Rey, An. 1623.

Leopoldo Torres Balbas, Monasteiros Cistercienses de Galicia, Santiago, Bibliofilos Gallegos, 1954.

Lima de Freitas, Almada e o Número, Lisboa, Arcádia, 1977.

Livro dos Conselhos de El-Rei D. Duarte (Livro da Cartuxa). Introdução de A.H.de Oliveira Marques e João José Alves Dias, Lisboa, Estampa, 1982.

Luis Chaves, Bronzes de Benim - A escultura afro-portuguesa de Benim, in Congresso comemorativo do Quinto Centenário do Descobrimento da Guiné, Lisboa, Sociedade de Geografia de Lisboa, 1946,

Luis da Silva Mouzinho de Albuquerque, Memória Inédita acerca do Edifício Monumental da Batalha, Leiria, Typografhia Leiriense, 1854.

Luis de Bivar Guerra, Inventário e Sequestro da Casa de Aveiro, em 1759, Lisboa, Edição do Arquivo do Tribunal de Contas, Lisboa, 1952.

Luis de Matos, A corte literária dos Duques de Bragança, Lisboa, Fundação da Casa de Bragança 1956, pg.17 Conferência proferida no Paço Ducal de Vila Viçosa em 15 de Outubro de 1(17), 1955.

Luís de Pina, História de Portugal, vol. VI, Barcelos, Portugal, vol. VI, Barcelos, Portucalense editora, 1934.

Luís Filipe de Sousa Lara, Parque do Monteiro-Mor, Lisboa, Parque do Monteiro-Mor, Inventário por Amaral Franco, Maria da Luz Afonso e Helena Pereira Dias, 1978.

Luis Keil, As tapeçarias de D. João de Castro, Lisboa, Museu Nacional de Arte Antiga, 1928.

Luis Marinho de Azevedo, Primeira Parte da Fundação, Antiguidades e Grandezas da mui insigna cidade de Lisboa. Lisboa, na officina Craesbeckiana, 1652.

Luis Reis - Santios., Obras-primas da pintura flamenga dos séculos XV e XVI em Portugal, Lisboa, 1953.

Luis Xavier da Costa, As Belas Artes Plásticas em Portugal, durante o Século XVIII, Lisboa, J. Rodriques, 1935.

Luís Xavier da Costa, Notas sobre a Baixela Germain na Antiga corte portuguesa, Lisboa, 1928.

Luiz Marinho de Azevedo, Primeira Parte da Fundação Antiguidades e Grandezas de mui insigne cidadde de Lisboa, Lisboa, na 0fficina Crasbeckiana, 1652.

M. Gonçalves Cerejeira, Clenardo e a Sociedade portuguesa do seu tempo, Coimbra, Coimbra Editora,1949.

Machado de Castro, Discurso sobre as Utilidades do Desenho, Lisboa, 1778.

Madalena Braz Teixeira, A Aviação em Portugal, subsídios para a sua história, Lisboa, Tap air Portugal, 1981.

Manuel Delgado, Sisenando Martir e Beja sua Patria, in Arquivo de Beja, vol VI, fase. III e IB, 1949.

Manuel Gonçalves Cerejeira, O Renascimento em Portugal. Clenardo e a Sociedade Portuguesa do seu tempo, Coimbra, Coimbra Editora,3ª ediçào, 1949.

Manuel José dos Santos Farinha, O Palácio de Palhavan, Lisboa, Livraria Editora, 1923.

Manuel Maria da Fonseca Andrade Maia, Arqueologia Romana no Ribacoa, o Templo Romano de Almofala in Actas do II Congresso Nacional de Arqueologia, Coimbra, 1970.

Manuscrito da Biblioteca Pública de Évora, B. P. E. Cód. CIX/1-18, peça 45

Maria Helena Mendes Pinto, Artes Decorativas sécs. XV-XVIII, Lisboa, Museu Nacional de Arte Antiga, 1979.

Maria João Vasconcelos, António Vaz e Outros Pintores da sua época em Guimarães, Guimarães, Museu de Alberto Sampaio, 1982.

Maria Luisa da Veiga Affonso dos Santos, o Museu Archeologico do Algarve (1880-1881) Subsídios para o estudo da Museologia no século XIX, Seprata dos Anais do Municipio de Faro, Faro, 1981.

Maria Manuela Barroso de Albuquerque, André de Resende, O Drama de um humanista portugues, in Eyphrosyne, nova série, vol. I, Lisboa, 1967.

Maria Natália Correia Guedes, Palácio de Queluz, Lisboa, Secretaria de Estado da Informação e Turismo, 1973.

Maria Teresa de Andrade e Sousa, Inventário dos Bens do Conde de Vila Nova, D. Luis de Lencastre, 1704, Lisboa, Instituto de Alta Cultura, 1956.

Mário Guedes Real, O Paço dos Arcebispos, Separata do Boletim da Junta Distrital de Lisboa, nº LVII - LVIII- II série, 1962.

Martinho de Mendonça de Pina e Proença, Apontamentos para a educação de hum menino nobre / Martinho de Mendonça de Pina e de Proença. - Lisboa Occidental: Na Officina de Joseph Antonio da Sylva, 1734.

Matilde Pessoa de Figueiredo, O Palácio do Correio-Mor em Loures, *Belas Artes, Revista e Boletim da Academia Nacional de Belas-Artes*, Lisboa.

Memórias da Academia Real das Sciências de Lisboa, Lisboa na Typographia da Academia, 1797.

Monumenta Henricina, Comissão Executiva das Comemorações do V Centenário da Morte do Infante D. Henrique, vol. VIII, Coimbra, 1967.

Monumenta Henricina, Comissão Executiva das Comemorações do V Centenário da Morte do Infante D. Henrique, vol. XIV, Coimbra, 1973.

Murphy, Travels in Portugal through the Provinces of Entre Douro e Minho, Beira Estremadura and Alem-Tejo, in the years 1788 and 1,789 London, A. Strahan, T. Cadell Jun. and W. Davies, 1795.

Notícias da Conferência que a Academia Real da História Portuguesa fez em 14 de Agosto de 1721, in Colecçam de Documentos e Memórias (1721-1736) Apêndicie nº 6, 1721.

Noticias de Portugal, Vida de Manoel Severim de Faria escrita pelo Adicionador.

Nummismalogia in Breve recopilação de algumas Medalhas de ouro, e de prata dos Califas, e dos Reis Arabes da As ia, África e de Hespanha, aq quaes forão achadas neste Reino de Portugal, e se conservao em varios gabinetes desta Cor te de Lisboa. E de outras que ultimamente se acharão no Termo da Villa d'Allagoa no Reino do Algarve em 19 de Fevereiro de 1781.

Nuno Daupias D'Alcochete, Humanismo e Diplomacia. Correspondência Literária de Francisco José Maria de Brito com Dom Frei Manuel do

Cenáculo, 1890-1804, Paris, Fundação Calouste Gulbenkian, Centro Cultural Português, 1976.

Padre Nicolao D'Oliveira, Livro das Grandezas de Lisboa, Lisboa, por Jorge Rodriguez, 1920

Palácio de Itamaraty, Resenha Histórica e Guia Descritivo, Rio de Janeiro, Ministério das Relações Exteriores, 1942.

Pe Francisco da Fonseca, Évora gloriosa, epilogo dos quatros tomos de Évora Illustrada que compoz o R. P. M. Manoel Fialho da Companhia de Jesus, Na officina Komarekiana, Anno de 1728.

Pedro A. de Azevedo, Um inventário do séc. XIV, Lisboa, Imprensa Nacional, 1902.

Pedro A.de Azevedo, Cartas que enviou a Academia in Arqueólogo Português, Lisboa, 1924.

Pedro de Azevedo, Archivo Histórico Português, vol. III, n° 1 e 2, Janeiro e Fevereiro, Lisboa 1905.

Pedro Dias, Importação de esculturas de Itália nos seculos XV e XVI, Porto, Editorial Paisagem, 1982.

Pedro Vitorino, José Teixeira Barreto, Artista Portuense (1763-1810), Coimbra, Imprensa da Universidade, 1925.

Philipe Nunes, Arte da Pintura, Symmetria e Perspectiva com estudo introdutório de Leontina Ventura, Porto, Editorial Paisagem, 1982.

Rafael Moreira, Três baixos-relevos maneiristas de Azeitão, Separata do Boletim da Academia Nacional de Belas Artes. Lisboa 1977

Raul Rêgo, O processo de Damião de Goes na Inquisição, Lisboa, Excelsior,1971.

Rocha Madahil, Inventário do Mosteiro de Santa Cruz de Coimbra, à data da sua extinção em 1834 in o Instituto, vol. 1019, Coimbra, Gráfica de Coimbra, 1942.

Rogério Fernandes. O Pensamento Pedagógico em Portugal, Lisboa, Instituto de Alta Cultura. 1978.

Rómulo de Carvalho, a Física Experimental em Portugal no Séc. XVIII, Lisboa, Instituo de Cultura e Língua Portuguesa, 1982.

Rómulo de Carvalho, História da Fundação do Colégio Real dos Nobres de Lisboa (1761-1772) Coimbra, Atlântida, 1959.

Rómulo de Carvalho, Relações entre Portugal e a Rússia, no século XVIII, Lisboa, Sá da Costa; 1979.

Sant'Anna Dionisio, Museu-Biblioteca de Vila Viçosa, Lisboa Fundação da Casa de Bragança, 1942.

Sousa Viterbo, Artes e Artistas em Portugal, Lisboa, Livraria Ferreira, 1892.

Sousa Viterbo, Diccionário Histórico e Documental dos architectos, engenheiros e construtores portugueses, Lisboa, vol. I, 1899.

Sousa Viterbo, Estudos sobre Damião de Goes, Coimbra, Imprensa da Universidade, 1900.

Sousa Viterbo, O orientalismo em Portugal no século XVI Lisboa, Imprensa Nacional,1893.

Sousa Viterbo, o Thesouro do Rei de Ceylão, Lisboa, Typographia da Academia, 1904.

Sousa Viterbo, Occorências da Vida Judaica, Lisboa, off. Typ. Calçada do Cabra, 1904.

Sylvie Deswarte, Les enluminures de la Leitura Nova-1504- 1552. Étude sur la culture artistique au Portugal au temps de l'humanisme. Paris, Fundação Calouste Gulbenkian, Centro Cultural Português, 1977.

Testamento de André de Resende B.P.E. (Biblioteca Pública de Évora) Peça nº 26, Ann. X, nº 1 vol. 151

Th. Monod, A. Teixeira da Mota et R. Mauny, Description de la côte Occitentale d'Afrique (Senegal au Cap de Monte, Archipels, par Valentim Fernandes (1506 - 1510) Bissau, Centro de Estudos da Guiné Portuguesa, 1951.

Tomás Lima de Assunção, As Freiras do Lorvão, Coimbra, F. Amado Editor Coimbra, 1899.

Tulio Espanca, Inventário Artístico de Portugal. Concelho de Évora, 1 volume, Lisboa, Academia Nacional de Belas-Artes VII, 1966.

Túlio Espanca, O Antigo Paço Episcopal de Évora, in A cidade de Évora vol. III-VIII, Évora, Boletim da Comissão Municipal de Turismo de Évora,

Túlio Espanca. Inventário Artistico de Portugal, Évora, Zona Sul, Lisboa, Academia Nacional de Belas Artes, 1978

Viage de Cosme de Médicis por Espāna y Portugal (1668-1669) edicion y notas por Angel Sanchez Rivera e Ange la Marinetti de Sanchez Rivero, Madrid, Sucesores tc Rivadeneyra, S.A

Viagem da Catholica Real Magestade del Rey D. Filipe III N. S. Ao Reino de Portugal E rellação do solene recebimento que nelle se lhe fez. S. Magestade a mandou escrever por João Baptista Lavanha seu coronista mayor, Madrid, Por Thomas Iusti Impressor del Rei N. s., 1622.

Viagens e Naufrágios Célebres dos Séculos XVI, XVII e XVIII, Porto Tipografia Alberto de Oliveira, 1937.

Vicomte de Faria, Voyage de Mons. César de Saussure en Portugal, Lettres de Lisbonne, Milan, Typographie Nationale de Ramberti, 1909.

Virgínia Rau e Eduardo Borges Nunes, Inventário Post-mortem del rei D. Pedro II. Instituto de Alta Cultura, 1969.

Visconde de Porto Seguro, História Geral do Brasil, 2ª edição, tomo I, Rio de Janeiro, E. & H. Lammert, s.d..